U1007718

读《论语》，学管理

曲龙 著

北京联合出版公司
Beijing United Publishing Co.,Ltd.

图书在版编目（CIP）数据

读《论语》，学管理 / 曲龙著. -- 北京 ：北京联合出版公司，2018.7
ISBN 978-7-5596-2222-8

Ⅰ．①读… Ⅱ．①曲… Ⅲ．①《论语》—应用—企业管理 Ⅳ．①F272

中国版本图书馆CIP数据核字（2018）第118215号

读《论语》，学管理
作　　者：曲　龙
选题策划：北京时代光华图书有限公司
责任编辑：牛炜征
特约编辑：王芸斐
封面设计：新艺书文化
版式设计：曾　放

北京联合出版公司出版
（北京市西城区德外大街83号楼9层　100088）
北京晨旭印刷厂印刷　　新华书店经销
字数295千字　787毫米×1092毫米　1/16　22印张
2018年7月第1版　2018年7月第1次印刷
ISBN 978-7-5596-2222-8
定价：68.00元

未经许可，不得以任何方式复制或抄袭本书部分或全部内容
版权所有，侵权必究
本书若有质量问题，请与本社图书销售中心联系调换。电话：010-82894445

序

2008年北京奥运会开幕式上，三千“儒家弟子”齐诵《论语》里的五句语录：“有朋自远方来，不亦乐乎”“四海之内皆兄弟也”“己所不欲，勿施于人”“德不孤，必有邻”“礼之用，和为贵”。齐诵声如洪钟大吕般震撼了国人，更震惊了世界。中国国家实力的复兴，带来了中国意识的自省和中国文化的自信，进而令国人发出了属于中国的宏声大音。

全国人民网络投票选出来五句语录，以此作为2008年北京奥运会的迎宾语。只是，这五句话连贯起来意义深远，是以儒家思想来定位中国、定义中国和世界的关系的，又有几人看透？几人深思？几人细究？

春秋战国时期诞生的诸子百家思想流传到现在，依然为人们广泛认知的当属孔子创立的儒家学说。儒家学说是倡导人类社会和谐的人间伦理之说，被朱熹称为“人类文明的‘万古明灯’”（原话是“天不生仲尼，万古如黑夜”）。“富贵不能淫，贫贱不能移，威武不能屈”的儒生精神，更是奠定了中华民族外圆内方的精神脊梁。此外，抛开自汉儒开始附加于儒家学说的一些经学、理学、心学观念，《论语》里所展现的原始儒家思想，是“子不语怪力乱神”的人间哲学，是“未知生焉知死”的人生哲学，是既可以修身还可以治世的政治哲学。法国启蒙运动的导师伏尔泰认为“孔子是唯一有益理智的表现者，从未使世界迷惑，而是照亮了方向”。

然而，自清朝末年，中国被列强轰开国门进行侵掠，新中国时期又遭西方国家的围困和封锁，一百多年来的内忧外患，促使一些有识之士对中华民族的主体思想——儒家思想进行了深刻的反思和批判。如果说五四运动时期的“打倒孔家店”算是对儒家思想礼教化的反省，那么新中国“文化大革命”时期的“打倒孔老二”“批判周公”则是对儒家思想根源的彻底否定。一百多年来的大力批判和肆意践踏，已经造成了儒家思想的“皮之少存”。那么，新时期的大力宣扬，又“毛将焉附”？

毁誉之间大角度的强烈反弹，造成了现在一些复兴儒家思想的不理性、不科学、不实际的现象，或者是不得其门，或者是乱入其门，就好像是去徽南宏村旅游，从外面各个角度看来如诗如画，走进其中，也是处处惊喜，乐而忘返。但是，没有导游和地图引导，何以、何时才能一窥全豹，一解全景？

反弹到空中、如祥云一般被神圣化了的儒学，如“大力丸”一样，不仅充溢于学前班之中，也洋洒于各类成人继续教育的学堂之上，好像不学儒学就没有文化一样。我听过一些老师的课，阅读过一些书，也和一些在学习儒学的企业家朋友交流他们究竟学到了什么。毋庸讳言，除了儒学常见名词的解释就是一些深入浅出寓教于乐的故事。一切不只是老师教学的角度问题，更主要的原因是国学基础知识的普遍缺失造成了理解的表面化、片面化。然而，普及了基础知识之后，再怎么学习呢？儒家思想的深刻性在哪里？与诸子百家的差异性在哪里？可用于工作、生活的实用性在哪里？可指导现实生活的哲理性在哪里？儒家思想作为中国传统文化主流近三千年之久，不可能只是“仁义道德”“汉服礼仪”“中庸之道”吧？不可能只是教育我们修身养性，做“温良恭俭让”的好人吧？

我曾对一个组织学习稻盛和夫经营思想的朋友说：“为何不看看《论语》？也算是知道稻盛和夫经营思想的出处了。”他说：“看不懂，不如读《六项精进》更加实用。”我理解他。《论语》是语录体，孔子思想散落于五百多句话之中，而他不会如外科手术般地剖解、研究每一句话，理清脉络又躬行印证于自己多年的营销实践。

儒家思想见于《论语》，是孔子的弟子、再传弟子们在孔子去世后，集编孔子的日常言行而成文（一小部分是其弟子的言行），按照当时的思维习惯编辑成章。可以说，《论语》和《佛经》是两位“教主”的语录，比较起来，《佛经》内容系统而完整，而孔子所言则简短且庞杂。《论语》便给后人的学习带来了见仁见智的理解偏差，加之后来者如子思、孟子、荀子、董仲舒、朱熹、王阳明等的发展解读，儒家学说就成了“蔚为大观”的博大精深了。

孔子的弟子和后世的儒生们或许是担心《论语》里的孔子有什么不神圣之处，又或许只是源于民族性“开宗立派”的习性，他们将自己理解的儒家思想如化妆品一般反复涂抹给“孔子”，再独立包装出来一统天下、发扬光大。若是一家之言，或是一时之言，则无可厚非，若一统天下，则封盖了《论语》的本来面目，限制了儒家思想的生长，宣扬反倒成了盘树之藤，结果无疑是树死藤枯，汉儒经学、宋明理学、阳明心学等莫不如是。

《论语》里，子夏说：“虽小道，必有可观焉，致远恐泥。”就说明了“立言”方式的局限性。所以，原始的儒家思想作为一棵大树的主干，不可能只长孟子一根树枝，或朱熹、王阳明等树枝。在今天的时代，儒家思想也应该有新的树枝出现。如果我们将孔子思想比喻为高山之巅，那不同时代的解读就犹如不同的登山之路。我们应该开掘新的登山之路。

儒家四书《大学》《中庸》《论语》《孟子》，我只选用《论语》代表原始的儒家思想，作为自己创作的元旨。我认为只有《论语》里的大多数言辞是孔子亲口说的，更能够代表孔子的原本思想，代表儒家的原始思想，而《大学》是其弟子曾参所著，《中庸》是其孙子（也是其再传弟子）子思所著，《孟子》是其数代后的弟子孟轲所著。弟子或再传弟子的文章并非不好，也是阐述和发扬光大了孔子的思想，也正是因此才有其时代的意义，也有其时代的局限性。我所认为的局限性，是无所谓好和坏的评判，只是此地实用而彼地不实用、彼时实用而此时不实用的区别而已。

就儒家思想的研究而言，不疏通其一以贯之的“忠恕之道”的体系问题，不理解其“仁爱、礼仪、中庸”的源头与去处，不整理其“仁、义、礼、智、信”的关联性、次第性和现实应用的问题，儒家思想可能永远是“文化祭祀”

的“炮仗礼器”，不能真正成为现代社会国民价值观的主体，也不会对现代文明礼仪产生指导意义。

曲小子不敏，尝试着重新编辑《论语》，将《论语》里的所有语句按照“修身、治国、平天下”的次第性重新归类，进而编辑成新的章节。新的编辑秉承了孔子“述而不作，信而好古”的精神，不仅是章节主题借用了《论语》中的语句来做概括，每一章节里的语录也只是依文生义，只做两种简短的白话解读，不做洋洋洒洒的主题论文。主要形式如下：

1. 字面解读：忠于字面意义的解读、翻译，追求文字通顺、文理载道。

2. 商人《论语》：以商人的角度、商人的语言，解读企业家精神和企业的经营管理。

我希望新的解读可以使儒家思想在现代商业社会焕发新的生命力。重新解读时，我不会刻意凡尘化已经被供奉了两千多年“香火”的孔子，也不会为了行文的需要将《论语》里孔子的一言一行当成可以指导两千多年后的今天的“箴言”。我希望给孔子卸妆，因为孔子最原始、最真实的一言一行更有存在于现实社会的生命力。

根据佛家的说法，儒家修君子身的“恭、宽、敏、信、惠”类比于佛家的小乘思想，而佛家的大乘思想才有“仁义之行兼济天下”的抱负。两者相融，我将“修身”解读为企业家精神的修炼，将“治国”解读为企业经营发展中的品牌行为，将“平天下”解读为要成为行业领导者该有的领袖作为。

整个思路基本上是依照现代商业思维、现代企业经营管理的思路和语言来解读的。

另外，我之所以要重新进行《论语》的“字面解读”，不仅是读者随文理解的需要，也是因为我发现原本借用的翻译大多是依字解义，看似文字通顺，道理却往往“莫名其妙”。我认为，好的翻译要透过文和字，反复吟咏，感受语意，感悟语境，直至找到最契合孔子原本思想的理解，在字意、语意、孔子思想三者之间达到平衡。略举三例：

（1）子曰：“先进于礼乐，野人也；后进于礼乐，君子也。如用之，则吾从先进。”

通常翻译：孔子说：“先学习礼乐而后再做官的人，是原来没有爵禄的平民；先当了官然后再学习礼乐的人，是君子。如果要选用人才，那我主张选用先学习礼乐的人。”

我的解读：孔子说：“早期礼乐的使用，是用来规范人们粗野的行为；后期礼乐的使用，是用来规劝人们的君子行为。如果要采用，那我会选择早期的礼乐。”

我的解读，符合“质胜文则野，文胜质则史。文质彬彬，然后君子”的意思。

（2）子曰：“君子不重则不威。学则不固。主忠信。无友不如己者。过则勿惮改。”

通常翻译：孔子说：“一个君子，如果不厚重，就没有威严；即使读书，也不会巩固。做事要以忠和信两种道德为主。不要跟不如自己的人交友。有了过错，就不要怕改正。”

我的解读：孔子说：“君子，不自重就没有威严，没有主见地学习就不会有收获。为人处世要以忠信为本。不要认为朋友不如自己。有了过错，就不要怕改正。”

我的解读，符合“三人行，必有我师焉。择其善者而从之，其不善者而改之”的意思。

（3）子夏曰：“仕而优则学，学而优则仕。”

通常翻译：子夏说：“做官的事情做好了还有余力，就更广泛地去学习；学习学好了还有余力，就可以去做官。”

我的解读：子夏说：“从政要做得好，是要多去学习新知识；学习要学得好，是要多去从政历练。”

我认为学习和历练不是1和2的递进关系，而是“在学习中历练、在历练中学习”的一体两面的关系。我想，它和“学而时习之，不亦说乎”

的意思是一样的。

新的解读不是只选择了个别语录，以偏概全地去框解儒家思想，而是包罗了《论语》里的所有语录，大家可以依照我的“导游路线”以窥全豹。

一次，在XX大学给进修的企业家们讲国学。一同学问我：“您对中国经济的未来，如何看法？”我尴尬地笑了，我说我不是经济学家，更不是公知，我对于经济的了解和同学们一样，仅仅来自于新闻媒体和一些相对专业的自媒体。不过，我还是说了三点自己的意见：

1. 中国经济已经全方位地融入世界，成为世界经济重要的一部分。所以，中国经济的好坏与世界经济休戚相关。既不会“风景这边独好”，也不会被边缘化。

2. 中国经济发展的势头势不可当，而且整体性上也达到了一定的高度。所以，就算在某些新产业的创新方面，中国经济不如美国、日本或德国，但也只是暂时性的落后，只要善于学习，就能迎头赶上。现在，中国知识结构的整体性，也和世界发达国家是同步的。

3. 中国经济要发挥在世界范围内的影响力，还需要中国文化，特别是儒家文化的助力。经济与文化，是相辅相成的文武之道，只有并举，才能实现影响力的均衡发展，否则，就是孤阳不长，孤阴不生。

初稿于杭州华家池群记咖啡馆，完稿于沈阳纯萃咖啡工坊

左手咖啡，右手国学

目录

第三章

儒家治国之道：道之以德，齐之以礼，有耻且格

第四章

儒家平天下之道：宽厚、诚信、勤敏、公平而得天下

第一章

《论语》是可以重新编辑的

儒家思想，只是从近代开始不合时宜了吗

众所周知，从清朝末年开始，中华民族内忧外患的苦难令我们的知识精英阶层开始反思中华民族的主体思想——儒家思想，并将近代的积弱不振归结为儒家思想的僵化、保守和平庸。一直到二十一世纪初，大家认为儒家思想不合时宜了一百多年。

童年时，我对于美术作品的记忆是，“文化大革命”期间，小学板报墙上的一只特写的大钢笔尖，插穿了“孔二扁头”挣扎扭曲的身体，或是一只大脚拧踩着孔子，旁白写着“踏上一万只脚，让他永世不得翻身”。改革开放后的八十年代初，引领一时开放风气的纪录片《河殇》，对我们的黄河文明（以儒家思想为代表）也是唱衰看低的。

其实，中国人大力批判孔子，是附骥于日本对儒家思想进行全盘否定和彻底批判之后的。十九世纪中叶，日本和中国同样面临着西方殖民的困扰。日本的知识精英们在接触到西方先进的科学技术和现代政治体制的同时，也对比、看到了衰落的中国在列强面前的脆弱和委曲求全，自此便认定西方文明是一种更为高级的文明，儒家文明则属于半开化的文明，而儒家思想更是落后以致腐朽了的思想。日本否定儒家的思潮，影响了一大批中国留日学生，后来，他们成了中国思想界和学术界的主力。如钱玄同断言：

“欲使中国不亡，欲使中国民族为二十世纪文明之民族，必以废孔学、灭道教为根本之解决；而废记载孔门学说及道教妖言之汉文，尤为根本解决之根本解决。”就连鲁迅先生，也认为“中国书越少读越好，最好是完全不读。要读便读外国书”。

当时的批判，在那个特殊时代的特殊背景下，具有合理性。儒学是人学，以人为出发点来看世界，强调人间伦理的礼仪和谐。若是“过度解读”了，过于注重礼教仪式，就变得唯心而教条了，会漠视外在世界的独立性，妨碍了对于外在客观世界的研究，限制了科学技术的发展。十九世纪中叶，正是我们急需正视外在世界、以科学角度来理解物质世界的时代，从“过度解读”的角度来讲，南宋时期崛起的程朱理学“存天理灭人欲”，就已经是不合时宜了，其后的阳明心学“心外无物”偏执于另一端，也同样不合时宜。

或许，我们可以以商业模式应该具有的创新性打比方。当市场发生变化，消费需求发生变化的时候，商业模式却还沿袭着以往的经验不作改变，漠视外在变化，而不是面向市场来改善产品和服务、改进营销策略、变革组织结构和业务流程。此时，你的商业模式已经不能满足市场变化下的消费需要了，自然是不合时宜的，会被竞争对手淘汰。

但是，全盘否定的批判对于孔子也是不公平的。如果说儒家后世“礼教”的僵化思想压制了人们对于外在物质世界的研究，那我们否定孔子，似乎是将儒家后世门生的错误，怪罪到了儒家始祖孔子的头上。何况，西方现代文明的启蒙者伏尔泰，还被称为“西方孔子”。可见，孔子的思想与西方现代文明和世界现代文明并不相悖。

一直到二十一世纪前后，在学习了西方的营销思想、经营理论、管理哲学后，中国企业发展迅猛，开始批量地进军世界五百强。大家才发现，论及中国企业的持续经营之道，还是要回头来寻找我们自己的文化根源，应该重新发现儒家思想的价值。就企业经营管理而言，西方理论如现成的匕首一般，拿来就可以用，拿来就好用。但是，要想玩得好，还要根据自己的特点来理解，玩出自己的匕首套路。儒家学说好比中医养生，治于未病，等到病发，再用中医疗效就慢了。西方学说，是西医治病，治于已病。病发时，用西医疗效最快。所以，在企业经营实际的日常，就要注意用儒家思想来养生，企业经营才能走得健康，走得长久。

讽刺的是，当我们回过头来学习儒家思想之于企业的经营管理时，市面上最受欢迎的书籍，竟也是日本人写的，比如涩泽荣一的《论语与算盘》、稻盛和夫的《六项精进》。一方面，说明了日本人对于《论语》的学习理解具有实践性、入世性的特质。另一方面，反观我们的学习，大多还停留在大学教授或国学专家讲解字面语义，大家由此而“修身养性”的阶段。我们更多的是将儒家思想供奉于“象牙塔”之中，缺少将之平凡化于日常工作、生活的实践研究中。

从理论研究、实践应用而言，如果不能一以贯之地解析儒学“仁爱动机、举止礼仪、执中而用”的一生二、二生三的逻辑关系，就不能将儒家思想哲学化、系统化，进而实用化于企业经营的实践之中。类似的研究需要学术专家的考据训诂，需要一些企业家朋友的实践心得，更需要具有哲学思维的学者们条分缕析地进行研究，才是合时宜的。

如果希望能真实地感受儒家思想，最好是亲自读一读《论语》。读《论语》时，你会发现一个在朝时礼仪很严谨、家居时又很放松，甚至是活泼可爱、自带萌点的老夫子形象。比如着急找工作，被子路误解时赌咒的“天厌之天厌之”；比如和子贡谈及自我实现的“沽之哉沽之哉”；比如面对冉有退朝时酸溜溜的“如有政，虽不吾以，吾其与闻之”；比如不多给学生妈妈粟米还唠叨“君子周急不继富”；比如多给学生粟米“以与尔邻里乡党乎”；比如为厚葬颜渊的越礼行为而辩解“非我也，夫二三子也”；等等。

俗语云：“孔曰成仁，孟曰取义。”从表面来看，是孔子在说仁，而孟子在说义。那我们二十一世纪说什么？还是延续说“仁义之道”？是不是有些不合时宜了？

“仁、义、礼、智、信”是西汉时董仲舒总结儒家学说归纳出的“五常”。其中，孔子谈“仁”最多，因为“仁”是“五常”的原点，是我们现在最常说的初心，是动机，如果以动机而不是以相对客观、独立的标准来判断是非，将所有问题统统归结为道德问题，是有些粗俗的。到了战国时期，也许孟子认为只谈动机是不现实的，就谈义，谈君王的具体行为，谈仁政之于老百姓的利益，所以有“民为贵，社稷次之，君为轻”的说法，产生了“五亩之宅，树之以桑，五十者可以衣帛矣。鸡豚狗彘之畜，无失其时，七十者可以食肉矣；百亩之田，勿夺其时，数口之家可以无饥矣；谨庠序之教，申之以孝悌之义，颁白者不负戴于道路矣。七十者衣帛食肉，黎民不饥不寒，然而不王者，未之有也”的执政理念。到了汉朝，董仲舒总结了儒家思想的“五常”，其中特别强调“礼”，“礼”不仅对当时政治伦理的建设非常实用，还由此奠定了汉唐大一统的政治理论和政治体系。宋明理学的发展，吸收了佛道两家的学说，强调“存天理灭人欲”，也就是人要依附于天理，开启了近千年的“礼教”。当时的“天理”，若是偏向于“格物”那样外在物质世界的独立性还好，可惜陷入了“致知”的唯心理解之中。不过，宋明理学强调的“格物致知”，也算是一种实践出真知的科学精神，注重事实、注重事物内在逻辑的联系。明朝时，王阳明的心学吸收了佛家禅宗的思想，主张以人为主的“知行合一”“心外无理”“心外无物”，强调人作为主体的主动作用。阳明心学，有“智”的萌点，王阳明个人也是儒家“智”的代表，但是儒家思想里的“智”的时代，还没有到来。

综上，可以理解为儒家的“仁、义、礼、智、信”，经过了孔子的仁、孟子的义、朱熹的礼、王阳明的智，到了现在，是“智”和“信”并存的时代了，是儒家思想信实可用、发扬光大的时候了。

如此，理性认识儒家思想的发展变化，理性分解儒家思想的“五常”，就合时宜了。

儒家思想，能一以贯之地“简单理解”吗

我身边的朋友们都知道我这几年在潜心研究国学。一次闲聊，一个年长的朋友问我，研究儒家有什么心得？我刚说了几句，他打断追问道：“能用一句话来概括表述吗？”我想了想，说：“不能！”若是一句话能说得清楚的，就不能叫“博大精深”了，或者不能算是一种思想体系了。一种思想体系，一定是要回答最基本的三大终极问题的：世界是如何的？我们人类是如何的？我们和世界的关系如何？这哪里是一句话说得清楚的，最少也要三句话。

这个年长的朋友语重心长地说：“你还是读得不够细致啊，儒家之道不是一以贯之的‘忠恕而已’吗？”我字斟句酌地回答：“这个忠恕，孔子自己说过，其弟子曾参也总结说过，的确是儒家思想的原点。但是如果理解简单了，容易理解成宽容忍让没有原则，就等同于佛家的‘忍辱’之道。所以也就难以理解孔子说的‘以直报怨’的直、‘不教而杀’的杀、‘君子贞而不谅’的不谅，难以理解他为何一任‘摄相’就诛杀少正卯，难以理解他为何两次辞职离开鲁国。”其实，我们通常所说的等同于“忠恕”之道的“以德报怨”，是老子以柔弱胜刚强的说法，原话是“报怨以德”，而孔子的原话是：“或曰：‘以德报怨，何如？’子曰：‘何以报德？以直报怨，以

德报德。’”再看看孔子说的：刚、毅、木、讷，近于仁。可见，孔子是一个有原则有力量的人，忠恕之道也是有原则有着方正之相的“腔调儿”。

而且，就仁爱而言，儒家的仁爱和墨家的兼爱不同，和佛家的慈爱也不同。思想，看似无形，如风或如空气，只有通过它附着的现象，才能看到它、认识它。思想，是要有条件地来描述的，看似凝练实则简单地概括，是一种“投机取巧”的伪命题。

所以，理解儒家，不仅要知道这个一以贯之的“忠恕”之道，更要知道这个“忠恕”之道，一以贯之着什么？一以贯之的扦子上是羊肉串还是鸡脆骨，或者只是烤韭菜？

我一直习惯于用佛法的“体、相、用”观，来看待和总结万事万物。我对《论语》中儒家的思想，也做了“体、相、用”三层观的总结：

1. 儒家思想的体，也就是核心思想，是忠恕之道，也是仁爱之道。

为何我将忠恕作为儒家思想的根本呢？原因一在《论语》里。“子贡问曰：‘有一言而可以终身行之者乎？’子曰：‘其恕乎！己所不欲，勿施于人。’”还有一处，“子曰：‘参乎，吾道一以贯之。’曾子曰：‘唯。’子出，门人问曰：‘何谓也？’曾子曰：‘夫子之道，忠恕而已矣。’”原因二则是《说文解字》里关于忠和恕的解释：忠，心在中央不偏离；恕，如心，将心比心。所以，儒家思想的“忠恕”，不只是向内的宽忍，还是向外的以人比人、以礼比礼，意思就是推仁成礼。“其恕乎，己所不欲，勿施于人”也说明了“忠恕”的根本意义。

儒家的仁爱之论是“居处恭，执事敬，与人忠。虽之夷狄，不可弃也”。可以看出，尽管没有地域的限制，但仁爱的对象、方式是有区别的。所以，儒家之爱又被称为“伦理之爱”。

2. 儒家思想的相，也就是儒家思想的现实表现，是要恢复“周礼”。

儒家认为，作为个人，要“君子务本，本立而道生。孝弟也者，其为仁之本与”；治国则要“道之以德，齐之以礼，有耻且格”；君子之间的纷争应该是“君子无所争。必也射乎！揖让而升，下而饮，其争也君子”。

其实，孔子是用“礼仪、礼让”代替了管理之法，以此来建立理想化的君子国。当然，孔子也知道以礼治国的艰难，所以《论语》里有：“子曰：‘善人为邦百年，亦可以胜残去杀矣。’诚哉是言也！”

儒家思想，以礼约束行为规范的形式就好像是公约，而法家思想，以刑罚约束行为规范，就更像是法律。

3. 儒家思想的用，也就是行为原则，可以概括为“中庸”之道。

中庸不是平庸，而是持中而用，就像是高空走钢丝时需要手持平衡杆的中部一样。孔子认为做人做事不能偏激：“攻乎异端，斯害也已！”“不得中行而与之，必也狂狷乎！狂者进取，狷者有所不为也。”“咨！尔舜，天之历数在尔躬，允执其中。”

儒家的中庸之道类似于佛家二见不住的“中道”。禅宗三祖僧璨大和尚在《信心铭》里有言：“莫逐有缘，勿住空忍。一种平怀，泯然自尽。”“二见不住，慎勿追寻。才有是非，纷然失心。”

在将近三千年的发展过程中，《论语》中体现的儒家思想可以称为原始儒家思想，其后的汉儒经学、宋明理学、阳明心学，皆由此发展而来。所以，我们也可以将《论语》视为儒家思想的本体，将其他不同阶段的具有代表意义的儒学发展视为其不同阶段的表象。

我们要复兴儒家思想，不能将“阳明心学”、日本的“稻盛和夫”作为学习的本体，它们只可以作为参考的“相”。我们应该将原始儒家思想的精髓与现代商业社会的实际状况结合起来，发展出现阶段的“新国学、新儒学”。

《论语》里，孔子教诲子夏，“子谓子夏曰：‘女为君子儒，无为小人儒。’”此处的儒，到底是什么意思？儒，原为商朝时主管祭祀的官员，也被称为“祝人”。周灭商后，制度有所改革。孔子又说：“周鉴于二代，郁郁乎文哉！吾从周。”此两句话说明了孔子的儒家精神，是进化而不是守旧，是有社会之用而不是自得其乐。另外，孔子主张“有教无类”，也说明了孔子的儒家精神不是只为某一特定阶层的封闭服务，而是面向所有大众的开放思想。孔子曾说“不知生，焉知死”“祭神如神在”“子不语怪力乱神”等非迷信思想。我们可以从中理解孔子的儒家精神，它具有“现实性、唯理性、开放性、进化性”的特点，是一种强调现实的人生道德，是一种爱在人间的人文精神，是一种强调伦理之道的入世哲学。因此，新时代的儒家精神，也要具有我们新时代的“现实性、唯理性、开放性、进化性”的特点，才能承担起社会价值观的主体作用。

《论语》里的孔子形象很丰富，言谈举止也很活泼。从一个小故事就可以看到孔子极具现实感的“君子儒”精神。《论语·阳货》中，“公山弗扰以费叛，召，子欲往。子路不悦，曰：‘末之也，已，何必公山氏之之也？’子曰：‘夫召我者，岂徒哉？如有用我者，吾其为东周乎？’”叛乱的公山氏召请孔子，孔子思前想后，觉得他盼望已久的“复周礼，行王道”的时机已到，便动了出仕之心，欲应召前往费邑。弟子子路得知老师的念头后，很不高兴，说：“没地方去也就算了，何必要去叛乱的公山氏那儿呀？”孔子道：“你以为他召我去，又哪里是毫无目的？如果能重用我，让我得以行仁义之道，或许我也可能在鲁国的东边，建立当年的周一样的功业呢！”紧接着，孔子又对子路解释道：“周文王和周武王，就是分别起家于丰邑和镐邑，最终得天下而王。现在费邑虽小，与丰、镐二邑比起来，不也差不多吗？”（《史记·孔子世家》：盖周文、武起丰、镐而王，今费虽小，傥庶几乎？）

我们可以看到，孔子并没有那种表面意义上的“忠一君，爱一国”的所谓“高洁”，而是带着一些“英雄无论出处”的功利性和“复兴周礼，普惠大众，普利天下”的抱负。

从宗教四极，到文化四极，还能再到智慧四极

从清朝康熙帝倡导“三教合一”时，人们开始将儒家称为礼教或儒教。儒教之根源在于西汉儒生董仲舒提出的“君权神授”，它给儒家思想植入了“迷信”的种子。后来的程朱理学将儒家的“迷信”思想升华到了天理，就有了礼教的趋势了。

现在，所谓的儒教是“四大宗教”（基督教、伊斯兰教、佛教、儒教）之一。儒教之称是从宗教的“偶像、教义、仪式”三大构成要素而言的，从表面上看，儒家具备三大要素，但是，从宗教崇拜“他力”的唯心主义本质来看，强调现实人生和人间伦理的儒家算不上宗教。佛家认可“他力”的存在，但也是强调“人生在世修行、个人因果自负”的观念，也不算是以唯心意识定义的宗教。

所以，从《论语》来了解儒家思想的现代人，是能够认识到儒家不是儒教，明白将孔子神圣化、香火化是错误的。孔子的儒家思想，强调的是人在现实人生的积极意义，而不是做一个崇拜神灵、被神灵主宰的“羔羊”。《论语》中，孔子就弟子询问鬼神的几个回答是“未知生焉知死”“未能事人焉能事鬼”“祭神如神在”“子不语怪力乱神”“敬鬼神而远之，可谓知矣”。《礼记》中，孔子说得更加直接：“之死而致死之，不仁，而不可也。之死

而致生之，不智，而不可为也”，意思是将死者当作彻底消失的死去，是不仁爱的，是不可以的（看看现在物质社会缺乏宗教信仰的流弊，也在于此）。但是，认为死者依然活生生的存在，是不理智的，也是不可以的。从孔子的言论可以看出，孔子的儒家思想主要是围绕着“人生、人间”的理性思考。“天人合一”是孟子以后，将天道与君子道德合二为一的。

可是，为什么当老外说儒家是新世纪的，代表人类文明未来的“新宗教”时，我们反而欣欣然了呢？我认为不只是民族的自尊心作祟，更是因为儒家兼具了情感和理智的统一，兼具了真与善的统一，它与现在西方传统宗教向现代宗教转化的总体趋向是不谋而合的。

那么，什么是现代宗教呢？我个人理解，现代宗教就是在保持对于不可知力量的敬畏的基础上，认可人独立存在的意义，认可人之外的万物独立存在的意义。现代宗教是一种积极的人生观，认可外在世界独立存在的意义，从一定程度上说，它是科学的。因此，我们可以继续用佛法“体、相、用”的观点，来理解现代宗教。

体，还是宗教之心，是对不可言知的神秘唯心而敬畏。

相，是哲学的意义，认为人是之于神以外的独立存在，人可以认识外在的世界。

用，则是科学的意义，理性不仅可以认识外在的世界，还可以改造外在的世界。

宗教和文化一如金字塔的塔基和塔尖，所谓的四大宗教也衍生了四大文化体系。儒家文化是我们中华民族的主体文化，不只是表现为“礼仪之邦”，最主要的表现是强调“人类自我、人生在世、人世现实”的伦理和谐。它是非宗教心的，在科技文明的现在，更加具有普世的积极意义。

儒家思想从宗教的山头到达了文化的山头，还会是智慧的山头吗？儒家思想是智慧吗？孔子在《论语》里很少谈及“智”，儒家思想的“智”和“仁、义、礼、智、信”的五常之一的“智”，是汉儒生董仲舒单独提出来的，且不说儒生一贯给人的书呆子形象，就算儒生的鼻祖——孔老夫子，周游列国十四年一无所用、一无所得，不也是“累累然若丧家之狗”吗？狼狈的样子哪里还称得上是运筹帷幄的“智者”啊？

孔子在世的时代，是所谓的“春秋无义战”时期，也是周王朝政治制度、社会价值体系“礼坏乐崩”的时期。当时的孔子奔走呼号、教育学生，不是攫取功名或隐居藏身的“小智”，而是呼吁重建周礼、重回仁爱之道的“大智”。《诗经・黍离》有言：“知我者谓我心忧，不知我者谓我何求。”从何求的角度来看，物质上一无所得的孔子称不上是智者；而从心忧的角度，孔子是个看到社会疾苦的大悲悯、大仁义者，是个具有系统的政治思想、并期望解决社会疾苦的大智慧者，是个勇于承担责任而不惧道路艰险的大勇敢者。

孔子的智，不是谋生的小智，比如“君子之于天下也，无适也，无莫也，义之与比”；也不是谋事的小智，比如“吾有知乎哉，无知也，有鄙夫问于我，空空如也，我叩其两端而竭焉”；更不只是观人的小智，比如“视其所以，观其所由，察其所安，人焉廋哉？人焉廋哉”。孔子的智，是谋社会和谐、人间幸福的大智，治国理念如“道之以政，齐之以刑，民免而无耻；道之以德，齐之以礼，有耻且格”；治国思路如“子贡问政。子曰：‘足食，足兵，民信之矣。’子贡曰：‘必不得已而去，于斯三者何先？’曰：‘去兵。’子贡曰：‘必不得已而去，于期二者何先？’曰：‘去食。自古皆有死，民无信不立’”。

孔子还有被公认为是“智”的一大学问体系，就是“假我数年，五十以学《易》，可以无大过矣”的著作《易传》，也称《十翼》。《史记・孔子世家》云：“孔子晚而喜《易》，序彖、系、象、说卦、文言。读易，韦编三绝。”

儒家思想，不仅是人类文明的“万古明灯”，表现在治国理念、治世理念上，也是有着“万古明灯”高度的大智慧。

商业时代的"新《论语》"

北宋建国宰相赵普"不学无术"，凡在朝堂上遇到难事和不决之事，回家就读《论语》，寻找解决的办法，后来流传出赵普"半部《论语》治天下"的趣事。央视采访马云，他也说过自己喜欢读《论语》的事儿。马云为什么喜欢读《论语》？是修身养性吗？还是和赵普一样，为了难事和不决之事？《论语》里有马云要的答案吗？马云能从《论语》里快速找到答案吗？我没有机会当面请益过。

《论语》是孔子的弟子们集锦了孔子的语录，编成二十章，每一章的名称是章节内第一句语录的头几个字，章节名称没有明确的主题意义，每一章节内的语录集合也没有相对统一的意思。所以，当你带着一个问题来读《论语》时，你可能需要翻遍《论语》里的所有语录寻找答案，要花费很多时间和精力。此外，《论语》里的语录，是一问一答的简短形式，个别句子是"前不着村，后不着店"的，就给后人的系统整理和分析研究带来了见仁见智的问题。也许孔子本人没想系统地说什么，只是述而不作。哪怕是研究"洁静精微"的《周易》，他所做的"象辞、彖辞"，也只是在原有卦辞下的注疏而已。

若是要将那时"修身养性"的《论语》当成现代企业经营管理答疑解

惑的《论语》，读成现吃现泡的“方便面”，就需要按照现代商业思维的习惯重新编辑《论语》。

我将分成三步进行重新编辑：一是先将所有的语录按照“修身、治国、平天下”三大部类，做了新的归属整理；二是将三大部类细分为中部类：修身部类分成“恭、宽、敏、信、惠”，治国部类分成“仁、义、礼、智、信”，平天下部类也分成“仁、义、礼、智、信”；三是为了便于“视其所以，观其所由，察其所安”地理解十五个中部类，捋清各种“子曰”之间的关系，我将每个中部类按照佛法的“体、相、用”，再次细分成小部类。如此一来，三大部类之间，以及各部类内部有了“体、相、用”的关联，可以说是有了理念和根源，既有外在形式的表现，又有实现的方式方法。

整个框架搭起来后，我将《论语》里的所有语录，按照我的理解分别列入其中，每条语录下再辅以“字面解读”和“商人论语”两种翻译，既有利于读者通过目录选择阅读篇目，也有利于读者系统化地理解儒家思想。此外，还可以翻开某一章节，看到每一个单一的语句、每一类语意相似的篇目是如何连成主题线，明确所有线是如何聚集成主题面的。比如在“治国”部类的“仁”章节，可以从数十个可理解为企业品牌的社会价值性的语句中，选择三句作为“仁”的“体、相、用”的代表解读：

仁之体（品牌有利）。子曰：“不仁者不可以久处约，不可以长处乐。仁者安仁，知者利仁。”说明品牌经营的核心是给予消费者以仁爱，企业也会因此而获得长期的利益。

仁之相（品牌形象）。子曰：“刚、毅、木、讷，近仁。”即品牌的社会形象应该有原则、有创新，多实际行动少吹牛。

仁之用（品牌经营）。子贡曰：“如有博施于民而能济众，何如？可谓仁乎？”子曰：“何事于仁？必也圣乎！尧舜其犹病诸。夫仁者，己欲立而立人，己欲达而达人。能近取譬，可谓仁之方也已。”言下之意，企业要能从“推己及人”的角度，制定出厚爱消费者的商业模式和营销策略。

另外，在“君子”的要素定义上，我从《论语》里选择了“恭、宽、敏、信、惠”作为代表，而不是现在通用的“温、良、恭、俭、让”，理由有三：一是“恭、宽、敏、信、惠”是孔子说的，而“温、良、恭、俭、让”是子贡说的；二是前者是孔子对于行仁政于天下时“行政”的总结，后者是子贡对于孔子周游列国时“交友”的总结，两者是在朝执政和在野交友的区别；三是前者的语意更广，甚至能和君子“六艺”对接起来，而后者更像是对前者的“恭、宽”两字的延伸解读。

《论语》里的一些句子，意义相对宽泛，可以放在“治国”的“仁”章节，还可以放在“平天下”的“仁”章节。还有的句子可以一语三解，分别放在“修身”“治国”“平天下”三个部类的不同主题的章节里。我们举两个例子。

1.《雍也第六》：“子谓子夏曰：‘女为君子儒，无为小人儒。’”可以有三种理解，放在三个部类里诠释。

（1）“修身”部类，可以理解为“不要做一个有才无德的人，要做有才有德的人”。

（2）“治国”部类，可以理解为“做企业不要华而不实，不要过度营销，要靠产品说话，要靠真实的价值为顾客提供利益”。

（3）“平天下”部类，可以理解为“一个行业领导者，不是靠拉关系拉选票选出来的，也不是选上后就自谋私利的，而是要以能够带动行业良性发展为己任”。

2.《八佾第三》：“子曰：‘君子无所争，必也射乎！揖让而升，下而饮，其争也君子。’”也可以放在三个部类里解释、应用。

（1）“平天下”部类的“智”章节，即“遇到不同的意见，或者是遇到行业创新者，遇到挑战者，不封闭不保守不打压，而是以开明的建设心态来统筹综效”。

（2）“治国”部类的“智”章节，就是说“企业之间的竞争，要有君子之间的互相尊重，用为消费者提供更多更好的服务来竞争，不要搞桌子底下的小动作”。

（3）“治国”部类的“礼”章节，则是说“企业经营管理过程中，遇到的意见分歧是可以通过尊重对方意见的前提下做有流程有规范的交流，而达成统一的意见。即使是意见不同，也要尊重大局，不要有扯手绊腿影响企业运营的小动作”。

若是将各章节的重新编辑做个比喻，好比是将已经审美疲劳的祖传珍珠项链打散后加入绿松石、红玛瑙等珠宝重新串连。那么，新的项链就不是只能摆放的古董，而是可以拿来配饰各种现代衣物的珍宝，而且，重新串连并没有损害其原有的价值。

第二章

论“儒商”的基本修养

君若不君子，何以为君主

子路问君子，子曰：“修己以敬。”曰：“如斯而已乎？”曰：“修己以安人。”曰：“如斯而已乎？”曰：“修己以安百姓。修己以安百姓，尧舜其犹病诸！”

——《宪问十四》

字面解读：子路问君子。孔子说：“修养自己并敬天、敬人、敬事。”子路说：“这样就够了吗？”孔子说：“修养自己，使百姓们安乐。”子路说：“这样就够了吗？”孔子说：“修养自己，使百姓们安乐。能够修养自己使百姓们都安乐，就算是尧舜也做得还不够好吧！”

商人《论语》：企业家是什么？是能为社会创造财富、能为客户创造价值、能为消费者提供利益、能为企业员工提供较之同行业更高的工资待遇的人。企业家的工作，不是一次性就能做好、做完美的，而是要企业家孜孜以求一生去做的。

负面思维的老板，会感到赚钱之难和不断工作的痛苦；正面思维的老板，会感到被社会认可的快乐和不断创新的乐趣。只有具有正面思维的老板，才能成长为企业家。

企业家是以为社会创造价值而彰显其存在和价值的，所以，企业家要修身才会有仁德、节操和能力为社会创造真正的价值，并为自己创造财富。

我在另一本书《从〈易经〉学管理》中，用“乾卦”代表企业经营管理“八大要素”中的企业家要素，以卦辞“元、亨、利、贞”解读了企业家精神，翻译过来就是从“原创性、领导力、创造价值、持守正道”四个方面具体解读企业家精神。其中，“利、贞”是讲企业家要把控住个人利益、企业利益、国家利益、社会利益的平衡性。

纪录片《美国商业大亨》介绍了石油大亨洛克菲勒、钢铁大王卡内基、汽车霸主福特、金融寡头摩根等美国第一代商业大亨如何以创新精神来创建自己的商业帝国、肩负美利坚合众国的强盛崛起。你会发现他们在创业初期的野蛮剥削、发展时期的冷酷掠夺，鼎盛时期的无情垄断，同时你也会发现他们的共同特点，就是回报社会。尽管那个时期的资本积累是血淋淋的，但那个时期的资本家却并不冷冰。网络上流传着一个中国富豪慈善排行榜，马云、马化腾、王健林、李彦宏等中国最具影响力的企业家的财富排名和捐款排名，也是大致相符的。可见，慈善已经是企业家的共识，或者已经是他们的生活和工作内容的一部分。

一个具有“利、贞”思想的企业家，是一个能够久享盛名的企业家、一个能赢得社会尊重的企业家，是一个有着造福社会的心态和行为的“君子”。那种靠着广告营销和欺骗性的品质而风云一时的企业老板，只能算是“伪君子”，够不上企业家的“家”字。要知道，企业家的“家”，可是“家国天下”的“家”啊！《论语》里言及君子的语句很多，如果要找一句用来形容企业家的君子之道的，我觉得下面的话很有代表性。

子曰：“富与贵是人之所欲也，不以其道得之，不处也；贫与贱是人之所恶也，不以其道得之，不去也。君子去仁，恶乎成名？君子无终食之间违仁，造次必于是，颠沛必于是。”

做个“铁肩担道义，妙手著文章”的君子，是儒家门生孜孜以求的毕生信念！而做个“铁肩扛商道，妙手赚财富”的君子，也应该是现代企业家们的毕生信念！

企业家做了君子，还要做企业的君主吗？答案是一定的！

炒股也可以赢得钵满盆盈，艺人也能进入财富榜，可他们并不都是企业家。要做一个企业家，首先要拥有自己的企业，而作为一个营利组织，没有企业家作为船长来主宰，企业是不可能在惊涛骇浪的商海风险中，从一个彼岸航驶到另一个彼岸的。

从“君子”到“君主”，仅一字之隔。但是，没有君子的品德基础，君主的位置能坐多久？君主的事业能否长盛不衰？君主的疆域能扩张到多远？一切都是未知数。孔子在《论语》里的君子言论，大多是关于“君子先修德，而后行仁政于天下”的，所涉及的就是企业家精神里利益天下的价值观培养，即企业家如何经营自己的企业并造福于社会。

怎样才算一个完美的君子？孔子的定义如下：

子路问成人。子曰:“若臧武仲之知，公绰之不欲，卞庄子之勇，冉求之艺，文之以礼乐，亦可以为成人矣。”曰:“今之成人者何必然？见利思义，见危授命，久要不忘平生之言，亦可以为成人矣。”(《宪问第十四》)。

孔子的最后一句可以理解为企业家最基础的条件：爱财有道、勇于担当、坚持诚信。完美企业家的要求很高，“成人五条”可以称之为“儒商”的标准了，简要理解如下：

1. 臧武仲之知：要有以仁德为思想重心的智慧。

2. 公绰之不欲：要有利益天下社会的抱负，不贪图个人享受。

3. 卞庄子之勇：勇于行动，勇于改变自己，勇于创造创新。

4. 冉求之艺：要有解决各类复杂问题的动手能力，可以举重若轻，也可以举轻若重。

5. 文之以礼乐：以企业文化来教化员工的行为动机，以制度来规范员工的言行举止。

最值得注意的是第五条，它说明儒商的儒，不是自己有文化，而是要以自己的文化推衍企业文化，用企业文化对企业员工进行教化。

儒商之道，首在正心修身

季康子问政于孔子。孔子对曰："政者，正也。子帅以正，孰敢不正？"

——《颜渊第十二》

字面解读：季康子问孔子如何治理国家。孔子回答说："国家治理要倡导正道。您自己带头走正道，那么还有谁敢不走正道呢？"

商人《论语》："上梁不正下梁歪"的道理，大家都懂。坐在企业老板的位置上，"正"又是指什么呢？应该是指以老板个人德行操守为主的价值观，最终形成了企业品牌的理念和企业的文化。换句话说，就是老板如何"做人做事"决定了企业员工"做人做事"的方式，决定了企业如何"做人做事"。当然，一些老板只是扮演投资者和决策者的角色，会另请贤才做管理者。但是，你选"贤才"的标准是什么？除了才能，是否考虑到"贤才"之贤之于企业文化的影响？

企业家，不要只想到自己有无领导力，更要看到自己有无"正人正己"的影响力。

后世之人越来越僵化地将孔子的话理解成正位的"木偶"。其实，不只是位置正，还要思维正、规矩正。若是儒商，至少要有八个方向的正，可以借用"佛家八正见"来对比解释。

经营理念：正见，是指为社会、为市场、为消费者创造利益，而不是“自私自利”。

品牌意识：正思维，企业经营的所有行为和细节，要体现出品牌的仁爱理念。

规章制度：正命，制度要鼓励企业经营行为和员工行为的正当性、有益性、建设性。

文化教化：正语，是指教化员工言谈举止的发心动机，而不只是“作业手册”。

商业模式：正业，为消费者提供更完整、更高质、更方便的服务，而不只是差异性。

营销策略：正精进，是不断努力地提升自己，做好与消费者全方位的交流与服务。

资源互信：正念，是指行事要有因果之念、因缘之想，多做善事好事。不要强求因果，要有菩萨的“布施”心肠，多做社会公益。

产品服务：正定，做好每一个产品的品质，做好为顾客服务的每一个细节。

儒商之本质

子曰：“无为而治者，其舜也与？夫何为哉？恭己正南面而已矣。”

——《卫灵公第十五》

字面解读：孔子说：“没有做什么却能使天下大治的人，大概只有舜吧？他做了些什么呢？修养品德，神情端正地坐在朝堂的王位上罢了。”

商人《论语》：真的没有做什么，只是如木偶一样神情端庄地坐在那个位置上，就能经营好企业了？孔子的实质意思是坐正自己的企业家位置，做好企业家该做的事情。那企业家具体做什么该做的事情呢？柳传志先生说得最简洁：建班子，定战略，带队伍。

儒商，不是被摆着的牌位，是要有领导力的，要做带领大家走出埃及的“摩西”。

子曰：“君子不重，则不威；学则不固。主忠信。无友不如己者。过，则勿惮改。”

——《学而第一》

字面解读：孔子说：“君子，如果不庄重，就没有威严；即使读书，所学的也不会巩固；为人处事要以忠信为本。不要认为朋友不如自己。有了过错，就不要怕改正。”

商人《论语》：一个企业家，如果没有履行好企业家的义务和职责，就不能让企业发展壮大；如果没有为社会创造价值和爱重消费者的意识，就会为了赚钱而无所不为；如果没有自己的经营理念，就算喜好学习也终究是“熊瞎子掰苞米”，不会有长进。所以，要诚信经营、爱重消费者和员工，向朋友学习好的方面，对不好的方面引以为戒。如果有了过错，要勇于承担，勇于改过。

儒商，必须栽好自己的树，才能结出更多的果实。随便地嫁接是不成的。

子贡曰：“夫子之文章，可得而闻也；夫子之言性与天道，不可得而闻也。”

——《公冶长第五》

字面解读：子贡说：“老师讲授的礼、乐、诗、书的知识，依靠听讲是能够学到的；老师讲授的人性和天道，只靠听讲是不能学到的。”

商人《论语》：企业家必须要学习，学习新知识、新技术、新政策，要向别人学习、向自己学习、向消费者学习。不过，企业家精神里的某些特质是“惟恍惟惚”的，很难具体和准确形容。无论是柳传志，还是王健林、王石，或者是马云、马化腾、张瑞敏等，他们对于企业家的理解或自我描述不尽相同，他们各自走在自己的道路上。即使每一个人的道路看上去是不同的，但也没有高低之分，只是因行业不同、商业模式不同、自身的性格与历练不同而形成的不同而已。

儒商们各自具有独特的天性，靠学习、模仿是学不来的，即使生硬学到也不会有自我成长性，必须要自悟自修，才能得到进化性。

尧曰：“咨！尔舜，天之历数在尔躬。允执其中。四海困穷，天禄永终。”舜亦以命禹。曰：“予小子履，敢用玄牡，敢昭告于皇皇后帝：有罪不敢赦，帝臣不蔽，简在帝心。朕躬有罪，无以万方；万方有罪，罪在朕躬。”周有大赉，善人是富。“虽有周亲，不如仁人。百姓有过，在予一人。”谨权量，审法度，修废官，四方之政行焉。兴灭国，继绝世，举逸民，天下之民归心焉。所重：民、食、丧、祭。宽则得众，信则民任焉，敏则有功，公则说。

——《尧曰第二十》

字面解读：尧说：“喂！你这位舜！上天的大命已经落在你的身上了。朴诚地保持那中道。假如天下百姓都困苦和贫穷，上天赐给你的禄位也就永远终止了。”舜也这样告诫过禹。

商汤说：“我是履，冒昧用黑色的公牛来祭祀，斗胆向光明而伟大的天帝报告：有罪的人我不敢擅自赦免，我也不敢掩蔽情况，都由天帝的心来分辨选择。我本人若有罪，不要牵连天下万方；天下万方若有罪，都归我一个人承担。”

周朝大举分封赏赐，使善人都富贵起来。周武王说：“我虽然有至亲的亲属，也不如拥有有仁德的人。百姓如有过错，应该由我一人承担。”

（汉唐学者认为是孔子所说）严格规范度量衡，审定法律制度，启用被废置了的官事，全国的政令就会通行了。复兴被灭亡了的国家，承续已经断绝的世族，提拔被遗落的人才，天下百姓就都会诚心归服了。我们应重视的四件事是，民心、民食、丧礼、祭祀。宽厚就能得到众人的拥护，诚信就能得到人民的信任，勤敏就能做出事业，公平会使大家都高兴。

商人《论语》: 尧帝、舜帝的话，是在表明一个企业家应有的担当和责任，要使消费者安心、员工开心、股东舒心。同时，不要做偏激的事情，要保持中庸之道，也可以理解为“领导有术”。

商汤向上天的祭词和周武王的话，表明了一个企业家必须有“一切操之在我”的责任担当！

我们将结尾孔子说的话更换成企业家的语言来看，就是，选拔贤才做自己的员工，规范岗位职责和工作标准，审定绩效考核标准；重新划定组织结构，保持业务流程的顺畅；必须重视员工心态、员工福利、员工培训的人力资源建设，以及企业文化的建设。另外，作为老板，要待人宽厚，不要苛责别人，自己答应的事情一定要做到。只有勤奋才能做出事业，只有公平的分配利益才能使团队更有凝聚力。

孔子的话，简直就是“论一个儒商的基本修养”啊！

较之企业家，儒商被要求的更多、更具体，不只是会派事、会用人，还要能自我任事，要以礼约束自我，要对自己进行道德修治。

儒商之风范

子张问仁于孔子。孔子曰：“能行五者于天下，为仁矣。”“请问之。”曰：“恭、宽、信、敏、惠。恭则不侮，宽则得众，信则人任焉，敏则有功，惠则足以使人。”

——《阳货第十七》

字面解读: 子张向孔子请教仁。孔子说：“能身体力行五种品德于天下，就算是有仁德了。”子张说：“请问是哪五种？”孔子说：“谦恭、宽厚、诚信、勤敏、慈惠，谦恭就不会遭受侮辱，宽厚就会得到众人拥护，诚信就会受到任用，勤敏就会有业绩，慈惠才会有人愿意被你驱使。”

商人《论语》: 孔子所说的“五者”是君子的具体品德，也可以理解为“儒商”的基本表现。

恭：礼貌做人、规矩做事，就不会被羞辱。

宽：宽容大度、心胸豁达，就会得到大家的拥戴。

敏：勤奋工作、勤于思考，才能做出事业。

信：真诚做人、守信做事，就会得到信任。

惠：仁爱于人、分利于众，才有更多有才华的人愿意为你工作。

企业家，要做五项全能的职业选手，才能算是儒商。只是戴副眼镜或戴串佛珠，只能说是看上去有文化、有修养或有信仰，还不能算是儒商。

季康子问："仲由可使从政也与？"子曰："由也果，于从政乎何有？"曰："赐也可使从政也与？"曰："赐也达，于从政乎何有？"曰："求也可使从政也与？"曰："求也艺，于从政乎何有？"

——《雍也第六》

字面解读：季康子问孔子："仲由（子路）其人，可以任用他处理政事吗？"孔子说："仲由做事果断，处理政事有什么困难呢？"季康子又问："端木赐其人，可以任用他处理政事吗？"孔子说："端木赐人情练达，处理政事有什么困难呢？"又问："冉求其人，可以任用他处理政事吗？"孔子说："冉求多才多艺，处理政事有什么困难呢？"

商人《论语》：做企业经营管理工作的人才是要有一些特质的，比如子路的勇于负责、端木赐的通情达理、冉求的多才多艺。不同的特质可以在不同的岗位上发挥作用，不同的工作风格会建立不同风格的工作团队，也会建立不同形式的组织结构。不过，各人工作的结果未必会有大的落差或不同。

儒商确实是存在基本的标准，但儒商之儒，是有着不同的个性和风格的。

子不语怪，力，乱，神。

——《述而第七》

字面解读：孔子不谈论怪异、勇力、悖乱、鬼神的事情。

商人《论语》：企业经营要踏踏实实地做好实实在在的事情，不要幻想奇迹、期盼不劳而获、妄想天上掉馅饼；不要用不正当的手段欺辱同行，牟取暴利；不要违背商业道德，用假冒伪劣的商品、弄虚作假的手段欺骗消费者；不要去求财神爷、求观世音菩萨保佑赚一千万，又还愿香油钱一万。企业家要理性地做好眼前的工作和未来的规划，别奢望“多快好省、大干快上”，更不要迷信鬼怪神仙的助力。若是要拜冥冥中的力量，就多拜谢消费者的信任，多拜谢企业员工的努力，多拜谢国家政策的支持和帮助。

企业经营是人间之事，企业家要行人间之举，要做实际经营的现实主义者。儒商之儒，不再是商朝时的“祭祀鬼神”，而是新时期的“理性现实”。

子曰：“志于道，据于德，依于仁，游于艺。”

——《述而第七》

字面解读：孔子说：“以道为志向，以德为根据，以仁为凭借，从容地学习、实践于六艺（礼、乐、射、御、书、数）。”

商人《论语》：儒商要秉承于乾卦“元、亨、利、贞”的企业家精神，扎根于“厚德载物”的商业价值观，仁爱于企业经营的利益攸关者（从顾客到员工，从供货商到投资者等），完善并创新企业经营管理的各个要素，比如组织结构与绩效考核、企业文化与社会公益、商业模式与营销策略、便捷服务与流程再造、信息收集与数据分析等。

儒商的文武双全，要内外兼修，既有道德内功，还有仁义理念和六艺招数。

子曰：“知者不惑，仁者不忧，勇者不惧。”

——《子罕第九》

字面解读：孔子说：“智慧的人不迷惑，仁爱的人不忧虑，勇敢的人无所畏惧。”

商人《论语》：一个企业家若有智慧，看问题就会有穿透力，就不会被“纷纭复杂”的假象所迷惑；一个企业家若有仁爱意识，就会平和宽容地接受一切顺利和不顺利，不会自怨自艾，更不会怨天尤人；一个企业家若有勇气，就不会害怕困难和挑战，也不会保守封闭。他会不断革新自己、创新自己的企业，使企业始终焕发出生生不息的生命力。

儒商，在发展战略方面是智者，在企业文化方面是仁者，在经营创新方面是勇者。

柴也愚，参也鲁，师也辟，由也喭。

——《先进第十一》

字面解读：高柴愚直，曾参迟钝，颛孙师偏激，仲由鲁莽。

商人《论语》：没有“子曰”，我怀疑在原文中是接着“季氏富于周公，而求也为之聚敛而附益之。子曰：‘非吾徒也。小子鸣鼓而攻之可也’”的，可能是孔子说完之后，各位弟子的当场表现。或许有的替冉求辩解，表现得愚直；有的装作听不懂，表现为迟钝；有的揭发冉求的不良过往，表现为偏激；有的听了老师的话，撸起袖子要去打人。可以说是一幅有趣、生动的世情百态了。

孔子弟子三千，后世尊称为圣贤的有七十二个。他们各有各的优点，自然也各有各的缺点。这正好说明了一个道理，即使是一个成功的企业家，也不会是睿智如柳传志、口才如马云、勤奋如王健林、聪颖如马化腾的完美综合体。不过，哪怕性格有缺点，只要是能够笃行君子之道，一样是值得尊重的企业家。所以，高柴愚直，就如说真话会被他人误解的人；曾参迟钝，说话吭哧瘪肚的，听着费劲；颛孙师偏激，就如做事总有一种孤注一掷气势的人；仲由鲁莽，就如总想突破自己、突破企业经营瓶颈的企业家。

儒商之儒，因有个性、有缺陷而更加真实，甚至更有价值。

子路问成人。子曰：“若臧武仲之知，公绰之不欲，卞庄子之勇，冉求之艺，文之以礼乐，亦可以为成人矣。”曰：“今之成人者何必然？见利思义，见危授命，久要不忘平生之言，亦可以为成人矣。”

——《宪问第十四》

字面解读：子路问：“怎样才是一个完美的人？”孔子说：“如果具有臧武仲的智慧、孟公绰的清心寡欲、卞庄子的勇敢、冉求的多才多艺，再用礼乐来教养他，也就可以算是一个完美的人了。”孔子又说：“现在的完人何必一定要这样呢？见到财利想到是否合乎道义，遇到困境敢于承担责任，长期处于贫困也不会忘记自己生平的信念，也可以说是完人了。”

商人《论语》：成人可以理解为完美的企业家。完美企业家的智慧，不仅仅体现在如马云、马化腾、李彦宏般具有战略眼光，能够创新一个行业的企业家，还表现在如柳传志、王石、王健林、段永平、曹德旺般在相对传统的行业“不贰过”。企业家的清心寡欲，不是没有了事业雄心和追逐财富的欲望，而是相对少有个人“财、色、名、食、睡”的欲望。企业家的勇敢，可以理解为迎接市场挑战的勇气，勇于创新、勇于打破固有思维的勇气。企业家的多才多艺，可以理解为事业版图的广泛性，比如复兴集团的郭广昌先生就算得上多才多艺了，京东商城的刘强东围绕电商开展物流、金融、仓储、服务、终端等多产业领域，也算得上是具有核心的多才多艺。此外，多才多艺还可以理解为企业家具有解决各种问题的实际能力，尤其在企业停滞转型、企业困境创新上看得更清楚，能够突围的，一定是多才多艺的，如张瑞敏先生。

礼乐之道的“礼”，可以理解为商人要懂规矩、尊重商业规律、遵守国家法纪，要有民族意识，不能仅仅理解为待人接物有礼貌。礼乐之道的“乐”，不是指会吹拉弹唱的音乐，而是指有“文化”。企业要有企业文化，才能教化出企业的人力资源。

如上要素都具备了，算得上是一个完美的企业家了，可以称之为“儒商”。

孔子最后放低了要求，说若是“爱财有道，勇于担当，坚持诚信”，也算得上是合格的企业家了。可见儒商，少有达到一百分的，但是有最低的及格线。

子曰：“晋文公谲而不正，齐桓公正而不谲。”

——《宪问第十四》

字面解读：孔子说：“晋文公好用权术，不正派；齐桓公作风正派，不好用权术。”

商人《论语》：晋文公和齐桓公，是各种版本的春秋五霸中唯一不变的前两位，代表了两种完全不同的风格，就好像两种风格的企业家，一些人立足于产品的品质和技术，稳扎稳打，长期规划，如海尔的张瑞敏、格力的董明珠，也有一些企业家擅长营销策划，会包装概念，如蒙牛的牛根生、巨人的史玉柱。

企业家成功的方式不一而足。可能是专注于商业模式和品牌，也可能是专攻于营销方式和产品。但是儒商的品行，必须要“正”。

子曰：“君子道者三，我无能焉：仁者不忧，知者不惑，勇者不惧。”子贡曰：“夫子自道也。”

——《宪问第十四》

字面解读：孔子说：“君子之道有三个方面，我全未能做到：仁德的人不忧虑，智慧的人不迷惑，勇敢的人无所畏惧。”子贡说：“老师是在说自己啊！”

商人《论语》：现在，商业环境的成熟和复杂程度远远超出改革开放初期。那个时期的企业家，敢做、肯做就可以，而现在的企业家，必须具备综合的素质和复合的才华，不仅要做企业发展的战略规划，还要用仁爱来凝聚组织团队，勇于创新，勇于随市场变化而变化。

儒商的最高境界是“仁、智、勇”三者兼备。

原壤夷俟。子曰："幼而不孙弟，长而无述焉，老而不死，是为贼！"以杖叩其胫。

——《宪问第十四》

字面解读：原壤叉开双腿坐着等待孔子。孔子骂他说："年幼的时候，你不讲孝悌，长大了又没有什么说得出口的成就，老了还不死，真是害人虫！"说着，用拐杖敲他的小腿。

商人《论语》：原壤代表了一种类型的老板，年轻时由于胆子大、机缘好，赚到了第一桶金。也因为机缘式的暴富而自以为是，忽视学习、忽视市场的变化。现在，不仅事业停滞不前，还总是倚老卖老地贬低新思维、打压新兴力量。

儒商，也是从小看到老的，不是长大后就突然变成的。

孔子曰："不知命，无以为君子也；不知礼，无以立也；不知言，无以知人也。"

——《尧曰第二十》

字面解读：孔子说："不知道天命，就不能做君子；不知道礼仪，就不能立身处世；不知道分辨话语，就不能了解他人。"

商人《论语》：所谓的"天命"，就是"天之所命"，是一种"天人合一"的自我认知，并由此明确自己该做什么、不该做什么，知道自己能做什么、不能做什么。"礼仪"不能单纯地被理解为待人接物的礼貌，还包括了对商业规律、国家法纪、社会风俗等外在环境的尊重，否则就不可能在市场中立足。

"知言"就是听话听声，不是能听见他说什么，而是能听懂他的言外之意。所谓"听懂"，通常是再听另外一个人或多听几个人的说法来分辨，兼听则明，偏听则暗。若只听一个人的说辞，如何分辨呢？先不要分辨，要静观他的言辞、考察他的行为、了解他的动机和目的，最后才能听懂他在说什么。

儒商，要有知人知事的智慧，也要有自知长短的明达，还要有自律以礼的谨严。

儒商之行事

子曰：“莫我知也夫！”子贡曰：“何为其莫知子也？”子曰：“不怨天，不尤人，下学而上达。知我者其天乎！”

——《宪问第十四》

字面解读：孔子说：“没有人真正了解我啊！”子贡说：“怎么能说没有人了解您呢？”孔子说：“我不埋怨天，也不怪罪人，下学君子之行而上达仁道。了解我的只有天吧！”

商人《论语》：孔子的“不怨天，不尤人”，一语道出了企业家精神的唯理性、现实性和独立性。俗话说：“只看到人前显贵，没看到背后受罪。”作为企业家，别人看到的只是表面的光鲜，而内心的坚持、承担，以及焦虑，是旁人无法了解（可能也没人愿意去了解）的，何况内心坚持的价值观呢？从自我价值观的坚持到企业价值观的坚持，从小我到大我，也许真的只有市场和消费者感受得最为清楚吧。

儒商的成功是“三分天注定，七分靠打拼”。

子曰：“富与贵，是人之所欲也；不以其道得之，不处也。贫与贱，是人之所恶也；不以其道得之，不去也。君子去仁，恶乎成名？君子无终食之间违仁，造次必于是，颠沛必于是。”

——《里仁第四》

字面解读：孔子说：“发财和做官，是人人希望得到的，不用正当的方法得到它，君子是不会接受的。贫穷与低贱，是人人厌恶的，不用正当的方法摆脱它，君子不会去做。君子如果离开了仁道，又怎么能叫君子呢？

君子没有一顿饭的时间背离仁道，就是在最紧迫的时刻，在颠沛流离的时候，也一定会按仁道办事的。”

商人《论语》：现在的商业环境繁杂，商业理念层出不穷，服务类产品虚虚实实，营销方式五花八门，什么才是商业上的正道呢？儒家讲行为动机，可以简单地理解，凡是以“仁爱消费者”为动机的商道，可以算是正道。若具体说来，可以用我们之前借用过的佛法八正见从八个方面解释商道：正见、正思维、正语、正业、正命、正业、正念、正定。

儒商之儒，不在于所谓的文化、高学历和EMBA的资历，而在于是否保有“仁爱消费者之心”。仁爱是无时无刻不在的，不只是发达时的共富贵，还在于困厄之时的同舟共济。

子曰：“不患无位，患所以立。不患莫己知，求为可知也。”

——《里仁第四》

字面解读：孔子说：“不担心没有职位，只担心没有立身的根基；不怕没有人知道自己，努力追求自身值得别人知道的价值。”

商人《论语》：在激烈的市场竞争中，企业凭借什么立足？为消费者服务的差异性，给消费者不一样的价值体验，就是企业经营的根基，也是商业最基本的模式。那么，消费者如何认识到你的价值，认清你的差异性呢？只有营销活动。营销活动如风一般不断向目标消费者普及品牌价值、发送品牌服务、吹拂品牌关爱。

儒商外表谦和，却有一颗积极上进的大心脏。

子谓子夏曰：“女为君子儒，无为小人儒。”

——《雍也第六》

字面解读：孔子对子夏说：“你要做一个有道德修养的君子式的儒者，不要做有才无德、有学无识的小人式的儒者。”

商人《论语》：做一个有道德修养、有社会责任感的儒商，而不要做一个有能力赚钱却无意识服务社会，看似满腹经纶却没有正能量价值观的“空倌”儒商。

儒商，不是表面上的“道貌岸然”和“满腹经纶”。

子曰：“我非生而知之者，好古，敏以求之者也。”

——《述而第七》

字面解读：孔子说：“我不是生来就有知识的人，而是喜爱向先辈前贤学习，勤奋敏捷地去求得知识的人。”

商人《论语》：企业家不会自诩自己是“生而知之者”，所以企业家永远走在如何为社会创造价值的学习路上，永远走在如何为消费者更好地服务的创新路上，永远走在追逐更新、更大目标的追求路上，还永远走在不断回顾总结的自省之路上。

儒商有着主动积极的精神，永远走在学习的路上。

定公问：“一言而可以兴邦，有诸？”孔子对曰：“言不可以若是，其几也。人之言曰：‘为君难，为臣不易。’如知为君之难也，不几乎一言而兴邦乎？”曰：“一言而丧邦，有诸？”孔子对曰：“言不可以若是，其几也。人之言曰：‘予无乐乎为君，唯其言而莫予违也。’如其善而莫之违也，不亦善乎？如不善而莫之违也，不几乎一言而丧邦乎？”

——《子路第十三》

字面翻译：鲁定公问：“一句话就可以使国家兴盛，有类似的话吗？”孔子答道：“说话不可以如此绝对，但确实有近乎于此的话。有人说：‘做君主难，做臣子不容易。’假若从此知道了做君主的艰难，自然会谨慎认真地去干，那不近乎一句话可以使国家兴盛吗？”鲁定公又问：“一句话可以使国家灭亡，有类似的话吗？”孔子回答：“说话不可以太绝对，但有近乎于此的话。有人说过：‘我做君主没有什么快乐，只有我所说的话没有人敢于违抗。’如果说得对而没有人违抗，不也好吗？如果说得不对而没有人违抗，那不就近乎一句话可以亡国吗？”

商人《论语》：企业家如同企业的君主，对自己的企业有绝对的掌控权。若是由此而产生一言堂，也会带来绝对的风险。因此，企业家要知道责任的重大、决定的艰难，不要以为没有人违背自己的决定就是一件好的事情，更不要因为过往的几次力排众议而自诩“天纵英明”。企业要建立能以充分讨论为基础的“民主集中制”的领导结构，在涉及企业战略调整、组织改造、重要人士选用的重大问题上，必须要有一个集思广益的过程，避免一个人说一句话就做一个决定的风险。

儒商，若是避免一言堂的风险性，不仅要有一个小团队作为决策机构，还要有权责合一的授权机制，以及过程监控和阶段性总结的运营体制。

子曰：“南人有言曰：‘人而无恒，不可以作巫医。’善夫！”“不恒其德，或承之羞。”子曰：“不占而已矣。”

——《子路第十三》

字面翻译：孔子说：“南方人有句话说：‘人如果做事没有恒心，就不能当巫医。’说得好啊！”《易经·恒卦》九三爻辞说：“人不能坚守自己的德行操守，免不了要遭受耻辱。”孔子说：“没有恒心的人，不必去占卦卜了。”

商人《论语》：为什么没有恒心的人，就不要占卜了？这是因为“易经”的“易”字，是说一切都在“因缘”的变化之中而变化。你自己若无主见地坚持，就会迷失方向，占卜反而乱了心思。持之以恒才能成功的道理，是众所周知的。但是，在实际的商业案例中，总是会有“是否方向错了？是否方法错了？是否还要坚持？”的踌躇思考。

对与错的判定，不是在事前、事中，而是在事后的结果论定。所以事前“知胜有五”的充分准备很重要。过程中的“机缘”和“机遇”是无法完全设计的。所以过程中方式方法不能封闭死拧在一条道上，也不能“乱花渐欲迷人眼”地见异思迁。选对了方向，剩下的就是目标不变的坚持和方法创新的坚持。

子曰：“贤者辟世，其次辟地，其次辟色，其次辟言。”子曰：“作者七人矣。”

——《宪问第十四》

字面解读：孔子说：“贤人离开动荡的社会而隐居，次一等的逃避到另外一个地方去，再次一点的躲避别人难看的脸色，再次一点的回避别人难听的话。”孔子又说：“类似的已经有七个人了。”

商人《论语》：孔子当时说话的前提是另一句话：“邦有道，危言危行；邦无道，危行言孙。”也就是说，在国家政治无道的前提下，君子小心谨慎，乃至于隐退隐居。商人也会遇到政治无道，或者抵制政治人物的情况，一些人会逃到另外一个国家，一些人会避开到另一个城市，一些人就避开阻碍自己发展的人，或避开一个特定的势力范围。俗话说：“咱惹不起，躲得起。”

儒商，要有生存本能，在商言商，做力所能及的事情。

在陈绝粮，从者病，莫能兴。子路愠见，曰：“君子亦有穷乎？”子曰：“君子固穷，小人穷斯滥矣。”

——《卫灵公第十五》

字面解读：孔子一行人在陈国断了粮食，随从的人饿病了，不能起身。子路有怨气地面见孔子，说道：“君子也有穷困的时候吗？”孔子说：“君子穷困还是坚守道义，小人一遇穷困便会没有原则地胡作非为了。”

商人《论语》：在企业创建初期，越是坚持品质和品牌，越是会时时处于困厄的状态，特别是因销售不利和高额成本造成的财务亏损。此时最考验企业家的就是坚持“初心”，是不是坚持品质、坚持服务、坚持信誉，有没有一点点的弄虚作假，不仅可以看出儒商和普通商人的区别，也是一时儒商和一世儒商的区别。

人间正道是儒商的沧桑，但儒商从未放弃自己的商德操守。

子曰："直哉史鱼！邦有道，如矢；邦无道，如矢。君子哉蘧伯玉！邦有道，则仕；邦无道，则可卷而怀之。"

——《卫灵公第十五》

字面解读：孔子说："史鱼真是刚直啊！国家政治清明，他的言行像箭一样刚直；国家政治黑暗时，他的言行也像箭一样刚直。蘧伯玉真是一位君子啊！国家政治清明就出来做官，国家政治黑暗就明哲保身把自己的主张收藏起来。"

商人《论语》：可见，孔子倡导的君子并不愚直，而是懂得"明哲保身"之道的。生意场上的进退之道，是与同行和合共生，也与社会环境休戚相关。

曲则全。儒商，欲谋求一生之功业，就要学会忍耐与等待，甚至忍辱。

儒商之仁德，修身以五，行于天下人间

子张问仁于孔子。孔子曰:“能行五者于天下,为仁矣。”“请问之?”曰:“恭、宽、信、敏、惠。恭则不侮，宽则得众，信则人任焉，敏则有功，惠则足以使人。”

——《阳货第十七》

在“儒商之风范”里，我们以“恭、宽、信、敏、惠”作为儒商行为、表相的概括。说到“儒商之仁德”，我们更进一步地将《论语》中涉及“君子修身”的语录，归纳到“恭、宽、信、敏、惠”之下，更加具体、系统地理解儒商精神、表相和行为。我们可以独立理解，也可以贯通联系。我想以佛法的“体、相、用”来分类并解析五个字表意之间的关联性。

儒商之体，是惠，惠及众生。

儒商之相，一者是宽，心胸宽广；二者是恭，礼貌待人，规矩做事。合起来就是“严于律己，宽以待人”。

儒商之用，一者是信，做人有信念，做事有信誉；二者是敏，敏于行而讷于言。

惠，不仅是仁爱之心、教化之用，还有惠及大众以实际利益之举。惠之仁爱不是私自占有，是尊重、理解与包容。包容之宽不是没有原则的溺爱，还要以礼节制。惠之仁爱的行为，表现为积极主动的精神，是敏。而且，惠之仁爱的行为也是有原则的，并不是你想要的就给予，而是给予对你有益处的，就像人们常说的“民之所欲，不如民之所益”。

如此一来，“恭、宽、信、敏、惠”的儒商，就立体、生动、和谐了，自然也就合而为一了。

恭：恭则不侮

简单理解的儒商，是商人和文化人的综合体，外表看来文质彬彬，办公桌后也是一整面的书墙，说话做事温和雅致，透着一股子书卷气。但是，历史上的儒生们又是最执拗、最有骨气的，所谓“贫贱不能移，富贵不能淫，威武不能屈”，那么，儒商的“恭”从何而来？为何而恭？向谁而恭？

◎心存敬畏：畏天命，畏大人，畏圣人之言

孔子曰：“君子有三畏：畏天命，畏大人，畏圣人之言。小人不知天命而不畏也，狎大人，侮圣人之言。”

——《季氏第十六》

字面解读：孔子说：“君子有三种敬畏：敬畏天命，敬畏王公大人，敬畏圣人之言。小人不知道天命，因而不敬畏，轻慢王公大人，轻侮圣人之言。”

商人《论语》：君子“三畏”可以理解为企业家的“三畏”，是企业家必须敬畏的三大信条。

天命，不能简单地理解为宿命，应该理解为企业家对外在市场环境和内在资源、能力等进行综合分析后，给自己定位的“使命、价值”，比如马云先生的天命是“让生意不再难做”。

大人，不是指政治人物，应该理解为国家的政策法规、市场的风俗习惯、

消费者的需求特征等客观的不可违逆的市场因素。

圣人，不只是企业家领袖或商场前辈的经验话语，还包括商业规律和行业公约。

儒商的心思要明了，既然处在天空下，就必然有规则。若不敬畏，反受其咎。

子曰：“以约失之者鲜矣！”

——《里仁第四》

字面解读：孔子说：“因为严格要求自己而有过失的，很少。”

商业《论语》：内心欲望的节制有度，与外在世界相处时的敬畏尊重，以及言谈举止的礼仪恭谨，都可以使人少犯错误，少惹麻烦，尽可能少地造成后悔之事。

儒商的“恭”，是熙攘红尘中的自我节制。

子曰：“泰伯，其可谓至德也已矣。三以天下让，民无得而称焉。”

——《泰伯第八》

字面解读：孔子说：“泰伯可以说是品德极高尚的人了，几次把王位让给季历，老百姓没有合适的词语来称赞他。”

商人《论语》：泰伯的“让”，不能简单理解为谦虚地退让，直白地说，就是泰伯觉得周文王的父亲比自己贤德，所以让贤。可以说是一种敬畏天命、责任，很有自知之明的退让。

所以，企业家的恭敬，可以是“当仁不让”，是为了尊重消费者利益的勇敢不让；也可以是“见贤而让”，是为了尊重消费者利益的勇敢退让。企业家之间的竞争，不是意气之争，而是为消费者提供更多、更好、更便捷的服务。对企业家之间的尊敬，不是对钱多的人的尊敬，而是对其服务大众“操守仁德”的尊敬。

儒商的恭谨而让，是有行为动机的。让或不让，要知人知己。

◎君子如玉：夫子温、良、恭、俭、让以得之

子禽问于子贡曰："夫子至于是邦也，必闻其政，求之与，抑与之与？"子贡曰："夫子温、良、恭、俭、让以得之。夫子之求之也，其诸异乎人之求之与？"

——《学而第一》

字面解读：子禽问子贡说："先生到了一个国家，必然能够听到这个国家的政事。是他自己寻求来的呢，还是人家主动告诉他的呢？"子贡说："他老人家温和、善良、庄敬、节制、谦让，所以才得到这样的资格。可以说是求得的，但他寻求的方法，或许与别人的求法不同吧？"

商人《论语》："温、良、恭、俭、让"是子贡对其老师孔子周游列国时的交友风度的概括，可以说是一种在野人士的社交风度，也可以借鉴为企业家的社交风度。企业家的社交，可能会涉及政府官员、业界同行、投资者、合作者、消费者等。"君子温润如玉"的风度会赢得外界的好感和帮助。

风度并不代表态度。儒商的外圆内方，是指对外在世界以柔和的礼仪相待，而内心并不是无原则的温暾水。儒商做事有着很强的自我原则性。

子曰："父在，观其志；父没，观其行。三年无改于父之道，可谓孝矣。"

——《学而第一》

字面解读：孔子说："当一个人的父亲在世的时候，要观察他的志向；父亲死后，要考察他的行为。若是他三年不改变父亲的合乎天道的行为，就可以说是尽到孝了。"

商人《论语》：就像是在形容二代接班的情形。不过，新时代的二代接班观念，不再是因循守旧的"无改于父道"，而是要表现出新的理念和创新的意识。所以孔子所说的"父之道"，不应该被僵化地理解为一代企业家的思维方式和做事习惯，而应该是一代企业家精神。我们可以理解为"朕躬有罪，无以万方；万方有罪，罪在朕躬"的勇于承担，也可以理

解为“见利思义，见危授命，久要不忘平生之言”的商业信条，还可以理解为“君子无终食之间违仁，造次必于是，颠沛必于是”的道德价值观。

二代，要恭敬的是一代企业家的精神，而非表面意义上的规章制度、商业模式。

子张学干禄。子曰：“多闻阙疑，慎言其余，则寡尤；多见阙殆，慎行其余，则寡悔。言寡尤，行寡悔，禄在其中矣。”

——《为政第二》

字面解读：子张要学做官。孔子说：“要多听，如果碰到怀疑的地方先空着不说，谨慎地说出自己有把握的部分，就可以少犯错误；要多看，如果碰到怀疑的地方先空着不做，谨慎地去做自己有把握的部分，就可以减少懊悔。说话少错误，做事少懊悔，官职俸禄就在其中了。”

商人《论语》：“兼听则明，偏听则暗”的道理，谁都懂。可是在实际工作中，太多的老板喜欢听私下汇报、“小报告”来做决定。老板固然有决定权，但是在信息不完整前提下擅自做决定的风险很大。所以，在做决定之前，一定要“多听，多看，多想，多问”。孔子说得比较简单，韩非子讲吏治的“七术六微”，就相对系统一些。

恭谨是外在有礼的风度，也是内心严谨的态度。所以，遇事要存疑，不能盲从。尽信人言不如不听人言，尽信数据不如不看数据，尽信报告不如不看报告。

子谓子产，“有君子之道四焉：其行己也恭，其事上也敬，其养民也惠，其使民也义。”

——《公冶长第五》

字面解读：孔子评论子产说：“他有君子的四种道德：自己行为庄重，侍奉君主恭敬，教养百姓有恩惠，役使百姓合乎道义有法度。”

商人《论语》：以上是孔子评论法家前辈子产的君子之道“恭、敬、惠、义”，较之孔子定义君子之道的“恭、宽、信、敏、惠”，子产少了一个“宽”，多了一个“义”。直白地说，是少了一点“宽仁”，多了一些“法度”，也可以说是儒家和法家核心理念的区别所在。不过，孔子还是认可子产为君子的。孔子的尊重，完全不是后世两家的“势不两立”。

子产的君子之道，用现在的商业语言来理解就是，“恭”是对待工作认真负责，能够很好地履行职务要求；“敬”是对国家政策法规和董事会保持一种发自内心的尊重和服从；“惠”是对消费者、员工等超出正常的、更多的利益待遇；“义”是分派员工做他们能干、该干的事情，发放员工能得、应得的酬劳，要求企业的工作分配、报酬、奖惩等的规章在前，就是有制度可循。

儒商之恭，不仅在于做人的礼貌，还在于做事的地道。

子曰：“臧文仲居蔡，山节藻棁，何如其知也？”

——《公冶长第五》

字面解读：孔子说：“臧文仲藏了一只大龟，藏龟的屋子的斗拱雕成山的形状，短柱上画以水草花纹。他哪里称得上智慧呢？”

商人《论语》：臧文仲不只是奢侈豪华，而是做了和自己的身份不符的事情，不符合礼仪。企业家铺张浪费自己赚来的钱，在一定程度上，可以理解。但是，企业家也是国家公民，要有普通公民的“自律”意识。

儒商之恭，有着自我定位的自律。

曾子有疾，孟敬子问之。曾子言曰：“鸟之将死，其鸣也哀；人之将死，其言也善。君子所贵乎道者三：动容貌，斯远暴慢矣；正颜色，斯近信矣；出辞气，斯远鄙倍矣。笾豆之事，则有司存。”

——《泰伯第八》

字面解读：曾参生病了，孟敬子去看望他。曾子对他说：“鸟快死了，它的叫声是悲哀的；人快死了，他说的话是善意的。君子应当重视的修身之道有三个方面：注意自己的仪容举止，避免粗鲁和傲慢；端正自己的面色，接近于诚信；谨慎说话的言辞和语气，可以避免低俗和错误。至于祭祀和礼仪的具体工作，自有主管官吏来负责。”

商人《论语》：曾子的“动容貌，正颜色，出辞气”可以理解为儒商礼仪修养的三个方面。比如会议最后的领导发言，不在于领导讲了什么，而在于领导所表现出来的态度。具体的工作该怎么做，具体的负责人自己是知道的。

儒商之恭，时时自励，有时也有如表演。

◎谨言慎行：其在宗庙、朝廷，便便言，唯谨尔

孔子于乡党，恂恂如也，似不能言者。其在宗庙、朝廷，便便言，唯谨尔。

——《乡党第十》

字面解读：孔子和老乡们在一起，显得很低调随和，像是不会说话的样子。但他在宗庙里、朝堂上，却很自如通畅地表达，只是说得比较谨慎而已。

商人《论语》：恭代表礼，不只是恭敬，还表现为应有的态度，或随和，或端庄，或少语，或侃侃而谈。在不同的场合，反观自己的角色，礼的表现方式也不同。自家年会上口若悬河的马云，在某些场合，也许是“便便言，唯谨而”。说话霸气的王健林也会有“恂恂如也，似不能言者”的时候。

儒商，在不同场合采用不同的言行方式，也算是小大由之的礼仪之道。

朝，与下大夫言，侃侃如也；与上大夫言，訚訚如也。君在，踧踖如也，与与如也。

——《乡党第十》

字面解读：孔子在上朝的时候，同下大夫说话，是温和而快乐的样子；同上大夫说话，是端庄而严谨的样子；君王在场时，是恭敬而谨慎的样子，

但又仪态适中。

商人《论语》：恭，在不同场合有不同的表现方式，还取决于人与人之间地位感的高低不同，或温和，或严谨，或拘谨。

儒商的言谈举止，依人而不同，不仅是一种礼貌，也是一种人与人之间的“伦理”。

执圭，鞠躬如也，如不胜。上如揖，下如授。勃如战色，足蹜蹜，如有循。享礼，有容色。私觌，愉愉如也。

——《乡党第十》

字面解读：举行典礼时，孔子拿紧玉圭，恭敬谨慎，像是举不起来的样子。向上举时好像在作揖，放在下面时好像是给人递东西。脸色庄重得像战栗的样子，步子很小，像是沿着固定的路线。赠送礼物的时候，和颜悦色。以私人身份会见的时候，显得轻松愉快。

商人《论语》：孔子像是一个专业的演员，演绎不同场合不同身份应有的礼仪举止，而且公事和私事待人接物的态度，也分得很清楚。

在商务举止方面，儒商需要专业人士的礼仪培训，才不枉一个“儒”字。

问人于他邦，再拜而送之。

——《乡党第十》

字面解读：孔子托人向在其他城邦的朋友问候、送礼，会向受托者一拜再拜而作揖送行。

商人《论语》：人和人之间，企业和企业之间，合作的中间人很重要，对中间人的尊重，不仅仅是礼仪，也是有利益存在的。中间人的正反向作用，可以放大，也可以缩小，还能缓冲。

儒商的礼仪，不是单一目的、单一方向的。

宽：宽则得众

翻阅史书里对帝王将相的记载，一个能获得众人拥护的领导者打天下时，一定有“宽”的美誉。尽管刘邦的宽宏与刘备的宽柔不一样，赵匡胤的宽仁与朱元璋的宽忍也不一样，但是，“宽，则得众”奠定了各自的江山。

为什么“宽，则得众”呢？孔子说是个人的道德操守得到了众人自发的爱戴、拥护。从一起做事的方面看，每个才华之士都希望领导者欣赏自己的优点，包容自己的缺点。从一起做成事的方面看，每个有才华的人都希望借助领导者的大树，建立自己的功名。

企业作为一个经营组织，哪怕不能如军队一样纪律严格，也必须是严格管理的，“向管理要效率”“向管理要效益”是企业家经营管理的不二法则。流动的人口、流动的人心，能否做到“宽，则得众”呢？就算“得众”了，还会有企业的利益和利润吗？

我认为，就企业的人力资源而言，一部分要算小账、算成本管理，一部分算大账、算战略增收。企业赢得市场的要素之一是赢得人才。你不宽仁，谁来跟你？那如何宽？何以严？曾国藩如是说：“待之法，有应宽者二，有应严者二。应宽者，利也，名也；应严者，礼也，义也。”

◎无亏心事：内省不疚，夫何忧何惧

司马牛问君子。子曰：“君子不忧不惧。”曰：“不忧不惧，斯谓之君子已乎？”子曰：“内省不疚，夫何忧何惧？”

——《颜渊第十二》

字面解读：司马牛问君子。孔子说：“君子不忧愁，不恐惧。”司马牛道：“不忧愁，不恐惧，就可以叫作君子了吗？”孔子道：“内心反省没有愧疚的事情，还有什么可以忧愁和恐惧的呢？”

商人《论语》：凡成大事者，必须具备“天时、地利、人和”三大要素。

依《孙子兵法》之言，知胜有五，一曰道是人和，二曰天是天时，三曰地是地利，四曰将是贤才，五曰法是制度。如果将该做的做好了，剩下的就交给“命运”了。句中反映了孔子的平和心态，不是“非要成什么”的僵硬死拗，也不是“得过且过”的随波逐流。

儒商的宽，是一种自省后的“君子坦荡荡”。

子谓子贱，“君子哉若人！鲁无君子者，斯焉取斯？”

——《公冶长第五》

字面解读：孔子评论子贱：“这个人真是个君子呀！如果鲁国没有君子的话，他是从哪里汲取到如此品德的呢？”

商人《论语》：宽厚，是一种天生的性格品质，由此衍生出自我进化、做人做事的方法。如果先天不具备，后天学习是很难的，或者说，只能学其表象、学其手段，不能学其根本。

宽，若是后天学习，需要随时随地、无时无刻地自我警励。

子曰：“吾犹及史之阙文也，有马者借人乘之。今亡矣夫。”

——《卫灵公第十五》

字面解读：孔子说：“我看到史书里脱漏的文字故事，有马的人先借给别人使用。今天没有这种情况了吧。”

商人《论语》：不苛求企业家是“毫不利己，专门利人”的活菩萨。只是希望企业家在利己的同时，能想到和做到利益他人。

儒商的宽，可以建立在互利的基础上。

◎有容人量：君子和而不同，小人同而不和

子曰：“君子和而不同，小人同而不和。”

——《子路第十三》

字面解读：孔子说：“君子倡导和谐，尊重不同，小人主张共同而不讲求和谐。”

商人《论语》：管理企业时，要给予不同意见者充分发言的机会；市场竞争时，要给予同行业者合理存在的空间。但是，尊重不同的前提是商道、理念大方向上的相同。只有大方向相同，不同的意见才会和谐。否则，就失去了尊重应有的意义。

儒商的宽，是包容不同意见并能引导不同的意见成为一个方向上的共同力量，如此，事业才能做得更大，更有此起彼伏、创新的活力，而不是哼哼哈哈的一团和气。

子曰：“由，诲女知之乎。知之为知之，不知为不知，是知也。”

——《为政第二》

字面解读：孔子说：“由，教给你什么是‘知’吧。知道就是知道，不知道就是不知道，这就是真正的‘知’啊！”

商人《论语》：企业家的宽，还表现在内心世界的自知上。内心世界要很宽大，不要狭小得只剩下自己知道和掌控的，还有很多未知的世界等待开辟，甚至可以说，你不知道的越多，你的世界就越大。所以，自知不知才是真智慧，才是真的心胸宽阔。

儒商的心胸很宽广，知道和承认自己有更多不懂的东西。

子曰：“孟之反不伐。奔而殿，将入门，策其马，曰：‘非敢后也，马不进也。’”

——《雍也第六》

字面解读：孔子说：“孟之反不夸耀自己。败退的时候，他殿后，快进城门的时候，他鞭打着自己的马说：‘不是我敢于殿后，是马跑得不快。’”

商人《论语》：也许是怕被嫉妒、招人恨，孟之反才自黑了一把吧。他也算得上是“宽以待人”的升级版，主动给别人台阶下的“宽心”。生活工作中，如果不懂得与周围环境“相融共生”，好心办坏事、好事变糗事的案例很多。所以，企业家要学会建立自己的生态链，要学会与周围环境“和谐共生”，要学会建设和谐共生状态的手段。

儒商的自黑和自嘲，是站在别人角度上的宽厚。

子之燕居，申申如也，夭夭如也。

——《述而第七》

字面解读：孔子闲居在家里的时候，仪态温和舒畅，表情悠闲自在。

商人《论语》：孔子在家的温和自在，是内心平和的体现。可是孔子是个忧国忧民的仁人志士啊，怎么在家不忧愤成疾呢？可见，孔子将自己在朝的事情和家事分得很开。同理，企业家也要分开工作和家事。在单位，你是老板，可以用各种态度表明你的想法；而在家，你是丈夫（妻子）、是爸爸（妈妈）、是儿子（女儿），也应该用适当的定位来表现你该有的态度。任何人有责任管理好自己的情绪，不能把在家（在单位）的情绪带到另一个场合，还影响周围人的情绪。

儒商的宽，拥有很多不同的世界，也能扮演不同的角色。

子曰：“君子坦荡荡，小人长戚戚。”

——《述而第七》

字面解读：孔子说：“君子心胸宽广，神情自若；小人心胸狭窄，经常焦虑、忧愁。”

商人《论语》：相由心生。可是奇怪的是电影、小说里的君子多是忧国忧民、愁眉不展，奸佞之臣反而一脸高兴、莺歌燕舞。其实，孔子说的才是生活里真君子中道宽和的表现，可以知其不可而为之，可以为之心累，但不能脸累，更不能心碎，像演员一般的忧伤是演给谁看呢？常常将忧虑挂在脸上的，多是演给别人看的，所以是小人。何况，如前文所说的“内省不疚”，该做的都做了，哪里还有“忧惧”？哪里还需要“长戚戚”？

即使是遇到困难，企业家也不需要忧愁、生病，而要内省不疚，坦荡行事。当然，前提是充分分析市场、调动自己的资源、发挥自己的能力，否则，再忧愁也改变不了结果，反而成了“林妹妹”，愁坏了自己的身体。

儒商的心是无私天地宽，写在脸上的是“坦荡荡”。

子谓卫公子荆：“善居室。始有，曰：‘苟合矣。’少有，曰：‘苟完矣。’富有，曰：‘苟美矣。’”

——《子路第十三》

字面解读：孔子评论卫国的公子荆：“善于安居乐业。开始有点积蓄时，他说：‘差不多合意了。’稍多时，他说：‘差不多齐备了。’富有时，他说：‘差不多完美了。’”

商人《论语》：说明君子对于外在生活条件“小大由之”的安适心态。其实，企业家将自己的生活条件安排得好一点是很正常的。只是孔子更欣赏那种精力向外的人，希望能将更多的精力、注意力和资源投放在事业上，投放在“为消费者和社会服务”上，而不只是一味提高自己的生活条件，那不是企业经营和发展的目的。

儒商的财富心胸，是小我大世界，有着更高更大的经纬度。

子曰：“乡愿，德之贼也。”

——《阳货第十七》

字面解读：孔子说：“老好人，是败坏道德的贼子啊。”

商人《论语》：老好人，看似道貌岸然，其实缺乏是非观，反而会助长坏人坏事。所以，与人为善并不是没有原则的处处宽容、退让。如此，也许会是“助纣为孽”，助长了坏人的嚣张。

儒商的宽，是有着原则性和态度的。

周公谓鲁公曰：“君子不施其亲，不使大臣怨乎不以。故旧无大故，则不弃也。无求备于一人。”

——《微子第十八》

字面解读：周公旦对鲁公说：“君子不疏远他的亲族，不会被大臣们抱怨不被信任。故友老臣没有大的过失，就不要抛弃他们，不要对一个人求全责备。”

商人《论语》：当一些公司宣称赶走公司的老员工时，我就感觉像是打倒“老干部”。其实，我很能理解老板们的焦虑，老员工没有起到应有的作用，反而倚老卖老，带坏了企业文化，拖慢了企业变革的步伐。但是，问题要一分为三地看。

老员工应该是优秀企业的优质资源，为什么你的企业老员工反而成了累赘？企业文化的教化之用在哪里？企业绩效考核的择优劣汰在哪里？所以，真正的问题不在员工，而在你自己！

员工如同孩子，企业家如同家长。孩子的好坏，半由天性半由家教，企业员工的好坏也是如此。你自己的问题在哪里？

企业的壮大，不是一朝之功，是一点一点如滚雪球累积出来的。没有一代一代老员工的积累，企业不可能发展壮大。老员工，就一无是处了吗？

儒商的宽，是将人力真的当成资源去建设，而不是拿着放大镜去求全责备、去舍弃。企业家不仅要“严于律己，宽以待人”，还要“严于律事，宽以责人”。

◎以己度人：我不欲人之加诸我也，吾亦欲无加诸人

子贡曰：“我不欲人之加诸我也，吾亦欲无加诸人。”子曰：“赐也，非尔所及也。”

——《公冶长第五》

字面解读：子贡说：“我不愿做别人强加于我的事，我也不愿强加什么事在别人身上。”孔子说：“赐呀，这不是你能做到的。”

商人《论语》：子贡的话用现代的话说，就是“换位思考”。换位思考，是说来容易做来难的。所以孔子才说“这不是你能做到的”。

现在，很多勤奋的老板会有类似富人心态：我能做到的，员工也应该做到。可是你忘了，企业不是员工的，员工不会有主人翁一般自我激发的积极性。不那么勤奋的老板，会有另外的心态：拿了我的钱，你就应该做好事情。你别忘了，什么叫作“好”？“好”有标准吗？你之前设计了标准吗？你以身作则了吗？所以，能不能做、能不能做好，要有“宽、严”的准绳。

孔子的“换位思考”，在《论语》中共有三处。另外两句话是如下。

“子贡曰：‘如有博施于民而能济众，何如？可谓仁乎？’子曰：‘何事于仁？必也圣乎！尧舜其犹病诸。夫仁者，己欲立而立人，己欲达而达人。能近取譬，可谓仁之方也已。’”（《雍也第六》）

“子贡问曰：‘有一言而可以终身行之者乎？’子曰：‘其恕乎！己所不欲，勿施于人。’”（《卫灵公第十五》）

以上三句，以“自己”作为主语，构成了“换位思考”的完整表达：

我自己不想别人强加给我的，我也不愿意强加给别人；

我自己想要的，愿意分享和帮助给别人；

我自己不想要的，我也不会施加给别人。

儒商的以己度人，不仅是考虑了自己内心的接受，更要考虑了别人内心的接受，两者齐备，才是完整的“换位思考”，才是真正的“宽以待人”。

宰予昼寝。子曰：“朽木不可雕也，粪土之墙不可杇也。于予与何诛？”子曰：“始吾于人也，听其言而信其行；今吾于人也，听其言而观其行。于予与改是。”

——《公冶长第五》

字面解读：宰予白天睡觉。孔子说：“腐烂的木头无法雕刻，污泥垒的墙壁无法粉刷。对于宰予，何必过于苛责呢？”孔子还说：“最初我对于人，是听了他说的话便相信了他的行为；现在我对于人，听了他讲的话还要考察他的行为。在宰予这里，我改变了以往的态度。”

商人《论语》：“朽木不可雕也”，我们现在常用来责骂那些本身资质不好还不肯努力的人，也误解孔子是在责骂宰予白天睡觉。其实，宰予在孔子七十二名贤弟子中是排名靠前的，很有德行和才干。以孔子对人对事一贯中道的思维和审慎的态度来看，孔子不会因此责骂宰予并下断言到“朽木、粪土”的程度。孔子说的最后“听其言，观其行”也是表明了审慎的态度。

其实，即使是亲眼看到、亲耳听到的，也不要直接下判断。看别人的说话、行为，还要考虑具体的语境和背景，要给自己留有更加宽广的思考空间和更长一段时间来验证。也许，事情并不是我们所想象的那样。

儒商的宽，是更宽阔的空间，也是更宽长的时间，来审慎地思虑。

颜渊死，子哭之恸。从者曰：“子恸矣。”曰：“有恸乎？非夫人之为恸而谁为？”

——《先进第十一》

字面解读：颜渊死了，孔子哭得极其悲伤。跟随孔子的人说：“您太过悲伤了！”孔子说：“是太过悲伤了吗？我不为这样的人悲伤过度，又为谁呢？”

商人《论语》：“丈夫有泪不轻弹，只因未到伤心处。”孔子失去了一贯的宽宏和平和，哭得极其伤心，不可自抑。但是在安葬颜渊是否该用棺椁的态度上，孔子的态度却是严守礼制的。

儒家最为人诟病的，就是人治和礼治，期盼着明君的个人作为。所以，如此执政思维下的中国历史，“明君之治”是低概率的，“昏君之治”是没有保险底线的。所以，企业家做人是可以宽仁的，但是在做事情上、在企业的管理上，还是要有法可依的。千万不能把做人的宽容，带到做事情的宽忍上。

儒商的宽，在做人和做事上是有区别的。

信：信则人任焉

经商要诚信，人人皆知。只有诚信，才会得到别人的信任。但是，在类似囚徒困境的时候，在重大利益唾手可得的时候，你还会坚持诚信而守着破产的可能吗？经商生存实难，信义是否要放在两旁？等过了生存关再说？关乎利益的诚信，是容易摇摆的。

不可改变的诚信，发自“诚”，发自企业家的价值观，行动于“信”，表现为为人处事的信条。

诚信的建立如同树木的生长，要有一个过程。一般来说，其过程有三：看得到你，你在做什么？你如何去做？就是商圈人脉乃至于受众客户，认识你的首要条件；看得见你，你能做好什么？不能做好什么？那是你承诺任何人、任何事之前的理智考虑，是被认知的过程；感受到你，你为我做了什么？可以说是亲身感受到的诚信，是否会被认可的关键。

既有诚，又有信，被美誉后就成了信誉，成了“人任焉”的招牌。

◎诚信为本：君子怀刑，小人怀惠

子曰：“君子怀德，小人怀土；君子怀刑（信），小人怀惠。”

——《里仁第四》

字面解读：孔子说：“君子心怀道德，小人心怀私利；君子心怀诚信，小人心怀恩惠。”

商人《论语》：众所周知，礼仪仁爱的儒家思想与苛法严刑的法家思想势不两立，《论语》里怎么会出现“君子怀刑”的字眼呢？最合理的解释是读音类似的“失误”，“刑”应该是“信”，所以，应该是“君子怀信”。君子是怀着仁爱的信念和道义的信条与人真诚交往的，为人处事也以礼节之，和一些总是计算个人利益、用小恩小惠拉拢人心的小人有所不同。

儒商的信，首先是一种“惠及天下”的信念。

子曰：“人而无信，不知其可也。大车无輗，小车无軏，其何以行之哉？”

——《为政第二》

字面解读：孔子说：“一个人不讲信用，不知道他如何在社会立足，就好像大车没有安横木的輗、小车没有安横木的軏一样，如何驾车前行呢？”

商人《论语》：信用不只是一个商人的社会符号，更是承载企业前行的车轮，是一座可以与消费者、合作者进行交流的桥梁。没有信用，就失去了任何商业交往的可能，既不会赢得商圈内同行的信任，更不会赢得广大消费者的信赖。

儒商的信，是被人认识和认可的信，然后才有用。

子曰：“君子之于天下也，无适也，无莫也，义之与比。”

——《里仁第四》

字面解读：孔子说：“君子对于天下的人和事，没有什么是绝对肯定的，也没有什么是绝对否定的，只是尽量追求接近天道、仁义。”

商人《论语》：孔子的“不绝对”和佛家的“不断言”是一种中道观，认为万事万物因缘而生、因缘而变化，没有什么事是绝对的、一成不变的，或者是绝对正确的。所以，世界上存在不变的产品、不变的营销策略、不变的商业模式吗？没有的，只有努力为目标消费群体提供最有价值的服务，才是不变的道理。

儒商的信，不在于表面现象的坚守，而在于内心信念的坚持。

子曰:“甚矣吾衰也!久矣吾不复梦见周公!”

——《述而第七》

字面解读:孔子说:“我衰老得很厉害了,我好久没有梦见周公了。”

商人《论语》:恢复周公时期的礼治是孔子的理想。孔子的伤感,既是老年人对于“衰老已至”的自怜,也是对于“礼制不得推行”的自叹。

儒商的信,是一种“至死不悔”的信念坚持。

子谓颜渊曰:“用之则行,舍之则藏,惟我与尔有是夫。”子路曰:“子行三军,则谁与?”子曰:“暴虎冯河,死而不悔者,吾不与也。必也临事而惧,好谋而成者也。”

——《述而第七》

字面解读:孔子对颜渊说:“国家用我呢,我就出来做事;不用我,我就退隐,只有我和你才能做到这样吧!”子路问孔子说:“老师,您如果统率三军,那么您选择谁跟随呢?”孔子说:“赤手空拳和老虎搏斗,不用船只涉水过河,死了也不会为蛮干而后悔的人,我是不会选择的。我要选择的跟随者,一定要是遇事小心谨慎、善于谋划而能完成任务的人。”

商人《论语》:企业家要选择什么样的人来帮助他统领企业呢?肯定不会是那些看似勇敢实则鲁莽的人。这些人的成功是运气,多是蛮干而坏了事情。现在是规矩遍地的时代,所选择的干部不再会是那些“大老粗”,而应该是“文武双全”的高知识、高能力、高勇气的人。

儒商的信,凝聚着人生历练的世故经验。

子曰:“三军可夺帅也,匹夫不可夺志也。”

——《子罕第九》

字面解读:孔子说:“一国军队,可以丧失它的主帅;一个男子汉,却不能丧失志向。”

商人《论语》:企业家坚定不移的志向是什么?是对财富数字增长的追

求吗？追求财富肯定是企业家经商的原动力，但是，是不是企业家坚定不移的志向呢？我不好下断言。我宁愿相信传记里那些伟大企业家的坚定志向是经营好自己的企业，为更多的消费者提供更好的服务。财富只是伴随志向实现过程的自然实现。

儒商的信念，是不可被剥夺的。

樊迟请学稼。子曰："吾不如老农。"请学为圃。曰："吾不如老圃。"樊迟出。子曰："小人哉，樊须也！上好礼，则民莫敢不敬；上好义，则民莫敢不服；上好信，则民莫敢不用情。夫如是，则四方之民襁负其子而至矣，焉用稼？"

——《子路第十三》

字面解读：樊迟向孔子请教种庄稼。孔子说："我不如老农。"樊迟又请教种菜。孔子说："我不如老菜农。"樊迟退出以后，孔子说："志向太小了，樊迟啊！在上执政者，只要重视礼节，老百姓就不敢没有敬畏之心；执政者只要重视仁义，老百姓就不敢不服从跟随；执政者只要重视公信，老百姓就不敢不用真心实情来对待你。执政者要是如此，四面八方的老百姓会背着自己的小孩来投奔，为什么要自己去种庄稼呢？"

商人《论语》：孔子认为君子的使命是通过学习而从政，君子的价值在于为社会做贡献，而不是仅仅学习做个自食其力的普通人。所以，只有手艺而没有社会面向的生意，称不上是企业家。因为他的行为缺少更广阔的受众层面上的社会意义。

儒商的信念，是要为社会服务，要为社会创造更多的价值。

子路宿于石门。晨门曰："奚自？"子路曰："自孔氏。"曰："是知其不可而为之者与？"

——《宪问第十四》

字面解读：子路夜宿在石门。清晨，守门人问："从哪里来？"子路说："从孔家那里来。”看门的人说：“是那个明知道不可能做到却还要去做的人吗？”

商人《论语》：明知道是不可能赚钱的事情，企业家会去做吗？也许不会。浪费时间、金钱和资源，不应该是商人的思维。也许会。从战略高度来看，眼前不赚钱，但是做了会带动别处赚到更多的钱。还有一种可能，是别人大多认为不可能，只有企业家很有前瞻性地看到了可能性，认为只有坚持创新、坚持尝试，才能让企业获得突破性的、非常规的发展。看似不可能中，也存在着可能，就是企业家才能看到的商机。

儒商的信念，是一种预见，还有一点理想主义色彩。

孔子曰：“君子有三戒：少之时，血气未定，戒之在色；及其壮也，血气方刚，戒之在斗；及其老也，血气既衰，戒之在得。”

——《季氏第十六》

字面解读：孔子说：“君子有三种戒忌：年少的时候，血气还未养成，要警戒迷恋女色；等到壮年时，血气方刚，要警戒与人争斗；等到老年了，血气已经衰弱了，要警戒贪得无厌。”

商人《论语》：从企业家的角度来理解，年少之时是企业家奋斗之时，忌讳小富即安，贪恋企业经营之外的安逸事情；壮年可以理解为企业家成功之时，忌讳“你高我慢”的心态，营销策略也忌讳以竞争对手为目标而忽视了营销的本质是商业模式、营销的面向是消费者；老年时，可以理解为企业家掌控企业日久之时，忌讳守着过去的成功经验不放，不去学习、不创新、不改变。

儒商的信，铭刻着不同年龄不同阶段的自我警示。

子曰：“由也，女闻六言六蔽矣乎？”对曰：“未也。”“居，吾语汝。好仁不好学，其蔽也愚；好智不好学，其蔽也荡；好信不好学，其蔽也贼；好直不好学，其蔽也绞；好勇不好学，其蔽也乱；好刚不好学，其蔽也狂。”

——《阳货第十七》

字面解读：孔子说："仲由啊，你听说过六种弊病的六句话吗？"子路回答道："没有听说过。"孔子说："坐下，我告诉你。好仁不好学，其流弊是愚蠢；好智不好学，其流弊是放荡不羁；好信不好学，其流弊是被人陷害；好直不好学，其流弊病是尖刻伤人；好勇不好学，其流弊是捣乱闯祸；好刚不好学，其流弊是狂妄自大。"

商人《论语》：好学，是一种理论联系实践的学习。所以，作为企业老板，喜好品牌形象却不知晓如何利用营销策略来推广，弊端是愚昧落后；喜好营销策略却不懂得围绕商业模式来设计，弊端是没有约束的放荡；喜好信守承诺却不分析自己有没有能力来实现，弊端是容易被陷害；喜好直接做事却不明白你并不是一个人在战斗，弊端是伤害到他人及同行；喜好和对手竞争却忽视了营销策略的主要面向是消费者，弊端是营销策略的混乱；喜好乾纲独断，不听取他人的意见，弊端是狂妄自大。

儒商在企业的经营管理中，要谨记"六言六弊"。

◎士有三级：言必信，行必果

子贡问曰："何如斯可谓之士矣？"子曰："行己有耻，使于四方，不辱君命，可谓士矣。"曰："敢问其次。"曰："宗族称孝焉，乡党称弟焉。"曰："敢问其次。"曰："言必信，行必果，硁硁然小人哉！抑亦可以为次矣。"曰："今之从政者何如？"子曰："噫！斗筲之人，何足算也？"

——《子路第十三》

字面解读：子贡问道："怎样才可以称得上'士'？"孔子说："严于律己自尊自爱，出使国外能够完成君主交付的使命，可以称得上是'士'。"子贡说："请问次一等的呢？"孔子说："宗族中的人称赞他孝顺父母，乡党们称他尊长爱幼。"子贡又问："请问再次一等的呢？"孔子说："诺言一定守信，做事要有结果，说话做事都干净利索的那些普通人啊！勉强可以说是再次一等的'士'了。"子贡说："现在政坛上的那些人，您看怎么样？"

孔子说：“唉！这些格局狭小的人，哪里能算得上呢？”

商人《论语》：孔子说“士”的三个层次，也对应着“修身、齐家、治国”的三个层次。承诺了就一定守信去做，做了就要有个结果，不能半途而废，是孔子眼中“士”的基本条件，也应该是企业家个人信誉的基本条件，尤其是“行必果”，值得一些习惯下决定却忽视了监控过程、忘记索要结果的企业家们注意。

儒商的信，基础层面表现为“言必信，行必果”。

子曰：“二三子以我为隐乎？吾无隐乎尔。吾无行而不与二三子者，是丘也。”

——《述而第七》

字面解读：孔子说：“你们几个学生以为我有什么隐瞒的吗？我是丝毫没有隐瞒的。我没有什么行为不向你们公开的。这就是我孔丘啊。”

商人《论语》：儒商的信，也是一种规矩。在公司里只有“事无不可对人言”的公事，没有私事。

子曰：“禹，吾无间然矣。菲饮食，而致孝乎鬼神；恶衣服，而致美乎黻冕；卑宫室而尽力乎沟洫。禹，吾无间然矣。”

——《泰伯第八》

字面解读：孔子说：“对于禹，我没有什么可以批评的了。他的饮食很简单，却尽力去祭祀鬼神；他的衣着朴素，祭祀时却尽量穿得庄重华美；他的宫室简陋，却尽全力于修治水利事宜。对于禹，我确实没有什么批评的。”

商人《论语》：儒商不贪求个人饮食居住的享受，却追求为消费者提供更有价值的服务，追求为消费者服务的快捷方便，追求为消费者服务中体现出企业文化的温暖。

儒商的信，表现为“小我大企业”，是有所为于企业，有所不为于自己。

达巷党人曰："大哉孔子！博学而无所成名。"子闻之，谓门弟子曰："吾何执？执御乎？执射乎？吾执御矣。"

——《子罕第九》

字面解读：达巷的人们说："孔子真伟大啊！他学问渊博，不是因为某项专长而为人称道。"孔子听说了，就对他的学生们说："我专长于哪个方面呢？驾车呢？还是射箭呢？我还是驾车吧。"

商人《论语》：孔子说的不是真正的驾马、赶车，而是驾御仁政之道。一个企业家，真正要做的是企业经营管理的驾御之道，走在为消费者服务的大道上，而不只是"射箭"一类的营销之道！

儒商的信，表现为自我认知和自我任用。

◎人生人间：子不语怪，力，乱，神

子不语怪，力，乱，神。

——《述而第七》

字面解读：孔子不谈论怪异、勇力、悖乱、鬼神。

商人《论语》：孔子思想的伟大之处，可以借用伏尔泰的评价："之所以值得尊重，被公认为优于所有记述其他民族起源的书，就因为这些书中没有任何神迹、预言，甚至丝毫没有别的国家缔造者所采取的政治诈术。"

孔子的不谈论，是一种"不说有，也不说没有"的持中态度，是一种唯理性的现实精神，是一种对于未知事物的距离和尊重。因此，更加注重现实中人的行为规范，也就是"人间伦理"。对于企业家而言，踏踏实实地经营好自己的企业，不将自己的命运交给"怪力乱神"，而是由自己来主宰，相信自己的努力；交给消费者来决定，相信消费者的认可。

儒商的信，是一种人间现实、人生实际的人生观。

子张问明。子曰："浸润之谮，肤受之愬，不行焉，可谓明也已矣。浸润之谮，肤受之愬，不行焉，可谓远也已矣。”

——《颜渊第十二》

字面解读：子张问明智。孔子说：“像水一样渐渐浸润的谗言，跟你切身利害相关的诬告，在你那里行不通，那你可以算是明智的了。谗言和诬告不能出现在你那里，那你更可以算是有远见之明的了。”

商人《论语》：企业家在自己的企业里，拥有如君主般的权力和地位，难免会听到各种非正常途径的“关心密告”“忠心私语”。如果密告、私语在企业家那里没有起到作用，说明了企业家的“明智”，如果密告和私语到达不了企业家耳中，才是真的“远见之明”。做到“明智”，要依靠规范的管理，让每个人各负其责、各说自话；每个人的工作评价要按照相对客观的绩效考核体系来执行；企业家的自身利益与股东利益、股东利益与员工利益、员工利益与顾客利益、顾客利益与社会利益等要有双赢思维，并有制度可循，让谗言无间隙可钻。

儒商的信，不只是要做个明白人，最好是建立明白的制度，让密告和私语无从产生。

微生亩谓孔子曰：“丘，何为是栖栖者与？无乃为佞乎？”孔子曰：“非敢为佞也，疾固也。”

——《宪问第十四》

字面解读：微生亩对孔子说：“孔丘，你为什么忙忙碌碌呢？恐怕是要显示自己的口才吧？”孔子说：“我不是敢于花言巧语，只是我的毛病太顽固了。”

商人《论语》：孔子的忙碌是要找工作、要实现自己的政治抱负。企业家的忙忙碌碌，是在忙什么呢？企业家的忙碌，是在通过营销活动的“佞”推广自己的产品服务、商业模式、品牌价值等。

儒商的信，是企业经营不得不为营销活动的“佞”，是一种坚持的“疾固也”。

敏：敏则有功

孔子带着弟子周游列国，孜孜以求实现其“仁政”的政治主张，但是，屡屡碰壁，被时人讥讽为“累累若丧家之狗”。情急之下，孔子要接受晋国赵鞅的家臣佛肸的相召，被弟子子路拦阻后哀怨地说：“我难道是瓠瓜吗？怎么能只是挂在那里却不吃呢？”在此十年前，孔子还曾接受鲁国季氏家臣公山弗扰的召请，也是被子路拦阻后辩解说：“他来召我，难道是说空话？如果有人肯用我，我将会在东方复兴周文王武王之道。”此前，孔子回答子贡“美玉于斯”的问话时，说：“卖掉吧，卖掉吧！我正在等着识货的人呢。”

孔子以鲁国离职的“大司寇、摄相”的头衔，接受他国叛臣的召请，其对工作的渴求可见“敏”之一斑，可说是到了“剜到筐里就是菜”的程度！那么，当时的情况能用来表现君子的“敏”吗？

孔子的“敏”，是实现其人生理想信念抱负的“敏于行”。

◎自强不息：不患人之不己知，患其不能也

子曰：“不患人之不己知，患其不能也。”

——《宪问第十四》

字面解读：孔子说：“不忧虑别人不知道自己，只忧虑自己没有本事。”

商人《论语》：苏轼在《贾谊论》中说：“非才之难，所以实用者实难。”意思是一个人通过学习拥有才华，并不是困难的事情。难的是将自己的才华发挥出来，为人所用，为社会所用。

儒商的敏，是一种主动积极地谋存身、求发展的进步思维。

子谓仲弓曰：“犁牛之子骍且角。虽欲勿用，山川其舍诸？”

——《雍也第六》

字面解读：孔子评论仲弓说：“耕牛产下的牛犊长着红色的毛，角也长得整齐端正。人们即使不想用它做祭品，但山川之神难道会舍弃它吗？”

商人《论语》：互联网时代的市场需求丰富且倡导需求的个性、差异性。所以，你若是有独特的价值，又能推广自己，就不用担心别人不知道你、不了解你。当然，还有一个条件是你要多坚持一段时间，别等人家想到你了，要找你，你又不在了。企业家精神的坚忍，就在于此。

儒商的敏，是自信自我的坚持！

冉求曰：“非不说子之道，力不足也。”子曰：“力不足者，中道而废。今女画。”

——《雍也第六》

字面解读：冉求说：“不是不喜欢老师您所讲的道，是我的能力不够啊。”孔子说：“真是能力不够的人，是在途中无力不得不停下来，现在是你自己限制了自己。”

商人《论语》：孔子批评冉求先给了自己一个能力不够的心理暗示，是被动、消极的思维，缩手缩脚，先举了白旗；而真正好学的人，是主动积极的思维，是一定要走在实践的路上的，哪怕无力而跌倒，还要再努力一下。

儒商的敏，不是给自己找借口，而是给自己找方法！

子曰：“知之者不如好之者，好之者不如乐之者。”

——《雍也第六》

字面解读：孔子说：“了解、知道它的人，不如喜爱它的人；喜爱它的人，不如以它为学习乐趣的人。”

商人《论语》：真正的企业家，一定是以创业为乐、以创新为趣的。只有这种乐趣的心态，他们才能保持一种相对轻松活泼的心境，数十年如一日地充满活力。好比是在打自己喜欢的电动游戏，过了一关又一关。所以，你看着企业家每天工作那么多时间不累，是因为他喜欢，他喜欢坐在自己的办公室里，喜欢待在自己的公司里，喜欢看自己的蓝图变成现实。

儒商的敏，是以工作为乐，乐此不疲。

子贡曰："有美玉于斯，韫椟而藏诸？求善贾而沽诸？"子曰："沽之哉，沽之哉！我待贾者也。"

——《子罕第九》

字面解读：子贡说："有一块美玉，是把它收藏在柜子里呢？还是找一个识货的商人卖掉呢？"孔子说："卖掉吧，卖掉吧！我正在等着识货的人呢。"

商人《论语》：孔老夫子并没有因为四处碰壁而自怨自艾，"深藏功与名"，而是依旧活跃、活泼地推广自己，等待实现自我价值的机会。我们可以说，有些价值在于内心的自我认可，比如爱情；有些价值，在于外在社会的认可，比如企业的产品和品牌。社会认可，一定是消费者体验之后的认可。所以，以营销活动来主动地推动体验和购买，就是"沽之哉，沽之哉"。

儒商的敏，是迫切地实现自我，迫切地追求社会认可。

子曰："吾未见好德如好色者也。"

——《子罕第九》

字面解读：孔子说："我没有见过像好色那样好德的人。"

商人《论语》：名、色、财、食、睡，在佛家看来是人的五条陋根。从另一个角度来看，是"人之为人"的五种本性，更是推动人类社会物质文明进步的动力。追逐财富，是商人的本性。但是，在追逐自己财富的同时，是否也为社会创造了财富，为消费者带来了利益呢？利己利人，商人之善，大哉！

儒商的敏，有一种内在的追求财富的天性。

君命召，不俟驾行矣。

——《乡党第十》

字面解读：国君下令召见，孔子不等车马驾好，立即先步行出发。

商人《论语》：就算是孔子先步行出发，半途也是会被车子追上的。所以，就效率而言，孔子的“不俟驾行矣”是无用之功。但是，就心态而言，孔子对待“君上”是心存敬畏、闻令则行。孔子的心态，不是理性的分析计较，而是感性的马上行动。

儒商的敏，是一种心态和态度。

子路问政。子曰：“先之，劳之。”请益。曰：“无倦。”

——《子路第十三》

字面解读：子路问从政。孔子说：“自己先以身作则，使老百姓勤劳起来。”子路请求多讲一点。孔子说：“不要懈怠。”

商人《论语》：史书评价不成功的君王，常有“倦政”二字。企业中，一些老板面对繁杂的事情，经常会放在桌子上堆积起来，等着它“大事化小，小事化了”。日积月累，因为没有人敢于批评老板，人人学老板，企业的活力就被消磨掉了，良性运转变慢了，发展机会也漏掉了。所以，看一个企业老板桌子上文件的堆积程度、摆放的时间，就会知道他的企业运营管理状况。勤奋的不一定是成功的企业家，但成功的企业家一定是勤奋的。

儒商的敏，是一贯如此，是以身作则带动全体员工勤奋工作的勤。

子曰：“不曰‘如之何，如之何’者，吾末如之何也已矣。”

——《卫灵公第十五》

字面解读：孔子说：“不动脑深思不想方设法‘怎么办、怎么办’的人，我对他也不知怎么办才好。”

商人《论语》：企业的生存期是自由生长的过程，但不是不经思考、不经设计就自然而然生长起来的。自由生长是指生命力的顽强，而思考可以帮助企业调研市场、确定企业生长的模式。只有经过思考，企业家才会明白资源如何整合、商业模式如何差异化、营销活动如何快速送达、产品设计要满足哪类消费者的哪些需求等。

儒商的敏，是勤于动脑，是想方设法。

孔子曰："生而知之者上也；学而知之者次也；困而学之，又其次也；困而不学，民斯为下矣！"

——《季氏第十六》

字面解读：孔子说："生来就有智慧的是上等；通过学习而获得智慧的是次一等；遇到困境才去学习的，又次一等；遇到困境还不学习，是最下一级的了。"

商人《论语》：现在，企业家不学习是不可想象的。当然，不一定是看书坐课堂，从实践中总结、从市场信息中分析、向同行先进请益等，也是学习的方式和途径。但是，学习最忌讳的，就是不知道自己缺什么、该学习什么、学习后解决什么，所以，商业界里，好学习而"东施效颦"的故事也是很多的。

儒商的敏，是勤学生智、勤思长慧。

子曰："道听而途说，德之弃也。"

——《阳货第十七》

字面解读：孔子说："听信道路传言并四处传说，是舍弃了道德。"

商人《论语》：商业圈里，"机会暴富"的传说是屡见不鲜的。但是，一个企业家若是以此不常在的"机会"为行为追求，致力于"一夜暴富"，那就不仅仅是"守株待兔"的傻小子，还背离了以"为消费者创新、创造价值"为商业道德的使命。

儒商的敏，是脚踏实地的敏，是与其临渊羡"财富大楼"，不如退而"夯牢楼基"。

曾子曰：“吾闻诸夫子，孟庄子之孝也，其他可能也；其不改父之臣与父之政，是难能也。”

——《子张第十九》

字面解读：曾子说：“我听老师说过，孟庄子的孝，其他的一般人也可以做到；但他在父亲去世后，不改变父亲的旧臣及其政治措施，是别人难以做到的。”

商人《论语》：在纷繁多变的商业社会里，企业勇于创新、勇于改变，是敏；勇于坚守、勇于不变，也是敏。敏是行动力，既可以表现为变化之敏捷，也可以表现为不变的坚守。该变的是商业模式、营销策略、产品服务的方式，而不变的是企业家的“三畏”精神，以及为消费者创造价值的商业理念。

儒商的敏，是行动力，是可以动于变化，也可以动于不变。

卫公孙朝问于子贡曰：“仲尼焉学？”子贡曰：“文、武之道，未坠于地，在人。贤者识其大者，不贤者识其小者，莫不有文、武之道焉。夫子焉不学？而亦何常师之有？”

——《子张第十九》

字面解读：卫国的公孙朝问子贡说：“仲尼的学问是从哪里学来的？”子贡说：“周文王、武王的大道，并没有失传，还留在人们中间。贤能的人可以了解它的根本，不贤的人也会了解它的细枝末节，没有什么地方没有文王、武王之道。我的老师哪里学习不到？又何必要有固定的老师呢？”

商人《论语》：一个有学习精神的人，是随时随地在学习的。当然，学习的前提是他知道学习的方向是什么、要学习什么为己所用，就好比佛法里“善财童子五十三参”的故事。否则，学习不是东施效颦，就是邯郸学步，或者是熊瞎子掰苞米。

儒商的敏，不仅是一种学习精神，还是一种学习能力。

◎如切如磋：学而不思则罔，思而不学则殆

子曰："学而不思则罔，思而不学则殆。"

——《为政第二》

字面解读：孔子说："一味地学习而不思考，就会缺乏深刻的认识，还是迷惘的；只思考却不学习，做人做事缺乏实践对照标准，会误入歧途而面临危险。"

商人《论语》：EMBA学习案例，要全面考察案例的背景资料，参照企业自身的实际经营状况和企业资源情况来做情境假设推演，如此学习才利于企业经营的实际。否则，单纯的案例学习只是锻炼了脑皮、增加了谈资。还有一些老板喜欢画蓝图、画进军图，不做客观的市场调研、不做翔实的竞品调查，只是凭借个人的感官经验就一厢情愿地纸上谈兵，一往情深地做"白日梦"，也是很危险的。如果真的根据纸上谈兵的内容派兵在商海里征战了，真的逼着手下坚决执行了，那可就真"四面楚歌"了。

儒商的敏是"且学且深思"，表现为理论和实践的结合，要有实践历练的推演。推演中，要用到人类的四大天赋：良知、想象力、自觉意识、独立意志。

子曰："君子食无求饱，居无求安，敏于事而慎于言，就有道而正焉，可谓好学也已。"

——《学而第一》

字面解读：孔子说："君子，饮食不求饱足，居住不要求舒适，做事勤劳敏捷，说话却小心谨慎，接近有道德修养的人以匡正自己，就可以说是好学了。"

商人《论语》：真正的儒商，很少过于追求饮食的奢侈和住宅的奢华，而是食则健康、住则安全。在工作上也是多行动、少虚言，多和有商业道德的人交流来匡正自己，不是向无德却赚钱有术的人学习。

儒商的敏，不是贪求个人的享乐，而是努力做好自己的企业，做好企业应有的社会职责。

子贡曰：“贫而无谄，富而无骄，何如？”子曰：“可也。未若贫而乐道，富而好礼者也。”子贡曰：“《诗》云：‘如切如磋，如琢如磨。’其斯之谓与？”子曰：“赐也，始可与言《诗》已矣，告诸往而知来者。”

——《学而第一》

字面解读：子贡说：“贫穷却不奉承讨好，富有而不骄傲自大，怎么样？”孔子说：“可以了。但是还不如虽贫穷却乐于行道，虽富裕而又好礼之人。”子贡说：“《诗经·卫风·淇奥》上说：‘要像对待骨、角、象牙、玉石一样，切磋它、琢磨它。’讲的就是您的意思吧？”孔子说：“赐呀，现在可以同你谈论《诗》了。你能从我已经讲过的话中领会到我还没有说到的意思。”

商人《论语》：孔子的第一个回答，好比佛法从“罗汉道”自我完善的修行进化到“菩萨道”惠及众生的修行，也是企业老板的个人属性和企业家的社会属性的区别。企业家要有一颗利益众生之心，其产品品质才优异，营销活动才实际，品牌价值才坚固，商业模式才有生命力，事业版图才伟大。

子贡说的后一句话，又很像“修菩萨道”六度里的“精进”，随时随处完善自己，使自己企业的产品与服务更能满足消费者的需求，更能传递企业品牌的价值。

儒商的敏，表现为一种惠及社会的抱负，在行动上是时时磨砺、时时精进。

宰我问曰：“仁者，虽告之曰：‘井有仁焉。’其从之也？”子曰：“何为其然也？君子可逝也，不可陷也；可欺也，不可罔也。”

——《雍也第六》

字面解读：宰我问道：“有仁德的人，别人欺骗他说‘井里有仁德’，他会跟着下去吗？”孔子说：“他怎么会傻呢？君子可以深入地行动，却不可使自己陷入危险之中；君子可以被欺骗，却不可能被迷惑。”

商人《论语》：行动敏捷不是不经大脑的直接反应，而是经过思考后的行动敏捷。就算是仁爱消费者、厚待企业员工，或是为社会做公益等“有仁”的事，企业家也要在自己的能力之内、自己企业的能力之内去投入，而不会因此“丧”身。

儒商的敏，不是别人说什么就信什么，而是经独立意志思考后的敏捷行动。

子曰：“述而不作，信而好古。窃比于我老彭。”

——《述而第七》

字面解读：孔子说：“我只是阐述先贤的思想，不是创建自己的思想。我相信且喜好古代文化。私下里把自己比作老聃和彭祖。”

商人《论语》：孔子的创新，不是另起炉灶地创建，更不是“离经叛道”地创造。而是在坚持原有理念的基础上，在实际应用的理解上加了自己的思考。

儒商的敏，不能离开仁德社会的核心价值观。

子曰：“默而识之，学而不厌，诲人不倦，何有于我哉？”

——《述而第七》

字面解读：孔子说：“默默领悟、深刻记忆，努力学习从不厌倦，教导别人不知道疲倦，于我而言，还有什么呢？”

商人《论语》：孔子认为的平常事应不应该是企业家的平常事呢？企业家不是教育家，更不是什么学者，但是，在自己的企业里，企业家必须扮演企业日常经营状况的洞察者、企业文化孜孜不倦的传播者和企业创新兢兢业业的推动者。

儒商的敏，时刻表现在企业经营管理各个要素的作用上。

叶公问孔子于子路，子路不对。子曰：“女奚不曰，其为人也，发愤忘食，乐以忘忧，不知老之将至云尔。”

——《述而第七》

字面解读：叶公向子路问孔子是个什么样的人，子路没有回答。孔子对子路说：“你为什么不这样说：‘他这个人，发愤用功，连吃饭都忘了，有所领悟便快乐得忘记忧虑，不知道衰老即将到来，如此而已。’”

商人《论语》：一个很有趣的现象是成功企业家们的精力很充沛，屡屡说该退休了却屡屡食言，从来不知老之将至。工作，特别是有挑战性的工作，就好像是他们的兴奋剂。他们对于经商，不仅仅是乐在其中，也是好在其中的。

儒商的敏，表现为一种不知老、不认老、不服老的精神。

子绝四——毋意，毋必，毋固，毋我。

——《子罕第九》

字面解读：孔子杜绝四种弊病：凭空猜疑，断言武断，固执执拗，自私自我。

商人《论语》：智慧是明达是通透，所以最忌讳句中的四种弊病。得了那样的弊病，就好比是被人堵住了“眼耳鼻舌”，捆住了“身”，蒙住了“心窍”。

儒商的敏，是聪敏，是一种开放的心态。

子谓颜渊曰：“惜乎！吾见其进也，未见其止也。”

——《子罕第九》

字面解读：孔子谈到颜渊时说：“可惜他死得太早！我只见他不断地上进，从来没有看见他懈怠停止过。”

商人《论语》：颜渊的早死，是因为他时刻不停地努力而耗尽了心血、精力？也许是的。市场在变，而且变化越来越快，企业的商业模式、营销活动、运营管理等经营要素也必须跟着变化。市场的变化不会停止，企业的应变也不会停止。一旦停止了，就会被淘汰。但是，如果企业经营总是不停地创新，缺少相对静止的时间、空间，企业的经营会稳定并获取利润吗？可能不会的，可能会因为不停地变，更加快速地走向死亡。

儒商的敏，应该表现出有动有静、动静适宜的节奏感来。

子曰："年四十而见恶焉，其终也已。"

——《阳货第十七》

字面解读：孔子说："四十岁了还被人厌恶，一辈子也就这样了。"

商人《论语》：孔子还说过"四十而不惑"，意思是人四十岁时，世界观已经成熟，为人处事的价值观也基本定型，确立了自己的人生方向。所以，四十岁的人还会因为品性问题而见恶于周围之人，那么他之后的几十年也差不多是会被人继续厌恶的。

儒商的敏，是要在四十岁之前建立相对成熟的价值观，修炼出相对完整的人格。

楚狂接舆歌而过孔子曰："凤兮！凤兮！何德之衰？往者不可谏，来者犹可追。已而！已而！今之从政者殆而！"孔子下，欲与之言。趋而避之，不得与之言。

——《微子第十八》

字面解读：楚国的狂人接舆唱着歌从孔子面前经过："凤凰啊，凤凰啊！道德怎么会衰落到如此地步呢？过去的无可劝阻，未来的还可追回。算了吧，算了吧！现在的从政者有危险啊！"孔子下车，想同他交谈，他却快步避开了，孔子没能和他交谈。

商人《论语》：只要是商品经济，就一定会出现"劣币驱良币"的商业现象，甚至会成为行业主流的不良风气。对企业家而言，是同流合污地"快乐生活"还是独善其身地"艰难生存"，考验的不是选择的聪明，而是心中志向的坚定。所谓人间正道是沧桑、是磨难、是考验，也是相似的意思吧。

儒商的敏，从另一个角度来看，是不敏的，是对一种价值观的执着！

子夏曰：“日知其所亡，月无忘其所能，可谓好学也已矣。”

——《子张第十九》

字面解读：子夏说：“每天学到一些过去所不知道的东西，每月都不能忘记已经学会的东西，这就可以叫作好学了。”

商人《论语》：以上两句话也可以用来形容企业家每天都能发现新问题、每月都要做工作总结的始终如一、周而复始的工作习惯。其实，二者是一体的，每天的发现汇总成一月的总结，进而制订下一个月的计划；每一个月的计划，要在每一天的执行中发现问题、解决问题。

儒商的敏，是要不倦怠地做好计划、实施、检查、修正四个循环重复的日常工作。

子夏曰：“仕而优则学，学而优则仕。”

——《子张第十九》

字面解读：子夏说：“从政要做得好，是要多去学习新知识；学习要学得好，是要多去从政历练。”

商人《论语》：我们面对的是一个快速变化的时代，也是新信息、新知识、新技术爆炸的时代。企业家若要领导企业与时俱进，就必须去刷新、认识世界的变化，学习新的变化会给企业经营带来什么样的冲击与改变。不只是脱产去专心学习，还要在实际工作中学习，从自我工作的总结反思中学习。

儒商的敏，表现为“且学且实践”的“知行合一”。

◎君子九思：“九思是一。再，斯可矣，是二”

孔子曰：“君子有九思：视思明，听思聪，色思温，貌思恭，言思忠，事思敬，疑思问，忿思难，见得思义。”

——《季氏第十六》

字面解读：孔子说：“君子要有九种慎思：看的时候要虑及看清楚与否，听的时候要虑及听明白没有，表情要虑及是否温和，神情举止要虑及是否庄谨，说出的话要虑及是否忠恳，办事要虑及是否踏实认真，遇到疑难要虑及问题在哪里，愤怒时要虑及难处在哪里，获取财利时要考虑是否合乎道义准则。”

商人《论语》：如果有了孔子说的君子九思，谁还能说儒生是书呆子呢？孔子的九思可以说全面概括了儒商“外在的言谈举止、内在的思维思虑”是否符合君子“恭、宽、敏、信、惠”五大标准。

儒商的敏，表现为九个方面的思虑，说明了儒商“敏”的全方位。

子曰：“学而时习之，不亦说乎？有朋自远方来，不亦乐乎？人不知而不愠，不亦君子乎？”

——《学而第一》

字面解读：孔子说：“时常温习学习过的知识，不是很愉快的享受吗？志同道合的朋友从远方而来，不是很快乐的事情吗？人家不了解我，我也不生气和怨恨，难道不是很有君子风范吗？”

商人《论语》：一边学习一边对照自己的工作实践，不仅可以发现工作的细节问题，还可以发现工作的方向问题，免得陷入为工作而工作、为学习而学习的机械性。如此学习，才不会是无趣的生搬硬套。企业的老板，在内需要一个志同道合的团队，在外需要一些“往来无白丁”的朋友。如此的人际交往，无论是工作还是生活，都会充满活泼的乐趣。认定自己的工作是有意义的，即使暂时不被理解，甚至被误解，也不会怨天尤人，会坚持做下去以证明自己。

儒商的敏，是一种随处乐观的心态。

子曰：“朝闻道，夕死可矣。”

——《里仁第四》

字面解读：孔子说：“如果早晨闻听了（悟了）大道，即使是当天晚上死去，也是可以的。”

商人《论语》：孔子所说的道，是人天之道。说简单些，就是“人生之道”。说复杂一些，就是“人法地，厚德载物；地法天，天道乾乾；天法道，中道存焉；道法自然，自然而然”。以此描述企业家的商道就是，塑造品牌，仁爱消费者；努力创新，不走偏激之路；始终保持经营的各个要素的均衡，企业的运营管理简捷有效却能自然而然。

儒商的敏，是悟道，是悟到自己的商业之道。

子曰：“君子欲讷于言而敏于行。”

——《里仁第四》

字面解读：孔子说：“君子说话要慎之又慎，而行动要敏捷。”

商人《论语》：现在有名的企业家多是演说家，哪有一个是“讷于言”的？其实，现在的企业家能讲、多讲，一是现代营销对于企业家形象的需要；二是他们实际工作中企业文化教化的需要；三是他们对于社会公开自己思想贡献的需要。企业家的“能讲”也不是信口开河的，在实际工作中，行动一定是大于语言的。事业是行动做出来的，不是靠宣讲或广告吹出来的。

儒商的敏，表现为做的比说的多。

季文子三思而后行。子闻之，曰：“再，斯可矣。”

——《公冶长第五》

字面解读：季文子做每一件事都要考虑多次才行动。孔子听到了，说：“考虑两次，就可以了。”

商人《论语》：三思是多思。若按照八卦而言，是要“错、综、复、杂”地思考，要站在利弊因素转换的角度考虑，站在对方的角度考虑，站在内外因素交换的角度考虑，站在各个因素交错的角度考虑，如此全面推演的思考才叫深思熟虑。但是，过于深思熟虑，容易令一般人抓不准自己的角度而导致优柔寡断。再者，人是活动的，设定的因素也会随人动而变动，一切设定的变化也会因人变化而随之再变化，哪里算得尽呢？

所以，儒商的敏，不是自认为“算无遗策”后的行动，而是考虑到“道义”二层次就可以了。什么是二层次呢？我们借用《孙子兵法·计篇》来做分层演示。

第一层次，是考虑问题的宽度：“兵者，国之大事，死生之地，存亡之道，不可不察也。故经之以五事，校之以计而索其情：一曰道，二曰天，三曰地，四曰将，五曰法。”

第二层次，是考虑行为的深度：“道者，令民与上同意也，故可以与之死，可以与之生，而不畏危。天者，阴阳、寒暑、时制也。地者，远近、险易、广狭、死生也。将者，智、信、仁、勇、严也。法者，曲制、官道、主用也。凡此五者，将莫不闻，知之者胜，不知者不胜。故校之以计而索其情，曰：主孰有道？将孰有能？天地孰得？法令孰行？兵众孰强？士卒孰练？赏罚孰明？吾以此知胜负矣。”

儒商的敏，在考虑问题的深度上，不提倡过于深入，“察见渊鱼者不祥”也算是一种中道精神吧。

子曰：“德之不修，学之不讲，闻义不能徙，不善不能改，是吾忧也。”

——《述而第七》

字面解读：孔子说：“不培养品德，不讲习学问，听到该去做的事情不去做，有缺点不能改正，是我所忧虑的啊。”

商人论语：企业家重利也要重义，要时刻谨记品牌的理念，时刻保持学习的心态，创新为消费者服务的价值，及时改正自己的错误行为。

儒商的敏，是一种时刻的自励自省。

子曰：“我非生而知之者，好古，敏以求之者也。”

——《述而第七》

字面解读：孔子说：“我不是生来就有知识的人，而是喜爱向先辈前贤请教，从古典书籍中学习，是勤奋地求得知识的人。”

商人《论语》：企业家的勤勉学习，不仅是向行业前辈或同行先进当面请益地学习，还可以通过阅读各类书籍来学习，不只是商业财经、经营管理之类的，其他如哲学、心理学、经济学、历史传记等，也蕴含了商道的丝丝缕缕。还有一种学习，是向自己学习，总结自己的成功与失败，打开自己的智慧之门。

儒商的敏，是不封闭、不自我的好学。

子曰：“譬如为山，未成一篑，止，吾止也；譬如平地，虽覆一篑，进，吾往也。”

——《子罕第九》

字面解读：孔子说：“比如堆土成山，只差一筐土就完成了，如果停下来，那是我自己决定要停下来的；又比如填平洼地，虽然只倒下一筐，又继续填倒，那是我自己决定要继续的。”

商人《论语》：企业家的敏，是一种坚持，更是一种担当。一开始的选择、过程的选择、坚持或放弃的选择全在于自己，既然我有选择的主动权，那所有结果也要我自己承担。

儒商的敏，是一种独立意志，是勇于担当的精神。

子曰：“由之瑟，奚为于丘之门？”门人不敬子路。子曰：“由也升堂矣，未入于室也。”

——《先进第十一》

字面解读：孔子说：“仲由弹瑟的水平，怎么还没有入门呢？”孔子的学生们因此不尊敬子路。孔子又说：“仲由嘛，他已经达到升堂的程度了，只是还没有入室罢了。”

商人《论语》： 强势的企业家，在企业中容易发生一言堂的现象。所以，当企业家发现自己的话被误解时，要及时采取适当的方法来补救。而且，以后要尽可能地完整表达，说话时要考虑话语可能会带来的后果和影响。

儒商的敏，表现为及时察觉问题、及时补救问题。

子曰："已矣乎？吾未见好德如好色者也。"

——《卫灵公第十五》

字面解读： 孔子说："就这样算了吧！我从来没有见过喜好道德像喜欢美色一样的人。"

商人《论语》： 食和色，是人之为人的先天本性，而道德却并非人的本性，而是人后天的教化。后天的教化如何近似于先天的本性呢？要靠时时自励的习惯，习以为常，常以为性。

同理，企业家是商人，追逐财富是先天本性，而仁爱消费者、仁爱员工并非本性，若要将此"德"变成近似于本能的喜爱，也只有时时自励成习惯。

儒商的敏，需要时刻地自我激励、自我警戒。

齐人归女乐，季桓子受之，三日不朝。孔子行。

——《微子第十八》

字面解读： 齐国人赠送了一批歌舞美女给鲁国，季桓子接受了，三天不上朝。孔子就离开了。

商人《论语》： 时机不对，赶紧撤退。企业家不是傻子，而是人类群体中在商业嗅觉上最为灵警的分子。不过，机警的本能也可能会因为贪图安逸、享受成功、缺乏危机意识而退化。

儒商的敏，是要有敏锐的危机意识。

惠：惠则足以使人

前文中，孔子说“君子怀德，小人怀土；君子怀刑（信），小人怀惠”，意思是说小人做事先计算个人私利，或考虑对他人的小恩小惠，目的在于收买人心、邀恩获宠。孔子批评的小人心术，现在看来却是商人的基本特质，作为经营者，必须怀揣算账的“小算盘”。企业家是商人群体中最优秀的一部分，在商言商，计算个人私利和对消费者施之以小恩小惠的营销活动，也是再正常不过的事情了。

我们不能要求企业家全是圣贤无私的道德君子，或是布施利益不求回报的菩萨。但是，儒商是能够平衡个人利益、企业利益、社会利益、国家利益的君子。所以，企业家的惠，就不应该是单方向的付出，而应该是双向的、有交流和回报的付出。所以，才有“惠则足以使人”的利益，惠在使人之前，还有“惠而不费”，惠不是伤筋动骨的付出。而且，就人性而言，也只有先施以“惠”，才能得到别人的回报和帮助。

◎惠及天下：如其仁，如其仁

子路曰：“桓公杀公子纠，召忽死之，管仲不死。”曰：“未仁乎？”子曰：“桓公九合诸侯，不以兵车，管仲之力也。如其仁！如其仁！”

——《宪问第十四》

字面解读：子路说：“齐桓公杀了他哥哥公子纠，召忽自杀以殉，但管仲却没有自杀。”接着又问道：“管仲不能算是仁人吧？”孔子说：“齐桓公多次召集诸侯会盟，没有使用武力，都是管仲的力量啊。这就是他的仁德！这就是他的仁德！”

商人《论语》：孔子论人，首重大义，也就是是否为社会、为百姓做出过贡献。如此，即使一个人小节有亏，也不损害其仁义之大名。所以，我们谈论儒商，也不会苛求每个企业家都是完美如圣贤一样不输小节之亏，主要是看企业家和企业是否为社会做出了贡献。

儒商的惠，不是个人的私惠，而是之于社会的普惠。

齐景公有马千驷，死之日，民无德而称焉。伯夷、叔齐饿于首阳之下，民到于今称之。其斯之谓与？

——《季氏第十六》

字面解读：齐景公有马车千辆，死的时候，人们觉得他没有什么德行可以称颂。伯夷、叔齐饿死在首阳山下，人们到现在还在称颂他们。人们说的就是这个意思吧？

商人《论语》：“其斯之谓与”是什么意思呢？一个商人，生意做得很大也很有钱，若是没有创建一个公司、一个品牌、一个产品为社会创造价值，为消费者创造福利，他是不会得到广大消费者的认可和称颂的；一个学者，即使不是“立功”经商惠及百姓，但是“立德立言”能够教化经商之道，也是会得到人们的认可称颂的。

儒商的惠，不仅要有惠及社会的物质财富，还要有惠及百姓的价值观教化。

子谓伯鱼曰：“汝为《周南》《召南》矣乎？人而不为《周南》《召南》，其犹正墙面而立也与。”

——《阳货第十七》

字面解读：孔子对伯鱼说：“你读过《诗经》中的《周南》《召南》吗？读书人如果不读《周南》《召南》，就好像是正前方面对着一堵墙一样。”

商人《论语》：《周南》和《召南》是《诗经》当中两个地方的民歌集子。其中，比较著名的篇章至今还在传唱，比如“关关雎鸠，在河之洲。窈窕淑女，君子好逑”“桃之夭夭，灼灼其华。之子于归，宜其室家”，和我们现在的一些情歌一样，它们既有深情也有哀婉，但是，代表着一种健康的情感。所以，孔子教育儿子读《诗经》，也是教育儿子要拥有健康的世界观、人生观、爱情观。

对于消费者、企业员工、企业的投资商、合作者等，儒商也要保持健康的情感。只有保持健康的情感，才会有健康的行为、健康的往来。

阳货欲见孔子，孔子不见，归孔子豚。孔子时其亡也，而往拜之。遇诸涂，谓孔子曰：“来，予与尔言。”曰：“怀其宝而迷其邦，可谓仁乎？”曰：“不可。”“好从事而亟失时，可谓智乎？”曰：“不可。”“日月逝矣，岁不我与。”孔子曰：“诺，吾将仕矣。”

——《阳货第十七》

字面解读：阳货想见孔子，孔子不见，他便送给孔子一只小猪。孔子探听他不在家的时候去拜谢，在路上和阳货遇上了，他对孔子说：“来，我同你说话。”他说：“自己身怀宝贵的本领却任凭国家混乱，可以叫作仁吗？”孔子说：“不可以。”他说：“喜欢从政却屡次错过机会，能叫作明智吗？”孔子说：“不能。”他说：“时光流逝啊，岁月不等人啊。”孔子说：“好吧，我准备做官。”

商人《论语》：对于企业家而言，文字的关键在于“坏人”义正词严说的“怀其宝而迷其邦”“好从事而亟失时”。阳货指责孔子应该要以惠及社会为己任，赶紧出来从政做官。企业家的责任又何尝不是如此？

儒商的惠，是要站在社会公益的角度上，勉力而为。

◎士不怀居：士志于道，而耻恶衣恶食者，未足与议也

子曰：“士志于道，而耻恶衣恶食者，未足与议也。”

——《里仁第四》

字面解读：孔子说：“士若有志于仁道，但又以自己吃粗粮穿陋衣为耻辱，是不值得与他谈论道的。”

商人《论语》：商人以摆脱穷困、追求财富作为个人努力的方向，无

可厚非。但若是仅仅以追求个人生活的“奢华”作为努力的方向，就偏向于小道了，难以成长为企业家。企业家的个人财富与他为社会创造的财富，是一体两面的关系。所以，企业家的大视野应该是在社会财富的创造，而非个人“财色名食睡”的享受。

儒商的惠，以天下利益为重，以个人名利为轻。

子曰：“士而怀居，不足以为士矣。”

——《宪问第十四》

字面解读：孔子说：“士如果留恋自身安逸的生活，就不配做士了。”

商人《论语》：一个商人，享受已有财富带来的安逸生活，是可以理解的，也可以说是一种生活态度。但是，若沉迷于已有财富带来的安逸，那么他就不应该叫作“企业家”了。因为他缺乏企业家“士不可以不弘毅，任重而道远”的进取精神。抱有“怀居”思想的所谓企业家，也会不进则退，逐渐退出商场舞台。

儒商若是以惠及天下为己任，就不能沉迷于安逸的生活享受。

◎货有所殖：吾岂匏瓜也哉？焉能系而不食？

佛肸召，子欲往。子路曰：“昔者由也闻诸夫子曰：‘亲于其身为不善者，君子不入也。’佛肸以中牟叛，子之往也，如之何？”子曰：“然，有是言也。不曰坚乎？磨而不磷；不曰白乎？涅而不缁。吾岂匏瓜也哉？焉能系而不食？”

——《阳货第十七》

字面解读：晋国的佛肸召请孔子，孔子想去。子路说：“以前我听您说过，‘亲自做了坏事的人那里，君子是不去的。’佛肸盘踞在中牟反叛，您却要去，为什么呢？”孔子说：“对的，我是说过。但是，没听说过最坚硬的东西吗？磨也磨不坏；没听说过最洁白的东西吗？染也染不黑。难道我是匏瓜吗？

怎么能只是挂在那里却不吃呢？”

商人《论语》：也就是子路大胆，敢经常怒怼他的老师。孔子回答的话里共三层意思。

1. 我“以仁道教化、以礼仪治国”的思想不会改变。

2. 我个人的品行操守不会改变。

3. 我不做独善其身的隐士，也不做好看没用的祭品，要做能体现出价值的事情。

放在企业家“惠”的角度来看，重点在于孔子对于“匏瓜”的理解，要用实际行动，来惠及社会和广大消费者。所以，标题用了“货有所殖”的殖，是贩卖的意思。而不是“货有所值”的值，是价值的意思。一动一静，意义大有不同。

儒商的惠，不仅有不变的价值观，还要有积极进取的精神，要体现出具体的价值。

子曰：“放于利而行，多怨。”

——《里仁第四》

字面解读：孔子说：“为追求个人利益而行动，就会招致很多的怨恨。”

商人《论语》：如果企业老板将个人利益置于员工利益等其他利益之上，将自己的利益和其他利益看成是你多我少的分割关系，将员工福利看成是“放于利”的施舍，企业就不会形成互相关爱的企业文化，不会存在互惠互利的合作，因为有奴才没人才，就不会发展壮大。儒商的惠，不是个人利益的施舍，是彼此利益的双赢。

原思为之宰，与之粟九百，辞。子曰：“毋，以与尔邻里乡党乎！”

——《雍也第六》

字面解读：原思给孔子家当总管，孔子给他俸米九百斗，原思推辞不要。孔子说：“不要推辞。如果有多的，给你的乡亲邻居们吧。”

商人《论语》：生意有大有小，赚钱有多有少。如果企业家暂时没有能力惠及社会，可以先从惠及身边之人、身边之事做起，做好产品，做好服务，少克扣员工的工资待遇。

儒商的惠，先从惠及身边之人、身边之事做起。

子曰："不愤不启，不悱不发。举一隅不以三隅反，则不复也。"

——《述而第七》

字面解读：孔子说："教导学生，不到他想求明白而不能的时候，不去启发他；不到他想出来却说不出来的时候，不去开导他。教给他一个方面的东西，他却不能由此而推知其他三个方面的东西，就不用再啰唆了。"

商人《论语》：帮助别人，也要选择合适的时机，要在对方想要帮助、需要帮助的时候帮助，才会取得最好的效果。

儒商的惠及，不是在你自以为对方需要的时候作为，而是要在别人真正需要的时候作为。

子曰："君子谋道不谋食。耕也，馁在其中矣；学也，禄在其中矣。君子忧道不忧贫。"

——《卫灵公第十五》

字面解读：孔子说："君子谋求道，不谋求衣食。种粮食的人，也要饿肚子的；学习道，可以得到俸禄。所以，君子只关心道的事情，不为贫穷而忧愁。"

商人《论语》：看来，后世所谓的"万般皆下品，唯有读书高"的思想是源于孔子。就经商而言，"耕也"可以比喻为商业终端出苦力的小商小贩，"学也"可以比喻为动脑力开公司、办工厂的老板。老板应该关心企业经营之道、品牌服务之道，而不是忧虑一个客户一个产品一次买卖的利润多少。

儒商的惠，是着眼于服务于社会大众的整体利益。

公山弗扰以费叛，召，子欲往。子路不悦，曰：“末之也已！何必公山氏之也？”子曰：“夫召我者，而岂徒哉？如有用我者，吾其为东周乎？”

——《阳货第十七》

字面解读：公山弗扰盘踞费邑反叛季孙氏，来召孔子，孔子想去。子路不高兴地说：“没地方去就算了！何必到他那里去？”孔子说：“他来召我，难道是说空话？如果有人肯用我，我将会在东方复兴周文王武王之道。”

商人《论语》：孔子生活的春秋时期，名义上是周天下，但是，还没有以“忠君”思想来定义个人行为举止忠佞的标准，所以，才有一个鲁国权臣的家臣，甚至还是叛臣来召孔子而孔子还想去的蹊跷故事。如果以后世的儒家标准来看，孔子明显是有些不忠不义的。毕竟，那时还有周天子、鲁国国君，鲁国三桓也在的。

就企业家而言，借鉴意义在于，所在行业无所谓大小，商业模式无所谓高低，产品价格无所谓贵贱，只要是能为社会做出贡献，就是儒商之道。

儒商的惠，不在乎虚名，只在乎实际贡献。

子张问于孔子曰：“何如斯可以从政矣？”

子曰：“尊五美，屏四恶，斯可以从政矣。”

子张曰：“何谓五美？”

子曰：“君子惠而不费，劳而不怨，欲而不贪，泰而不骄，威而不猛。”

子张曰：“何谓惠而不费？”

子曰：“因民之所利而利之，斯不亦惠而不费乎？择可劳而劳之，又谁怨？欲仁而得仁，又焉贪？君子无众寡，无小大，无敢慢，斯不亦泰而不骄乎？君子正其衣冠，尊其瞻视，俨然人望而畏之，斯不亦威而不猛乎？”

子张曰：“何谓四恶？”

子曰：“不教而杀谓之虐；不戒视成谓之暴；慢令致期谓之贼；犹之与人也，出纳之吝谓之有司。”

——《尧曰第二十》

字面解读：子张问孔子说："要以什么宗旨来从政呢？"孔子说："尊崇五种美德，屏弃四种恶行，这样就可以从政了。"子张问："五和美德是什么？"孔子说："君子给百姓恩惠却无所耗费，劳累百姓却不招来怨恨，虽有欲望却不过度贪婪，端庄自然却不傲慢，威武庄严却不凶猛。"子张说："怎样叫要给百姓恩惠自己却无所耗费呢？"孔子说："顺势利导百姓们去做对他们有利益的事，不就是给百姓恩惠却无所耗费吗？选择百姓可以劳作的时间和事情让百姓去做，又有谁会怨恨呢？自己追求仁德便得到了仁德，还要再贪求什么呢？君子待人接物，无论人数多少、地位高低，都不怠慢无礼，不就是端庄自然而不骄狂吗？君子衣冠端正，目光庄重，使人一见就心生敬畏尊重，不也是威严而不凶猛吗？"子张问："什么叫四种恶行呢？"孔子说："不经教化便加以刑惩叫作残虐；不加告诫便要看到成绩叫作粗暴；轻慢法令约定又随意限期叫作鸡贼；好比是与人相处，收到的多付出的很少，叫作小气。"

商人《论语》：孔子所说的"五美四恶"，是儒家中庸思想中难得的"实学"，我会在第三章的"信之资源"做详细的解读。

现在，我们只谈"惠而不费"，现实理解起来很简单。慈善榜上的企业家，是先赚到钱以后再做社会公益的。所以，他们的身家财富并没有因为大笔的捐赠而缩水。我们也没有听说哪个做慈善的企业家因为慈善而破产，反而会因为他们热衷社会公益而对其产生好感；同时，他们的企业经营惠及社会之道愈加深刻，事业如日新月异般蒸蒸日上，个人的财富数字也是不断上涨。同理，企业会因为给员工发放业绩奖金而伤筋动骨吗？不会的，奖金发放得越多，说明员工工作越努力，说明企业经营的财务指标越健康。而且，奖金是员工们努力挣到的，他们的努力会帮助企业挣到更多。

儒商的惠，是一种因利就便的双赢之惠。

第三章

儒家治国之道：道之以德，齐之以礼，有耻且格

子曰："道之以政，齐之以刑，民免而无耻；道之以德，齐之以礼，有耻且格。"

——《为政第二》

字面解读：孔子说："用法制政令去治理百姓，用刑罚来约束他们，人们只求避免犯罪受惩，却没有廉耻之心；用道德教化来引导百姓，用礼制去规范他们，人们不仅会有羞耻之心，而且守规矩了。"

商人《论语》：孔子精炼地概括了儒家和法家不同的执政理念，以及可能导致的结果。从中可以看到，儒家是"德不厚，罚不行"，先强调人们行为的道德动机、行为的礼制规范，并希望人们由此而能自我管理。儒家认为的法家，则直接强调人们行为的法制标准，并由刑罚的外力来强迫执行。苛法严政会使人们想方设法地逃避法律准绳，进而导致全社会道德价值观的沦丧。

其实，在现在看来，两种治国思想各有弊端：儒家治理的弊端，从宋朝的偏安到中国近代史的积弱可以看见；法家治理的弊端，从秦之后中国历代法家改革均以失败而告终，到近年社会道德价值观的缺失，可以看见。

就企业管理而言，应该是儒法兼重的，至少也应该是儒里法表的。也就是说，企业文化的教化之用和企业管理的制度严格，二者并重，以企业文化来教化企业员工行为规范的自发性和创造性，以企业的规章制度来要求企业员工行为的规范性和规避错误性。

前一章里，我们从儒家的角度，讲述了企业家精神的自正，讲述了儒商应该具备的五种基本修养。但是，企业毕竟是个组织，要很多人来做事，要很多分属不同部门、不同岗位、不同层级的人来配合。不以规矩，难成方圆，每个人的单体力量如何聚集成团队力量，儒家的理解为"左手道德教化，右手礼仪规范”。

之所以如此理解，是因为儒家治国的核心思想是君子政治，是贤人执政，是倡导人治，认为“人对了，事情就对了”。所以，儒家首先强调道德教化，倡导人与人之间仁爱相处，要有“忠恕”之心，教人做人的道理；其次是规范人与人之间的“礼仪”，礼仪涵盖了人们工作和生活的方方面面，由此而形成了“政治伦理”“人间伦理”，伦理，不仅是做人的礼貌，也是做事的礼节；最后，无论是仁爱之心还是礼仪之举，儒家要求走中庸之道，讲究执中而行，做人和做事不要偏执于极端，哪怕是“仁爱”也不能过分以致成为“溺爱”。

以上三点的划分非常简洁地解析了儒家思想，但是，用在企业经营管理的实际中，就有些“简单”和“粗俗”了。谈及企业经营，怎么可能没有“信”和“智”呢？所以，我觉得董仲舒总结的儒家五常“仁、义、礼、智、信”，是可以代入到企业经营管理的要素之中的。五常的各要素之间的关系，也体现了企业经营管理各个要素之间的相生关系。

◎儒家五常和企业经营要素之间的关系

1. 仁，是指企业品牌的理念，即仁爱消费者、员工，以及企业的合作者。
2. 义，是指企业文化，即对企业经营管理的各个要素实施价值观的教化。
3. 礼，是指企业制度，用来规范企业组织、企业员工的企业行为。
4. 智，是指企业经营，包括企业的商业模式、营销策略。
5. 信，是指企业人力资源，是员工队伍形成企业人力资源的核心要素。

◎儒家五常和企业经营之体、相、用的关系

1. 仁，是企业经营的本体，只有具备了为消费者服务的价值，企业才得以存在，具备了为消费者服务的动机，才能生生不息地创新。

2. 义，是企业经营体、相之间的桥梁，负责将企业品牌的理念以更加具体的价值观的方式烙印在企业经营的各个环节之中。企业品牌的理念不是静态的，要以其内涵的价值观来教化企业更好地服务于消费者。

3. 礼，是企业经营的表象，可以为理解企业的运营和管理。儒家的管理更强调人与人之间互相尊重的礼节，也比较认可刑罚要在“失礼”之后。

4. 智，是企业经营的实用。儒家的智，表现为一种君子看世界、看人生的哲学观，有主动积极的入世精神，有冷静地看淡得失的理智，还有企业经营不同阶段的戒律。

5. 信，也是企业经营的实用，表现在人的信念、做事的信条，以及用人的中庸之道。

儒家的理想国

颜渊季路侍。子曰："盍各言尔志？"子路曰："愿车马衣轻裘与朋友共，蔽之而无憾。"颜渊曰："愿无伐善，无施劳。"子路曰："愿闻子之志。"子曰："老者安之，朋友信之，少者怀之。"

——《公冶长第五》

字面解读：颜渊、子路两人侍奉在孔子身边。孔子说："何不各自说说自己的志向？"子路说："愿意把我的车马、衣服、皮袍，同朋友共同使用，用坏了也不抱怨。"颜渊说："愿意无辜的国家不被攻伐，百姓不被更多的劳役。"子路向孔子说："愿意听听您的志向。"孔子说："让年老的人安享晚年，让朋友们彼此信任，让年轻的子弟们得到关怀。"

商人《论语》：从师徒对话的场景故事可以看出各人的人生志向。子路的人生志向是交友之道，颜渊的志向是和平之道，而孔子的人生志向，则可以理解为儒家治国的最终目标：小孩子要吃饱穿好还要受教育，人们之间的交往要互相帮助、有诚信，老有所养、老有所乐。

儒家的理想国，何尝不是人类的理想国，又何尝不是企业的理想国呢？如果换作企业的语言，应该如何理解呢？

主管人力资源的总监可以说："新入职的员工，会得到很好的入职培训。

不只是专业技能的培训，还有岗位职责、绩效考核的培训，还有企业文化的教育，甚至还会有工作导师的陪伴。企业各个部门和各个岗位职责清晰、业务流程顺畅，部门之间配合紧密而团结，运营管理严谨而有序。为公司工作到一定年限的老员工，不仅会得到工作年限的奖励，还会有特殊的股权作为福利。老员工还可以发挥余热，帮助公司培养出更优质的年轻人才。”

负责运营管理的人可以说：“新制度的执行，一定要慎重，在执行中要时时观察制度的适应性，要不断修补它、完善它。制度的可执行性，在于制度的合理性。合理性被认可来自于制度设立前的‘公开讨论、公平利益、公正执行’。否则，即使是好的制度也变成了坏的制度。另外，公司的规章制度不能总是进行面目全非的删改，要保证和延续老制度里的合理部分，不能背离企业品牌的理念和企业文化的价值观。”

营销总监可以说：“要让新顾客知道我们、了解我们，就需要我们营销活动的持续性。最终，让新顾客接受我们的产品，认可我们的文化，承认我们的品牌价值。诚信，不只是对于营销终端的消费者，还包括营销链条上的所有参与者，从内部的运营管理到外部的渠道合作、厂商合作等，不仅要有诚信的态度，还要有诚信的制度和协议来保证诚信的执行，不能看到消费者买了就不管了，要让他们买后安心、用着舒心、看着开心，即使出故障了也放心。如此才能形成消费群体中的口碑效应，才能造就企业品牌的价值。”

主管产品的经理可以说：“新产品的研发，不仅要表现出性能的卓越、品质的稳定，还要延续企业品牌理念和产品形象的一致性，要让消费者一看到就知道是哪个品牌的产品。新产品与老产品一起构成企业的产品序列，每一个产品都是产品团队中的一员，发挥着各自的作用。新旧产品只有性能的差异性，没有价值的高低之分，老产品的退市要有一个过程，不是弃若敝屣的马上废弃，要有一个衬托新产品上市的帮带作用。每一个产品从上市到退市，要演绎出一个产品生命的历程。”

企业里存在不同角色的“孔子”，就会有不同的理解来对应现实中的实际操作，既是中国古文“言简意赅”的体现，也说明了孔子的“仁爱”思想具有一种无处不在、无所不用的普世性。企业有无品牌理念，或品牌理念是否不同，会引起企业的经营方式、经营组织、经营作风的差异。

企业经营，以仁为己任，不亦重乎？

曾子曰：“士不可以不弘毅，任重而道远。仁以为己任，不亦重乎？死而后已，不亦远乎？”

——《泰伯第八》

字面解读：曾参说：“士，不可以没有远大的抱负，不可以没有毅力，因为他背负的责任重大而且道路遥远。士，要将仁德教化作为自己的社会责任，不是很重大吗？到死方才停止奋斗，道路不是很遥远吗？”

商人《论语》：人有生老病死的生命限制，企业也一样有生老病死的生命限制。

现实中，每个企业的经营者都希望自己的企业能够“基业长青”，面对要“长命百岁”的经营之路，企业家怎么可能不“弘毅”？怎么可能不“任重而道远”？特别是以品牌理念来经营企业的，背负的是“厚德载物”的沉甸甸的责任，怎么可能不“任重而道远”？

仁爱消费者，是品牌企业的品牌共识。视顾客为上帝，一切以消费者的需求为企业经营的导向，也是目前大多数品牌企业的共识。但是，以“民之所欲”为导向的企业经营意识，就是“仁爱”意识吗？满足了消费者的需求，就是“仁爱”消费者了吗？如乔布斯所说，一些时候，消费者并不知道自己要什么，此时就需要企业家扪心自问，自己的所作所为是否真的是为消费者的切身利益，而不只是为了满足消费者的需求？消费者的需求，不一定就是健康的、有利的，不一定会符合企业品牌的价值观。企业经营之于消费者，是要“民之所益”，而不是“民之所欲”。

企业经营，若走品牌之路，必然是任重而道远，不可以不弘毅。

卫灵公问陈于孔子。孔子对曰："俎豆之事，则尝闻之矣；军旅之事，未之学也。"明日遂行。

——《卫灵公第十五》

字面解读：卫灵公向孔子问军队列阵之法。孔子回答说："祭祀礼仪方面的事情，我还听说过；军旅用兵的事，没有学习过。"第二天，孔子便离开了卫国。

商人《论语》：就好比企业家向一个经理人问到关于市场营销的事情，对方却回答："如何做企业品牌、企业文化、企业管理，我是知道的，而关于市场营销和商战，我是不知道的。"

孔子其实不仅知道而且是通晓"军旅之事"的，他的学生子路、冉有、樊迟是有名的军事人才，而且，孔子教学弟子的"六艺"之学中，"射"和"御"难道只是基本的射箭和驾车吗？其实也是军事进攻和驾驭政事的学问。那么，为什么孔子会说"未之学也"呢？一切源于孔子的"仁政"思想，他认为军旅之事的前提和基础是仁政和礼仪教化。换言之，孔子认为，企业营销参与市场竞争的前提是企业组织是否有品牌理念的教化和运营管理的规范。

孔子是不是有些"迂腐"呢？不是的，兵家鼻祖孙武也说过类似的话。孙武在《孙子兵法》的《计篇》中说："孙子曰：兵者，国之大事，死生之地，存亡之道，不可不察也。故经之以五事，校之以计而索其情，一曰道，二曰天，三曰地，四曰将，五曰法。道者，令民与上同意也，故可以与之死，可以与之生，而不畏危。"这里，孙子说的"道"，和孔子说的"俎豆之事"，算是同出而异名，理同事不同。

经营企业，首先要确定企业品牌经营的理念，要做一个什么样的、有利于消费者的企业，由此得出企业经营的其他要素。

经营四件事：文、行、忠、信

子以四教：文，行，忠，信。

——《述而第七》

字面解读：孔子从四个方面来教育学生：文献知识、实践操行、忠诚、信念。

商人《论语》：孔子教育学生的四个方面，是君子为官、为政之必须，换作企业经营的角度，又何尝不是企业日常经营的四件事呢？

文，是色彩，可以理解为企业文化。企业文化源于企业品牌的理念，结合企业经营的实际而形成，用来教化企业员工在工作中的行为动机。

行，是行动，可以理解为企业日常的经营管理。业务虽然流转于各个部门之间，但是产品线、信息线、资金线、服务线等要如水流一样顺畅。

忠，是忠诚，企业品牌忠诚于消费者，企业经营的各个要素忠诚于企业品牌，企业员工行为忠诚于企业的运营管理。“忠”可为消费者提供快捷、便利、有价值的服务。

信，是信念、诚信、信誉，指企业品牌的信念，体现在商业模式上，就是是否给了消费者不一样的价值体验，营销活动是否为推销产品而不是“没有诚信”的活动，企业的产品和服务是否给了消费者实实在在的利益。信念，是价值观，是企业人力资源建设的核心。只有人与人之间的共同信念、诚信相处，才能建立起彼此信任的长期合作关系。

“文、行、忠、信”四项，可以宽泛地理解为企业日常经营的基本工作。

子曰：“吾十有五而志于学，三十而立，四十而不惑，五十而知天命，六十而耳顺，七十而从心所欲，不逾矩。”

——《为政第二》

字面解读：孔子说：“我十五岁立志于学习；三十岁，确定了立身之道；四十岁，能不被外物所迷惑；五十岁，知道世界上存在不能由人力支配的事情；六十岁，能正确对待各种言论，不觉得逆耳；七十岁，能随心所欲，言行不越出规矩。”

商人《论语》：将孔子的成长经历理解为企业的成长经历，我们会发现什么？

少年期的企业，积极学习，志向远大。

三十而立的企业，商业模式基本确定，品牌也获得了一定的市场地位。

四十而不惑的企业，企业经营相对成熟，确定了自己的行业方向，确定了自己的经营选项，不会再被其他的经营选项所迷惑，专心于自己的行业方向和经营理念。

五十而知天命的企业，对于自身的市场定位，以及发展目标有一个相对清醒的认知，知道企业能做什么，不能做什么，能做好什么，能做好到什么程度。

六十耳顺的企业，是与时俱进的企业，能够虚心接受市场的意见和建议，从市场需求、消费者需求的角度出发，而不是从自我意识的角度来经营企业。

七十而从心所欲的企业，是做什么都能够得到市场欢迎的企业。企业经营的各个要素里包含企业品牌仁爱消费者的理念。所以，企业经营看似随心所欲、创新不断，实际上不会做超出品牌理念的行为。

企业不同生命阶段的特质，由此可对号入座。

子曰：“知者乐水，仁者乐山；知者动，仁者静；知者乐，仁者寿。”

——《雍也第六》

字面解读：孔子说：“聪慧的人喜爱水，仁德的人喜爱山；聪慧的人好动，仁德的人沉静；聪慧的人快乐，仁德的人长寿。”

商人《论语》：聪慧的企业家的经营行为喜欢随着市场变化而变化，具有品牌理念的企业家则喜欢坚守自己的行业和商业模式。聪慧的企业喜欢创新、喜欢营销，品牌企业则喜欢踏实地做好企业经营管理的日常。聪慧的企业轻松快乐，品牌企业则基业长青。

智者和仁者，不是完全对立的关系。智者可以仁，仁者也可以智。

若将“智者”和“仁者”硬生生地分割为两个不同的企业类型。智者，就好比是更接近终端消费者的贸易类公司，满足于“民之所欲”。仁者，好比是生产制造类型的实业企业，坚持于“民之所益”。

若将“智者”和“仁者”结合起来研读，可以理解为：企业的商业模式，要随市场变化而变化，如水般避高而趋下、因地而赋形。企业的品牌要如大地般厚德载物，形象要如高山般引众人瞩目。企业的营销策略，要通过持续不断的营销活动传递给消费者不一样的价值体验。企业的品牌，不只是靠广告吹嘘出来的知名度，也不只是依靠活跃的营销活动制造出来的美誉度，是靠实实在在的产品和服务赢得的忠诚度。赢在变化的企业不会被市场变化而淘汰，自然是快乐的。坚持品牌理念的企业，始终会赢得消费者的信赖和忠诚，企业自然“长命百岁”。

只有坚持品牌理念的企业，才会依据市场变化而做出正确的变化，才会“基业长青”。

子之所慎：齐，战，疾。

——《述而第七》

字面解读：孔子一贯谨慎对待的事情有：斋戒、战争和疾病。

商人《论语》：品牌企业要谨慎衡量企业文化是否起到了教化之用，要知道员工的心态如何，要谨慎判断企业直接面向竞争对手的商战是否滥用了资源，是否背离了消费者的价值观，要谨慎分析企业运营管理中出现的问题是制度的共性问题还是行为的个性问题，要知道制度对企业的商业模式和营销活动是否起到了支持作用？

企业经营要慎之又慎的三大要素：企业文化的教化、商业竞争（商业模式、营销策略）、运营管理的健康。

子曰："兴于《诗》，立于礼，成于乐。"

——《泰伯第八》

字面解读：孔子说："读《诗》可以使我精神振奋，学礼可以使我见容于社会，音乐可以使我自我完善。"

商人《论语》：此三句话，实际可以理解为企业经营三大要素的作用：《诗》，代表了企业品牌的理念；礼，代表了企业的运营管理；音乐，代表着企业文化的教化之用。

所以，可以理解为：企业品牌"思无邪"的理念推动了企业为消费者服务和不断创新的发展，给予了企业经营勃发向上的生机活力；企业作为营利组织，在外需要遵循市场法则，在内需要管理组织行为，企业由此成型，由此在市场中获有立足之地；只有企业文化，才能教化员工的价值观，使员工成为企业的人力资源，使人力资源具有自我进步、进化的能力。三大要素，在企业的经营中各有各的作用。

子曰："君子而不仁者有矣夫，未有小人而仁者也。"

——《宪问第十四》

字面解读：孔子说："君子中也许有达不到'仁'的人，但没有一个小人会有仁德之心。"

商人《论语》：规规矩矩做生意的企业，也许并没有"品牌"意识，也没有计划性地以品牌理念来教化企业经营的各个要素，或许是因为生意小，或许是生意模式的问题。不过，做到"货真价实、童叟无欺"也是暗合了品牌理念的。

所谓"小人"企业，是指靠"小恩小惠"来坑蒙拐骗消费者的"自私自利"的企业。此类企业，不会具有对待消费者的"厚德"意识，将品牌等同于名牌，将品牌价值等同于知名度的高低，一味依赖营销而获得市场利益。其一般不会在市场中存活太久，属于那种"其兴也勃焉，其亡也忽焉"的所谓名牌企业。

自私自利的企业，或许知道品牌给自己带来的利益，却不知道品牌对于消费者的利益。

子曰："君子义以为质，礼以行之，孙以出之，信以成之。君子哉！"

——《卫灵公第十五》

字面解读：孔子说："君子以道义为基本原则，以礼仪为行为标准，用谦逊的态度来表达，用诚信的原则来完成。如此便是君子啊。"

商人《论语》：企业的道，就是企业的品牌理念。企业的义，是由品牌理念在企业经营实践中逐步形成的企业文化，体现为企业组织成员共同的行为价值观。"义以为质"体现在企业内部的合作、外部的顾客服务，还体现在企业内外一体的业务流程之中。无所不在的文化不能只靠员工的内心动机而表现得五花八门，而是要靠规范的行为来体现一致性，就是"礼以行之"，整个行为的过程中，心态要尊重、态度要柔和，就是"孙以出之"。只是态度柔和还不够，做事还要有"诚信"意识，踏踏实实，"言必行，行必果"，不能虚情假意地敷衍了事。诚信有两个意思，一是做人要真诚实在，二是做事要有原则、有信用。

做到了以上四点的企业，谁能说它不是品牌企业呢？

子曰："由也，女闻六言六蔽矣乎？"对曰："未也。""居，吾语汝。好仁不好学，其蔽也愚；好智不好学，其蔽也荡；好信不好学，其蔽也贼；好直不好学，其蔽也绞；好勇不好学，其蔽也乱；好刚不好学，其蔽也狂。"

——《阳货第十七》

字面解读：孔子说："仲由啊，你听说过说六种弊病的六句话吗？"子路回答道："没有听说过。"孔子说："坐下，我告诉你。好仁不好学，其流弊是愚蠢；好智不好学，其流弊是放荡不羁；好信不好学，其流弊是被人陷害；好直不好学，其流弊病是尖刻伤人；好勇不好学，其流弊是捣乱闯祸；好刚不好学，其流弊是狂妄自大。"

商人《论语》：孔子所说的好学，不只是书本之学，还有社会磨炼的阅历，以及“吾日三省”的自我检讨。如此“好学”，才不会走上偏激、偏执的道路。孔子举出了偏执的六种流弊。

1. 好仁不好学：企业对消费者的仁爱，不是一直单向的付出，不是无差别的付出，也不是没有策略的付出，更不是不贴近消费者需求的付出。“不好学”的仁爱，流弊是“愚蠢”。你自以为你的产品和服务能仁爱消费者，但是你了解消费者的需求和期待的方式吗？

2. 好智不好学：智，通常解释为智慧，在此处放低一点，可理解为“卖弄聪明”，在企业经营中多表现为浮夸而活跃的营销行为。“不好学”的好智，流弊是“放荡不羁”，忽略了企业营销活动的重要原则是品牌理念、商业模式和周到服务。

3. 好信不好学：信守承诺是美德。但是“不好学”的信，容易被人以“一诺千金”而下套陷害。中国早期的外贸加工企业，曾经因为“信守合同”而屡屡吃亏，就在于对于外贸合同中的“信”条款缺乏理智的思考，缺乏对于自己是否有能力“守信”的思考。

4. 好直不好学：直，就是直接，互联网时代的“直销”会伤害到别人吗？采用直销，是企业经营的自主权利，并不是所有的企业、所有的产品都适合“直销”。“不好学”的直，是指目的和手段的直接。就企业经营而言，可能是营销策略的直接变成了直接攻击竞争对手，也可能是营销活动的直接忽视了运营管理的基本原则。

5. 好勇不好学：勇，勇于行动。企业经营，无论是商业模式，还是营销策略，或是产品服务等，要或先或后于时代要求而勇于创新。但是，企业经营“不好学”的勇，就好比是“不动脑”的盲动，或是“多动症”的动，导致企业经营不稳定，容易只见开花不见结果。商场上的勇于竞争，不能顾着争斗而忘了服务顾客的本分。

6. 好刚不好学：企业经营必须有原则、有坚持。但是，不能将坚持与固执等同一体。坚持若是一种目标，其行为的方式方法是开放创新的，而固执则不同，从目标到行为到手段，多是相对封闭的自以为是。“不好学”的刚，其流弊就是听不进他人意见，看不到新市场、新信息、新技术，撞了南墙也未必回头。

六句话说出企业经营行为的六个弊端，与其说是儒家中庸思想的持中而用，不如说是我们在考虑问题时不能只凭单线思维，不能以单一的目标实施单纯的行为。

贤人政治

舜有臣五人而天下治。武王曰：“予有乱臣十人。”孔子曰：“才难，不其然乎？唐虞之际，于斯为盛。有妇人焉，九人而已。三分天下有其二，以服事殷。周之德，其可谓至德也已矣。”

——《泰伯第八》

字面解读：舜有五位贤臣，天下便治理得太平。周武王说过：“我有十个辅助我治理天下的辅臣（乱臣是自谦）。”孔子说：“人才难得，难道不是这样吗？唐尧和虞舜之间及周武王的时期，人才是最兴盛了。武王的十个辅臣当中，一个是他夫人，实际上只有九个人而已。周文王拥有天下的三分之二，仍然向商纣称臣，周朝的道德，可以说是最高的了。”

商人《论语》：孔子的话清晰地显示出了儒家“贤人政治”的思想特点，强调贤才能臣的作用。很多企业家，甚至是知名企业家，在谈及企业的经营之道时，也强调人才的重要性，认为“人对了，事情就对了”。其实，这不只是一些受儒家思想影响的企业家的想法，也是一些企业家在数十年的企业经营实践中得来的真知灼见。

在选用此段来代表儒家思想的治世之用时，我也琢磨了很久。众所周知，儒家的“中庸”之道也是中用之道，是最广为人知的。但是仔细想来，在企业经营的实践中，儒家的人治思想是更具有代表性的，和法家思想对比，更有区别性。而且，“中庸”也是人治之用。

儒家的贤人政治的思想，在战国时期就饱受非议。借用大儒荀子的弟子，也是叛出儒家的法家代表韩非子《五蠹》里的话来说：“今贞信之士不盈于十，而境内之官以百数，必任贞信之士，则人不足官。人不足官，则治者寡而乱者众矣。故明主之道，一法而不求智，固术而不慕信，故法不败，而群官无奸诈矣。”简要归纳的意思是，人才难得，而需要人才的位置很多。所以，治理国家不能指望用难得的人才，要用法治更可靠、也更能持久。

儒家治国，人治为先。借用“六言六弊”的话，即好人不好学，其弊也难。人才难得。

子张问崇德、辨惑。子曰：“主忠信，徙义，崇德也。爱之欲其生，恶之欲其死，既欲其生，又欲其死，是惑也。‘诚不以富，亦只以异。’”

——《颜渊第十二》

字面解读：子张问提升品德修养和明是非、解迷惑。孔子说：“以忠和信为主．行动符合于道义，就可以提升品德了。爱一个人，希望他活着；厌恶起来，又恨不得他死去。既要他活，又要他死，就是迷惑。正如《诗》所说的：‘即使不是以财富作为标准，也要尊重一个不一样的客观标准。’”

商人《论语》：企业的发展过程，也是企业人力资源不断建设的过程。企业文化是否起到实际的教化之用，可以从员工两个方面的行为来看。

忠，忠于职守。不只是企业经营各个经营要素的忠于职守，也是各个部门、各个岗位、各个员工的忠于职守。这是最基本的人力要求。忠于职守，也可以依靠规章制度。

信，信守理念。不是单纯理解的行为诚信，而是指员工和企业的行为是否信守了企业品牌的理念。信守理念需要企业文化的教化之用。

评价员工工作的好坏，不能用个人感情的喜恶做评判标准，也不能简单地用工作业绩的数字结果来评判，还要考虑标准的客观化，以及过程的合理性。

樊迟问仁。子曰："爱人。"问知。子曰："知人。"樊迟未达。子曰："举直错诸枉，能使枉者直。"樊迟退，见子夏曰："乡也吾见于夫子而问知，子曰'举直错诸枉，能使枉者直'，何谓也？"子夏曰："富哉言乎！舜有天下，选于众，举皋陶，不仁者远矣。汤有天下，选于众，举伊尹，不仁者远矣。"

——《颜渊第十二》

字面解读：樊迟问仁。孔子说："爱护别人。"又问智，孔子说："认识别人。"樊迟还没有透彻理解。孔子说："选拔任用正直的人，来修正那些不正直的人，就能使不正直的人做正直的事。"樊迟退出来，见到子夏说："刚才我见到老师，问他什么是智，他说'举直错诸枉，能使枉者直'，是什么意思？"子夏说："寓意很丰富呀！舜有天下，在众人中挑选人才，把皋陶选拔出来，不仁的人就远离了。汤有了天下，在众人中挑选人才，把伊尹选拔出来，不仁的人就远离了。"

商人《论语》：关于"仁治"的对话，也是儒家"人治"思想的核心。选拔仁者，以仁者为标准，以人管人，来实现"仁治"。在企业的经营实践中，"对的人"是要百中选一的。若是选不到呢？就实际而言，才德用人与制度用人，二者不能偏废。

企业经营的另一种智慧在于认识人才、选拔任用人才。如此良性循环，人才会越来越多，庸才越来越少。如何得人才呢？曾国藩说："得人不外四事，曰广收、慎用、勤教、严绳。"如何取人呢？曾国藩又说了三句："取人之式，以有操守而无官气，多条理而少大言为要。""知人之道，总须多见几次，多加察看，方能得其大概。观人第一要看志。""衡人者，但求一长可取，不可因微瑕而弃有用之才。"

企业人治之智，在于识人用人，也在于教人育人。

颜渊问为邦。子曰："行夏之时，乘殷之辂，服周之冕，乐则《韶》《武》。放郑声，远佞人。郑声淫，佞人殆。"

——《卫灵公第十五》

字面解读：颜渊问如何治理国家。孔子说："用夏代的历法，乘殷代的车子，戴周代的礼帽，演奏虞舜的韶乐和周武王的武乐。舍弃郑国的乐曲，远离巧言谄媚的人。郑国的乐曲浮靡不正派，巧言谄媚的人太危险。"

商人《论语》：夏历是中国传统历法之一，主要是用来指导农业生产、帮助人们了解如何靠天时吃饭的。就企业经营而言，天时是国家法规、市场环境、消费习俗等，有规律而又不可违背，必须尊重。殷车指殷商时期的畜力车，轻巧而坚固，方便了交通。在企业而言，可以喻之为营销服务的便利快捷性，体现在消费者了解、交流、购买、服务等一系列消费行为的便捷。周礼是孔子最为推崇的，是孔子认为最能体现仁爱之道的礼仪制度。企业品牌的仁爱、企业文化的温暖，需要营销活动来实现，而最能规范营销活动的就是管理制度。只要有了好的管理制度，即使出现人员问题，损失也会相对缩小。反之，没有严谨管理的企业，出现了人员问题，损失可能更大。韶乐是舜帝时创的宫廷音乐，是一种集"诗、乐、舞"为一体的综合艺术。韶乐一直是中国历朝历代的大典用乐，被誉为"中华第一乐章"。我们将"韶乐"理解为源出于企业家精神、企业品牌理念的企业文化，教化企业员工工作行为的方方面面，而不是如"郑声"一样将喝酒吃肉、卡拉 OK 当成企业文化。

儒家的人治，不是一味念叨着要"君子自正"，也是讲究"天时、地利、礼仪、文化"的。

经营之道：君子爱财，取之有道

子曰：“富与贵，是人之所欲也。不以其道得之，不处也。贫与贱，是人之所恶也。不以其道得之，不去也。君子去仁，恶乎成名？君子无终食之间违仁，造次必于是，颠沛必于是。”

——《里仁第四》

字面解读：孔子说：“发财和做官，是人人都想要得到的。不用正当的方法得到它，君子不会接受的。贫穷与低贱，是人人都厌恶的。不用正当的方法摆脱它，君子不会去做的。君子如果离开了仁道，又怎么能叫君子呢？君子连一顿饭的时间也不会背离仁道的，就是在最紧迫的时刻，也一定会照仁道办事，就是在颠沛流离的时候，也一定会按仁道办事的。”

商人《论语》：在孔子看来，企业家追求财富数字与商业地位，是商人逐利的本性。只是孔子强调要用正当的方法得到它。正当的方法不能离开“仁德”，否则，企业老板就不能叫作“儒商”，企业也不能叫作“品牌”企业了。仁爱消费者的理念，教化于企业经营的各个要素、各个细节，无论是生意兴隆、紧急赶单的时候，还是经营困厄、需要利润的时候。企业经营之道，不在于名利之间，在乎为社会创造价值。

我们要讲述儒家治国“仁、义、礼、智、信”的五常要素。之所以将此段话放在本节之首，就是强调儒家思想经营企业的动机是“仁爱”消费者，走的是品牌经营之路。企业为消费者提供有价值的产品和服务来获取自己应得的利益回报。再宽泛一些来理解，就是对消费者要仁，对员工要仁，对合作者也要仁。方方面面的“仁”，就是企业的品牌理念，也是企业经营的根本。

具有品牌理念的经商之道，并非是唯一的经商之道，但是应该成为主流价值观的经商之道。做人不能“为富不仁”，做企业也不能“为富不仁”。

仁之品牌

子曰：“知及之，仁不能守之。虽得之，必失之；知及之，仁能守之，不庄以涖之，则民不敬；知及之，仁能守之，庄以涖之，动之不以礼，未善也。”

——《卫灵公第十五》

字面解读：孔子说：“凭借聪明才智得到它，但缺少仁德则不能保有它。即使得到，也一定会丧失。凭借聪明才智得到它，仁德可以保有它，不用庄重的态度来治理，那么就不会得到百姓的敬重。凭借聪明才智得到它，仁德可以保有它，能用庄重态度来治理，但行为举止不照礼的要求，还不算是完善的。”

商人《论语》：孔子谈及的“知、仁、庄、礼”，可以理解为企业经营的四大要素的核心理念：营销要智，品牌要仁，文化要庄，运营要礼。四大要素之间也存在着关联性。

知，是知己知彼的经营智慧。企业家不仅要知道市场和消费者的情况，还要了解竞争者，更要清楚自己的资源和能力，以此定位自己，发挥自己的长处。企业经营要靠智慧拼得自己的市场份额。

仁，是企业品牌厚爱消费者的价值观，也是厚爱员工和合作伙伴的价值观。仁不只是一种理念，要在现实中表现出一种态度和行为，更要有实际利益的体现。如此仁爱，才会对企业经营中的各种利益关系的维系起到有利作用。否则，流于“空话”的爱，不仅没有起到应有的正向作用，反而会有相反的作用。

庄，是一种端正恭谨的态度，在企业理解为“企业文化”。企业文化看似虚无，实际存在于企业经营要素中所有关系的行为之中。

礼，是礼仪，是儒家的管理之道，用礼来约束员工行为语言的合理性，用礼来表达仁爱的中道意义。在企业里，“礼”可以理解为企业管理文武之道的“文”，是那些公平地制定出来、公开张挂在墙上的规章制度。“武”是指奖惩赏罚的措施。

企业品牌，在企业经营中具有“保有”的作用，如妈妈一样滋养着企业经营的各个要素，助力企业的经营行为。

◎品牌有利：仁者安仁，知者利仁

子曰：“不仁者不可以久处约，不可以长处乐。仁者安仁，知者利仁。”

——《里仁第四》

字面解读：孔子说：“没有仁德的人不能长久地处在贫困中，也不能长久地处在安乐中。有仁德的人安心于仁道，有智慧的人知道仁德会给自己带来利益。”

商人《论语》：具有品牌意识的企业，会意识到品牌的价值所在。所以，企业经营即使遇到困厄之境，也不会降低产品的品质和服务的价值，会始终保持一种积极向上的乐观心态，始终保证品牌之于消费者的实际价值。

具有品牌意识的企业，也会意识到品牌价值的利益所在，知道品牌价值不是单方向的输出利益，而是双向的交流，并会给企业带来实质的利益回报，知道企业赋予市场和消费者越多的利益，企业品牌的价值就越高，市场和消费者也会反馈给企业更多的利益。

明了品牌的利益，是企业经营的智慧。

子曰："参乎！吾道一以贯之。"曾子曰："唯。"子出，门人问曰："何谓也？"曾子曰："夫子之道，忠恕而已矣！"

——《里仁第四》

字面解读：孔子说："曾参啊！我的学说可以用一个道理贯穿起来。"曾子说："是这样的。"孔子走出去以后，师兄弟来问："什么意思呢？"曾子说："他老人家的学说，核心思想就是忠和恕罢了。"

商人《论语》：品牌企业的经营之道，也可以用一个"忠恕"之道贯穿起来。"忠"是企业运营管理之道，要求企业各个部门、各个员工忠于职守，以忠诚服务于消费者为工作导向。"恕"是企业营销之道，与消费者将心比心，为消费者提供更好、更便捷的服务和更温暖的关怀。

品牌理念，贯穿于企业各个经营要素的各种经营行为之中。

子曰："十室之邑，必有忠信如丘者焉，不如丘之好学也。"

——《公冶长第五》

字面解读：孔子说："即使只有十户人家的小村子，也一定有像我这样讲忠信的人，只是不如我那样好学罢了。"

商人《论语》：具有品牌意识的企业，并不少见。但是，能付诸经营实践，在实践中体现品牌的价值观，使自己的品牌成为广大消费者的信赖之选，则是比较少的。因为企业品牌的建立不是一朝一夕之功，要在市场实践的得失、反复中不断坚持，最终实现品牌的价值。品牌建立，需要长期市场实践的建设。

子曰："谁能出不由户？何莫由斯道也？"

——《雍也第六》

字面解读：孔子说："谁能不经过屋门而走出去呢？为什么没有人走我

所指出的‘仁’的道路呢？”

商人《论语》：在现在的商业社会，孔子对于“斯道”的感叹反而成了企业家的共识：企业若要长期得到消费者的信赖，必须走品牌之路。

品牌之路，是企业市场经营的必由之路。

子见南子，子路不说。夫子矢之曰：“予所否者，天厌之！天厌之！”

——《雍也第六》

字面解读：孔子去见名声不好的卫灵公夫人南子，子路不高兴。孔子发誓说：“如果我做了违礼之事，让上天谴责我吧！让上天谴责我吧！”

商人《论语》：如果企业做了违背品牌理念和商业道德的事情，必然会受到市场法则的惩罚，必然会受到消费者的唾弃。

企业品牌，不只是标牌，也可能是标靶。

子曰：“述而不作，信而好古。窃比于我老彭。”

——《述而第七》

字面解读：孔子说：“我只是阐述先贤的思想，而不创建自己的思想。我相信且喜好古代文化。私下里把自己比作老聃和彭祖。”

商人《论语》：无论商业环境如何变化，企业品牌仁爱消费者的理念是不会改变的，也是不需要改变的。只是企业理念在不同时代、不同环境、不同商业模式下的表现方式会有所不同，适应不同的时代是为了更好地发挥品牌的仁爱作用。

品牌理念的仁爱，是不会随时代和市场环境的变化而变化的。

冉有曰：“夫子为卫君乎？”子贡曰：“诺。吾将问之。”入，曰：“伯夷、叔齐何人也？”曰：“古之贤人也。”曰：“怨乎？”曰：“求仁而得仁，又何怨？！”出，曰：“夫子不为也。”

——《述而第七》

字面解读：冉有问子贡说："老师会帮助卫国国君吗？"子贡说："好吧，我去问他。"于是子贡进去问孔子："伯夷、叔齐是什么样的人呢？"孔子说："古代的贤人。"子贡又问："他们两人后来为抛弃君位有悔恨吗？"孔子说："他们求仁而得到了仁，有什么可以悔恨的呢？"子贡出来对冉有说："老师不会帮助卫君。"

商人《论语》：具有品牌意识的企业，其经营行为也是有原则的，宁可处于财务贫困也不会放弃自己的品质服务。而且，此类企业不会因为暂时不被市场接受而埋怨消费者不识货，更不会自怨自艾。只会改变商业模式和营销方式，让自己做得更好。

品牌理念，不仅是求仁的坚持，也要有得仁的平和。

子曰："天生德于予，桓魋其如予何？"

——《述而第七》

字面解读：孔子说："上天把德赋予了我，桓魋能把我怎么样？"

商人《论语》：行业有兴衰起伏，企业经营也会有生老病死，甚至还会遇到非市场因素的破坏、市场因素的竞争、侵犯等。但是，品牌企业一定要有自己品牌理念的自信，一定要有产品服务价值的自信。当然，不是自以为是的自信，而是从消费者利益角度考虑的自信。品牌是一种信念，是坚持自我的自信。

子曰："笃信好学，守死善道，危邦不入，乱邦不居。天下有道则见，无道则隐。邦有道，贫且贱焉，耻也；邦无道，富且贵焉，耻也。"

——《泰伯第八》

字面解读：孔子说："坚定信念并好学不倦，坚守不离仁善之道。不进入政局不稳的国家，不居住在动乱的国家。天下太平就出来做事，天下不太平就隐居不出。政治清明，自己贫贱是耻辱；政治黑暗，自己富贵也是耻辱。"

商人《论语》：品牌企业的经营戒条是“危邦不入，乱邦不居”，因为不稳定的经营环境里，可能从政府信誉到市场规则整个链条欠缺稳定，不适合品牌企业稳定持久的经营。但是，也有人理解为“越是危险的地方，机会越大”。关于经商理念，只能说是“仁者见仁，智者见智”了，毕竟一般的商人、企业家、具有品牌理念的企业家三者的商业理念和经商环境需求是不同的。

在政治清明、社会繁荣稳定的情形下，品牌企业的“贫且贱”是耻辱的。因为你没有将自己的仁德泽被出去。可见孔子强调君子主动的济世行为，而不是抱着“仁德”安贫乐道。当然，若是政治黑暗，社会动荡，你的企业经营还能“富且贵”，很大的可能是存在“黑幕交易”，背离了品牌服务于社会大众的理念行为，也是耻辱的。还有一种可能，不是发国难财，急功好义的行为也会经营得利，只是算特例中的特例了。

品牌企业，要有自己的存身之道、财富之道。

子曰：“巍巍乎！舜禹之有天下也，而不与焉。”

——《泰伯第八》

字面解读：孔子说：“多么崇高啊！舜和禹统治天下，却不是为了自己的私利。”

商人《论语》：品牌企业会拥有忠实的消费者群体。但是，企业不可以产生狭隘的占有心态，不能想方设法限制消费者选择其他品牌的权利。企业要尊重消费者的选择权，给予消费者充足的选择空间，也是品牌之爱的宽容了。

品牌的仁爱，不是私有之爱，是尊重与包容之爱。

子罕言利，与命与仁。

——《子罕第九》

字面解读：孔子很少谈到利益，却常常谈到君子的天命责任和仁德修养。

商人《论语》：作为商人，不谈利益是不可能的。但是，一个具有品牌意识的企业，是将品牌的社会责任、品牌如何为消费者带来更好的利益放在第一位的。商业利益比较少谈，不过也在其中。

品牌企业，要将社会责任感放在第一位。

子问公叔文子于公明贾，曰："信乎，夫子不言，不笑，不取乎？"公明贾对曰："以告者过也。夫子时然后言，人不厌其言；乐然后笑，人不厌其笑；义然后取，人不厌其取。"子曰："其然？岂其然乎？"

——《宪问第十四》

字面解读：孔子向公明贾问到公叔文子，说："听说啊，先生他不说、不笑、不取钱财，真的吗？"公明贾回答道："不是，告诉你的那个人有过错。先生他到该说话的时候才说，所以别人不厌恶他说话；快乐了才笑，因此别人不厌恶他的笑；合于义理要求的财利他才取，因此别人不厌恶他取。"孔子说："他是这样的啊，难道真是这样吗？"

商人《论语》：坚守品牌理念，为消费者提供更好的产品和服务，并以此优质服务再来获取企业经营的利润。此类企业，是备受社会尊敬、备受消费者信赖的企业。品牌之爱，是先做好事，再获取利润。

子曰："骥不称其力，称其德也。"

——《宪问第十四》

字面解读：孔子说："称千里马为骥，并不是称赞它的气力，而是称赞它的品德。"

商人《论语》：孔子称颂的千里马之德是什么呢？能吃苦，肯坚持，不喝脏水，不乱吃食物。一个优秀的企业值得称赞的德是什么呢？哪怕是处于恶劣的市场环境，也始终如一地坚持品牌的价值观，不被名利诱惑，不苟且于不符合品牌理念的任何一种经营行为。

品牌的价值，不在于物质层面的资产数字，而在受众精神层面的价值认可。

子曰："赐也！女以予为多学而识之者与？"对曰："然，非与？"曰："非也。予一以贯之。"

——《卫灵公第十五》

字面解读：孔子说："赐啊！你以为我是广泛地学习才有思想的吗？"子贡答道："是啊，难道不是吗？"孔子说："不是的。我是用一种思想贯彻始终的。"

商人《论语》：企业品牌的理念，不是由企业经营的各个要素由外而内汇聚而成的，而是由企业品牌的理念由内而外地贯穿于企业经营的各个要素之中，体现在企业经营的各种行为之中的。

品牌理念，应当一以贯之于企业经营的各个要素之中。

子曰："民之于仁也，甚于水火。水火，吾见蹈而死者矣，未见蹈仁而死者也。"

——《卫灵公第十五》

字面解读：孔子说："百姓需要仁，比需要水和火更迫切。我只见过赴水蹈火而死的，没有见过实践仁道而死亡的人。"

商人《论语》：品牌企业的产品满足了消费者的真正需要，所以，实行品牌策略的企业发展会越来越好。借用孔子的话，或许会有实行名牌策略倒闭的，但还没有实行品牌策略的企业破产倒闭的。

品牌策略会减少企业经营的风险，能帮助企业经营得更健康。

长沮、桀溺耦而耕。孔子过之，使子路问津焉。长沮曰："夫执舆者为谁？"子路曰："为孔丘。"曰："是鲁孔丘与？"曰："是也。"曰："是知津矣。"问于桀溺。桀溺曰："子为谁？"曰："为仲由。"曰："是孔丘之徒与？"对曰：

“然。”曰：“滔滔者天下皆是也，而谁以易之？且而与其从辟人之士也，岂若从辟世之士哉？”耰而不辍。子路行以告。夫子怃然曰：“鸟兽不可与同群。吾非斯人之徒与而谁与？天下有道，丘不与易也。”

——《微子第十八》

字面解读：长沮、桀溺并排耕种。孔子路过，让子路去寻问渡口。长沮问子路：“那个在车上拉着缰绳的是谁？”子路说：“是孔丘。”长沮说：“是鲁国的孔丘吗？”子路说：“是的。”长沮说：“他应该知道渡口的。”子路再去问桀溺。桀溺说：“你是谁？”子路说：“我是仲由。”桀溺说：“你是鲁国孔丘的门徒呢？”子路说：“是的。”桀溺说：“天下混乱如滔滔的洪水，谁能够改变它呢？所以与其跟着躲避昏君的孔丘，还不如跟着躲避乱世的隐士吗？”说完，仍旧不停地做着农活。子路回来将情况报告给孔子。孔子惆怅地说：“飞禽和走兽是不能合群共处的。我不同世上的人群打交道，还与谁打交道呢？如果天下太平，我就不会参与变革了。”

商人《论语》：“长沮曰：‘是知津矣’”的意思是说，孔子应该知道自己的人生方向。孔子的人生方向是以仁政的理念恢复周礼的举措，积极参与社会动乱时期的变革。对企业经营而言，品牌的方向，就是积极地为消费者提供更有价值的产品，提供更便捷周到的服务。

子路从而后，遇丈人，以杖荷蓧。子路问曰：“子见夫子乎？”丈人曰：“四体不勤，五谷不分，孰为夫子？”植其杖而芸。子路拱而立。止子路宿，杀鸡为黍而食之，见其二子焉。明日，子路行以告。子曰：“隐者也。”使子路反见之。至，则行矣。子路曰：“不仕无义。长幼之节，不可废也；君臣之义，如之何其废之？欲洁其身，而乱大伦。君子之仕也，行其义也。道之不行，已知之矣。”

——《微子第十八》

字面解读：子路跟随孔子出行，落在了后面，遇到一个老人用拐杖挑着除草的工具。子路问道：“您看到我的老师吗？”老丈说：“四肢不劳动，五谷分不清，哪里算得上是你的老师？”说完，便扶着拐杖去除草。子路拱着手恭敬地站在一旁。老人留子路到他家住宿，杀了鸡，做了小米饭给他吃，又叫两个儿子出来与子路见面。第二天，子路赶上孔子，并将过程告诉了孔子。孔子说：“他是个隐士啊。”便叫子路回去再看看他。子路到了那里，老人已经走了。子路说：“君子不出仕是不符合道义的。长幼的礼节，是不可能废弃的。君臣间的道义，怎么可能废弃呢？一个人想要自身清白，却破坏了君臣之间根本的伦理关系。君子出仕，是为了实现自己的仁义之道的。仁义之道的困厄难行，我早就知道了。”

商人《论语》：子路的说法，是千古以来儒生入世精神的概括，也应该是品牌企业商业精神的概括。品牌的商业精神，就是为广大的消费者服务，就是要尊重国家的法纪法规和市场规律。哪怕是遇到了市场乱象，走到了经营困境，也要坚持品牌的商业精神。

品牌的商业精神，是一种价值观的坚持和路线的坚定。

◎品牌形象：刚、毅、木、讷，近仁

子曰：“刚、毅、木、讷，近仁。”

——《子路第十三》

字面解读：孔子说：“刚强、果敢、朴实、谨慎，四种品德接近于仁道。”

商人《论语》：品牌不只是一个 logo，不只是广大消费者认知的那个商标，更是一种经营的理念、一种服务的态度、一种品质的信赖，是要通过企业经营各个要素和各个行为表现出的综合形象。孔子所说的“刚、毅、木、讷”的四象，可以作为企业品牌在四个经营要素上的表象。

刚，原则性，体现在品牌理念之于商业模式、营销策略上的有所为、有所不为；

毅，坚持性，体现在品牌理念之于消费者的营销服务的持久性；

木，朴实性，体现在品牌理念之于企业文化的实而不华；

讷，谨慎性，体现在品牌理念之于企业管理的认真细致。

在不同的企业经营要素上，品牌形象会呈现出不同的表象。

子曰："弟子，入则孝，出则弟，谨而信，泛爱众，而亲仁。行有余力，则以学文。"

——《学而第一》

字面解读：孔子说："晚辈子弟，在家应孝顺父母；出门在外要敬爱师长；言行要谨慎，为人处事要有原则、讲信用，博爱大众，亲近那有仁德的人。如此躬行实践之后，还有余力的话，就用来学习文献知识。"

商人《论语》：企业家的仁爱表现在，要爱惜员工、爱护消费者，尊重市场规律和市场习俗，遵守国家法纪法规，回报社会，热心公益，多和同样具有品牌意识的企业交流学习。只有在企业经营的各个环节体现出品牌理念应有的仁爱之义，才能以此为基础，形成企业的文化。没有品牌理念的企业文化，无法帮助企业进行人力资源的教化作用。

品牌形象，体现在企业由内而外、由小到大的各个经营环节上。由此，逐步形成了企业文化的教化之用。

子夏曰："贤贤易色；事父母能竭其力；事君，能致其身；与朋友交，言而有信。虽曰未学，吾必谓之学矣。"

——《学而第一》

字面解读：子夏说："尊重贤德而改变态度；侍奉父母，能够竭心尽力；服侍君主，能够献出生命；同朋友交往，能说到做到、讲信用。如此之人，尽管自己说没有学识，我一定认为是有学识之士。"

商人《论语》：这段话可以说是品牌理念在企业经营中的另一种表现的描述：贤贤易色，是企业对于行业先进或贤才能人应该有的尊敬态度；事父母能竭其力，是说企业要尽心尽力地为企业的"衣食父母"——广大消费者服务；事君能致其身，是指企业为其所在国家和社会尽力做出贡献，通常表现为社会公益；与朋友交言而有信，是指企业与同行交往合作的诚信原则。以上行为，通常被认为是品牌企业应有的品牌行为。

品牌形象，体现于企业经营的各个方面。

子夏问曰："'巧笑倩兮，美目盼兮，素以为绚兮。'何谓也？"子曰："绘事后素。"曰："礼后乎？"子曰："起予者，商也！始可与言《诗》已矣。"

——《八佾第三》

字面解读：子夏问孔子："'轻巧的微笑妩媚动人，美丽的眼睛顾盼生辉，洁白的丝绢才能衬托花纹的绚烂。'几句诗是什么意思呢？"孔子说："先有白底然后再绘画。"子夏又问："那么，是不是说礼也是后起的事呢？"孔子说："商（子夏）呀，你真是能够启发我的人！现在可以同你讨论《诗经》了。"

商人《论语》：企业品牌的理念，就是企业一切经营要素的"素底"，像是妈妈的教诲一样。在此理念的教诲下，可以形成企业的文化特色、管理特色、服务特色等。只有懂得了"素底"的道理，才能再去探讨企业文化的教化之用。企业家的精神如父，创建了企业并推动了企业的发展，但是，企业的各个经营要素是由品牌作为"母亲"孕育、教养的。

品牌如母，养育了企业经营的各个要素，像是"阴阳"中的"阴"的化形作用。企业家的精神如父，建立和推动着企业的发展，像是"阴阳"之中"阳"的发展力量。

子谓子夏曰："女为君子儒，无为小人儒。"

——《雍也第六》

字面解读：孔子对子夏说："你要做一个有道德修养的君子儒，不要做有才无德、有学无识的小人儒。"

商人《论语》：品牌形象不只是炫目的广告、漂亮的logo、厚厚的企业手册，更不只是整齐、整洁的员工服装和高大宏伟的办公大厦，还有体现在企业运营管理和营销环节中的"仁爱"行为。

品牌形象，如大树一样，是有“道德根”的。

子曰：“觚不觚，觚哉！觚哉！”

——《雍也第六》

字面解读：孔子说：“觚不像个觚了，也算是觚吗？也算是觚吗？”

商人《论语》：觚，是商周时期的一种酒器，也是一种礼器。孔子的感叹，是指出礼仪文化被歪曲了，礼仪也不成样子了。在企业，可以理解为企业文化和企业管理变了样子，失去了品牌理念的原有意义。

品牌形象，要承载着品牌的理念。

子曰：“志于道，据于德，依于仁，游于艺。”

——《述而第七》

字面解读：孔子说：“以道为志向，以德为根据，以仁为依伴，从容地学习、实践于六艺（礼、乐、射、御、书、数）。”

商人《论语》：以上的话，我们可以从企业经营的各个要素，以及各个要素之间的关系角度来理解。

志于道：是指企业家志于商道，而商道的基础是什么呢？是仁德。

据于德：是指根据企业家的道德观念和创业宗旨，为社会创造价值。

依于仁：是指依伴于品牌“厚德、仁爱消费者”的价值观，为消费者提供更好的产品和服务。

游于艺：是指企业经营的一些要素。礼，企业管理中的组织结构和组织制度。乐，企业文化中的教化之用。射，企业营销目标的针对性。御，商业模式的设计和运营。书，业务沟通与业务流程的标准化。数，信息收集与数据分析。

企业品牌，据于德，依于仁，具有承上启下的作用。

子温而厉，威而不猛，恭而安。

——《述而第七》

字面解读：孔子温和而谨严，威仪却不猛厉，庄敬又安详。

商人《论语》：孔子的形象又何尝不是企业品牌的形象呢？温和如营销服务，谨严如企业管理，威武如商业竞争，不猛厉是指竞争的“王而不霸”，庄敬安详是形容品牌在企业经营中的行为表现。

品牌形象，也是“中道”形象。

子曰：“岁寒，然后知松柏之后凋也。”

——《子罕第九》

字面解读：孔子说：“季节寒冷了，才知道松柏是最后落叶的。”

商人《论语》：就算遇到了足以颠覆整个行业的生存危机，品牌企业也是会坚持到最后的。

品牌价值，会在市场危机中显示出来。

疾，君视之，东首，加朝服，拖绅。

——《乡党第十》

字面解读：孔子病了，国君来探视，他便头朝东、脸向外躺着，身上盖上朝服，朝服的绅带下垂着。

商人《论语》：无论何种状况，哪怕是企业倒闭之前，品牌企业的运营管理、营销服务等诸多环节，依然是一丝不苟的。

品牌形象的细节，不会因为市场环境的恶劣和企业经营的困境而有所改变。

寝不尸，居不容。

——《乡党第十》

字面解读：孔子睡觉不像死尸一样仰面挺着睡，平日在家的姿态也不那么端庄，比较随意。

商人《论语》：品牌形象虽然严谨，但并不拘谨；虽然端庄，但并不做作。企业要如人一样自然，在不同场合、不同阶段展示不同的面貌。

品牌形象，具有多角度的多面性。

颜渊问仁。子曰："克己复礼为仁。一日克己复礼，天下归仁焉。为仁由己，而由人乎哉？"颜渊曰："请问其目。"子曰："非礼勿视，非礼勿听，非礼勿言，非礼勿动。"颜渊曰："回虽不敏，请事斯语矣。"

——《颜渊第十二》

字面解读：颜渊问什么是仁。孔子说："克制自己，按照礼的要求去做，就是仁。如果有一天大家全做了，天下就会是仁德的天下了。做仁德之事，完全在于自己内心的动力，难道还要凭借别人吗？"颜渊说："请问'克己复礼'从几个方面入手？"孔子说："不合于礼的不要看，不合于礼的不要听，不合于礼的不要说，不合于礼的不要做。"颜渊说："我虽然愚钝，也要照您的话去做。"

商人《论语》：孔子谈"克己复礼"的话成了后来所谓"礼教"的教规。后世的礼教过于强调礼如天理，泯灭了人的天性。其实孔子的本意只是"克制"而已。

具有品牌理念的企业，会克制企业自得利益的贪婪欲望，将消费者利益放在第一位，平衡社会利益、消费者利益、企业利益等方方面面的利益。此种利益观，来自于企业品牌的理念，并非是政府或行业协会的强迫执行。为使企业的品牌理念在企业的经营中得到贯彻，需要制定一系列的行为标准，要求企业员工"不符合制度的不看、不听、不说、不做"。那么，如果员工"看了、听了、说了、做了"呢？孔子没有再说怎么办，不过，企业是一定要有"惩罚"措施的。

品牌形象体现在企业经营中，需要一系列礼仪制度来约束员工的行为。

子张问："士，何如斯可谓之达矣？"子曰："何哉，尔所谓达者？"子张对曰："在邦必闻，在家必闻。"子曰："是闻也，非达也。夫达也者，质直而好义，察言而观色，虑以下人。在邦必达，在家必达。夫闻也者，色取仁而行违，居之不疑。在邦必闻，在家必闻。"

——《颜渊第十二》

字面解读：子张问："读书人怎样才可以称得上是'达'？"孔子说："你说的'达'具体是什么意思呢？"子张答道："在诸侯国里必定有名声，在大夫的封地里也必定有名望。"孔子说："你说的是'闻'，不是'达'。所谓'达'，要品行端正、好行仁义，善于分析别人的话语、观察别人的脸色，常念谦恭待人。如此之人，才可以在国君的朝廷和大夫的封地里通达。至于'闻'，表面看是爱好仁，而实际行动却违背了仁，自己还以仁人自居不惭愧。他的名声，无论在国君的朝廷里和大夫的封地里，必定会有所耳闻的。"

商人《论语》：孔子的话，算是清晰地分析了企业品牌的知名度和美誉度，我们可以看出两者之间存在很大的区别。企业的高知名度，可能是打着服务大众的幌子，天天广告，实际上并没有为消费者做出真实价值的利益提供。真正将品牌价值落实于经营实际的，是从仁爱消费者的理念出发，经过对市场的调查，为消费者提供周到而温暖的营销服务。此种将品牌理念落实于经营实际的企业，必将会被更宽广的市场所接受。

品牌的价值，不在于知名度，而在于美誉度。

子曰："有德者必有言，有言者不必有德。仁者必有勇，勇者不必有仁。"

——《宪问第十四》

字面解读：孔子说："有道德的人，一定有名言，但有名言的人不一定有道德。仁人一定勇敢，但勇敢的人不一定有仁德。"

商人《论语》：品牌企业一定有自己的商业模式和营销策略，同样，具有商业模式和营销策略的，不一定也有品牌理念。品牌企业，一定是将品牌理念勇敢地付诸市场实践，参与到市场竞争之中，而市场中的勇于竞争者，或是竞争中的暂时获胜者，未必是有品牌理念的。

品牌形象，不但要有具体内容，还要有行动力。

子曰："贫而无怨难，富而无骄易。"

——《宪问第十四》

字面解读：孔子说："贫穷而没有怨恨是很难做到的，富贵而不骄傲是容易做到的。"

商人《论语》：品牌企业，承载着品牌"任重道远"的理想，不会因为事业上的暂时成功而骄傲。但是，如果只是守着品牌理念，其形象却始终得不到市场的认可，也很难没有抱怨之心。只是该报怨谁呢？该抱怨什么呢？抱怨过后，要改变什么？不改变什么呢？个中涉及因素太多，只求企业不要抱怨不该坚持品牌理念就好。

对于生存期的企业而言，品牌形象的坚守是很难的！

子曰："君子疾没世而名不称焉。"

——《卫灵公第十五》

字面解读：孔子说："君子痛恨离世以后他名声与实际的不符。"

商人《论语》：此处的"称"，通常理解为"不被称赞"。我觉得孔老夫子没有那么多的名利虚荣心，否则就不会说出"吾与点也"的话。是名声大于实际？那是营销广告做得多了。实际大于名声？那是营销活动做得少了。总之，就商业而言，名实相符，有名、有利、有仁、有义，才是品牌企业的完整形象。

品牌的名气和社会价值，相符最好！

邦君之妻，君称之曰"夫人"，夫人自称曰"小童"，邦人称之曰"君夫人"，称诸异邦曰“寡小君”，异邦人称之亦曰“君夫人”。

——《季氏第十六》

字面解读：国君的妻子，国君称她为“夫人”，夫人自称为“小童”。国人称她为“君夫人”，对他国人则称她为“寡小君”，他国的人也称她为“君夫人”。

商人《论语》：除了企业家精神，企业的其他经营要素多是尊崇企业品牌的理念孕育而出。企业品牌虽有母德，但是，相较于商业同行，也是要自谦的，而且，不同角度看来的品牌形象，也有所不同。它是商标，也是最有代表性的产品，是一种文化。

子曰：“乡愿，德之贼也。”

——《阳货第十七》

字面解读：孔子说：“老好人，是败坏道德的贼子啊。”

商人《论语》：品牌企业，在经营上是有自己的风骨的，无论是商业模式，还是营销活动，或是企业文化，乃至于产品服务，存在自己的原则性，不会因为品牌理念的“厚德载物”而“老好人”般对市场、对顾客唯唯诺诺。市场和消费者的需求，并不一定就是健康的。品牌形象，要有自己的风骨。

子曰：“鄙夫可与事君也与哉？其未得之也，患得之；既得之，患失之。苟患失之，无所不至矣。”

——《阳货第十七》

字面解读：孔子说：“可以和浅薄之人共同服侍君主吗？他没得到时，只怕得不到；得到后，又怕失去。一旦害怕失去，他就没什么事是干不出来的。”

商人《论语》：浅薄之人，也是德薄之人，也可以说是缺少品牌理念的企业，不知道或不认可品牌的市场价值。若将“事君”比喻为市场经营，那么，此类企业的患得患失，是出于对消费者的接受度缺乏信心，更对消费者的持续度缺乏信心。

品牌形象，对于企业经营会有一种稳定的影响力。

子曰："古者民有三疾，今也或是之亡也。古之狂也肆，今之狂也荡；古之矜也廉，今之矜也忿戾；古之愚也直，今之愚也诈而已矣。"

——《阳货第十七》

字面解读：孔子说："古人有三种毛病，现在呢，可能没有了。古代狂放的人有条有理，现在狂放的人放荡不羁；古代矜持的人廉洁方正，现在矜持的人凶横乖戾；古代愚蠢的人天真直率，今天愚蠢的人狡诈无赖。"

商人《论语》：孔子变相地说现在增加了三种毛病："放荡不羁没有原则，违背公德霸道横蛮，坑蒙拐骗无恶不作。"当下的社会环境，不也正是存在着类似的现象吗？大家公议为社会公德、商业道德缺失了。没有道德仁爱做根基的"在商言商"，就好像断线放飞的风筝一样，飞到哪里、摔到哪里，全是不可预知的。

品牌形象要发展，但不能缺失了理念，丢掉了操守。

子曰："巧言令色，鲜矣仁。"

——《阳货第十七》

字面解读：孔子说："花言巧语，装出和颜悦色的样子以讨好别人。此类人缺少'仁德'。"

商人《论语》：品牌是一种价值观，需要一定具象的表现，有静态的 logo 系统，也有动态的企业文化、营销服务等。但是，无论是静态还是动态的表现，在市场营销的活动中，不能夸大其词地吹嘘，否则就违背了品牌"厚德载物"的本质。

品牌形象，不要"花头"太多。

微子去之，箕子为之奴，比干谏而死。孔子曰："殷有三仁焉。"

——《微子第十八》

字面解读：微子离开了商纣王，箕子做了纣王的奴隶，比干劝谏被杀死了。孔子说："殷商有三位仁人啊！"

商人《论语》：在恶劣的市场环境中，企业品牌会有共同的遭遇，而不同的下场也算是"求仁得仁"。

逸民：伯夷、叔齐、虞仲、夷逸、朱张、柳下惠、少连。子曰："不降其志，不辱其身，伯夷、叔齐与？"谓柳下惠、少连："降志辱身矣，言中伦，行中虑，其斯而已矣。"谓虞仲、夷逸："隐居放言，身中清，废中权。""我则异于是，无可无不可。"

——《微子第十八》

字面解读：隐居过着自在生活的人有：伯夷、叔齐、虞仲、夷逸、朱张、柳下惠、少连。孔子说："不降低自己的志向，不屈辱自己的自尊，要数伯夷叔齐吧。"说柳下惠、少连是"被迫降低自己的志向，屈辱自己的自尊。但说话合乎伦理，行为经过思虑，也是难能可贵了"。说虞仲、夷逸是"过着隐居的生活，说话可以很随便，能洁身自爱，离开政坛也是权宜之计"。最后说自己"我却同这些人不同，可以这样做，也可以那样做"。

商人《论语》：孔子说的"无可无不可"，主要是说自己可以做到后两点，类似于"达则兼济天下，穷则独善其身"的意思。

隐士中的三种人，可以比拟为品牌企业在恶劣的市场环境中的三种作为：第一种是伯夷、叔齐类型的，宁可饿死也不降低自己的品牌价值，不降低自己的服务标准；第二种是柳下惠、少连类型的，降低自己的产品价值和服务标准，但是品牌理念不会改变；第三种是虞仲、夷逸类型的，退出市场，保全品牌。

品牌形象、行为可以变化，无损于品牌理念的坚持。

子夏曰："君子有三变：望之俨然，即之也温，听其言也厉。"

——《子张第十九》

字面解读：子夏说："君子有三变：远看着他的样子威严庄重，接近他也会温和可亲，听他说话，语言也严谨不苟。"

商人《论语》：我们可以理解为商场里（或网络里）的品牌专柜之于消费者三种形象的变化：远看着品牌专柜的形象是庄重而鲜明的，接近后服务人员的态度是温和可亲的，交流、介绍产品和服务时是严谨不苟、不虚夸不欺骗的。

品牌形象的三变，是不同距离接触下的不同感受。

子夏曰："大德不逾闲，小德出入可也。"

——《子张第十九》

字面解读：子夏说："大节上不能超越界限，小节上稍有些出入是可以的。"

商人《论语》：在企业品牌为消费者提供更多、更好利益的创新过程中，即使是出错，也是不亏大节的小错误，是可以得到市场理解的。

品牌形象，大节不亏，小节不损。

子游曰："吾友张也为难能也，然而未仁。"

——《子张第十九》

字面解读：子游说："我的朋友子张可以说是难能可贵的了，然而还没有达到仁的境界。"

商人《论语》：龙生九子，子子不同。就算是完全以品牌理念来经营的企业，也未必能在企业经营的各个要素中达到品牌理念的要求。它是一个很高的、一直在持续追求的境界。品牌形象，一直在成长。

曾子曰:“堂堂乎张也,难与并为仁矣。”

——《子张第十九》

字面解读: 曾子说:“子张光明磊落,气宇恢宏,只是综合看来还难以达到仁的境界。”

商人《论语》: 现在的翻译依照了朱熹的理解,意思是“曾子说:‘子张虽然光明磊落,气宇轩昂,但是难以帮助他达到仁的境界。’”我觉得就《子张第十九》的开篇几句语录而言,特别是“子夏之门人问交于子张”,不仅可以看到子张的胸怀气度,更是可以看到子张非常重视“仁道”的躬行实践。因此,怎么可以说子张只是外表好看,内心难以达到“仁”,还需要曾参的帮助呢?曾参的“嘴”也太大了吧。所以,“难与并为仁矣”的“并”应该是综合评价,是说子张的某些言行举止存在不足,综合来看还达不到仁的高标准。

为了更好地比附企业实际,我们暂且依从朱熹的翻译来看待企业的经营现象:广告播得很形象,就能帮助企业品牌的价值落地吗?企业文化的形式搞得花团锦簇,就能够帮助企业员工端正态度吗?报告里的商业模式再好,没有营销实践可以实现吗?

企业产品的品质再好,不配合营销和服务,消费者也享受不到产品真正的利益;企业部门组织结构再健全,也未必能够保证业务流程的通畅;经理人长得再帅、西服再笔挺,未必能够帮助他写出好的PPT;写得再好的PPT,不能落在实际工作中也是无用。

品牌企业,需要品牌形象,更需要品牌理念落实于企业经营的实际中。

叔孙武叔语大夫于朝曰:“子贡贤于仲尼。”子服景伯以告子贡。子贡曰:“譬之宫墙,赐之墙也及肩,窥见室家之好;夫子之墙数仞,不得其门而入,不见宗庙之类,百官之富。得其门者或寡矣。夫子之云,不亦宜乎!”

——《子张第十九》

字面解读: 叔孙武叔在朝廷上对大夫们说:“子贡比仲尼更贤能。”子服景伯将此话告诉了子贡。子贡说："拿房屋的围墙来作比喻，我家的围墙只有齐肩高，谁都可以查看其中房室的美好；老师家的围墙却有几丈高，如果找不到门进去，你就看不见宗庙的富丽堂皇和房屋的绚丽多彩。能够找到门的人并不多。叔孙武叔那么讲，不也是很自然吗？"

商人《论语》：子贡并不是在说孔子的"深藏不露"，而是说要真正地认识孔子需要一定的高度，也需要合适的角度，并不是普通人就可以达到的。毕竟，孔子的仁政理念并没有得到真正的实施，普通人感受不到，也认识不到，而孔子的思想，在那个时代，也只能限于部分有学有识之士可以了解。

现在大多数的品牌企业则不是，他们更需要在商业实践中得到广大消费者的认知和认可。所以，一些企业为了得到消费者的充分信赖，开始自开其门，邀请消费者了解产品的生产、运营的过程、服务的现场，甚至邀请消费者共同参与产品的设计。也许，一些非大众消费品行业的专业性企业，是和孔子一样的，需要"得其门以入"。

要想完整了解品牌形象，需要进其门并深入其中。

叔孙武叔毁仲尼。子贡曰："无以为也！仲尼不可毁也。他人之贤者，丘陵也，犹可逾也；仲尼，日月也，无得而逾焉。人虽欲自绝，其何伤于日月乎？多见其不知量也。"

——《子张第十九》

字面解读：叔孙武叔毁谤仲尼。子贡说："不要这样做！仲尼是毁谤不了的。别人的贤德好比丘陵，还可超越过去；仲尼的贤德好比太阳和月亮，是无法超越的。虽然有人要自绝于日月，对日月又有什么损害呢？只是更多地表现出他的不自量力而已。"

商人《论语》：在中国近三十年的商业发展中，一些"知名品牌"的企业，甚至是行业内数一数二的企业，因为一点或真或假的"毁"而轰然倒下。它们的企业品牌，是依靠大量广告建立起的知名度，如高高的楼，在快速发展时匆忙组建运营组织，再加上产品本身的功效不及宣传功效的百分之一，如浅浅的地基。一点风波起，能吹皱一池春水，也能吹倒一幢危楼。

品牌的价值，若能深植于消费者心目之中，则如日月一般明亮而不可或缺。

◎品牌经营：己欲立而立人，己欲达而达人

子贡曰："如有博施于民而能济众，何如？可谓仁乎？"子曰："何事于仁？必也圣乎！尧舜其犹病诸。夫仁者，己欲立而立人，己欲达而达人。能近取譬，可谓仁之方也已。"

——《雍也第六》

字面解读：子贡说："假若有一个人，他能给老百姓很多好处又能周济大众，怎么样？可以算是仁人了吗？"孔子说："哪里仅仅是仁人，一定是圣人了！就连尧、舜尚且难以做到呢。所谓的仁人，自己要有所建树，也要帮助别人有所建树；自己要达到目标，也要帮助人家达到目标。凡事能就近以自己作比，而推己及人，可以说就是实践推行仁的方法了。"

商人《论语》：推行仁道，推己及人，以自己为标准，只是出发点，还要尊重对方接受与否。否则，就是一面之词、一己之欲，反而会伤害到别人。所以，孔子的仁道，是以尊重他人为前提的。

品牌企业的市场行为与消费者的沟通和服务，也要站在"立人、达人"的立场上来策划。说得具体一些，是从产品功能的设置、外形色彩的设计、终端价格的合理、购买的快捷便利、服务的周到和细致等营销要素上，为消费者提供最切合实际需求的选择，而不是站在企业角度上自以为是。但是，对于创新企业而言，面对需求尚未被开发的新市场，是可以以自己的角度来替代消费者考虑问题的，坚信"己欲立而立人，己欲达而达人"。

孟懿子问孝。子曰："无违。"樊迟御，子告之曰："孟孙问孝于我，我对曰'无违'。"樊迟曰："何谓也？"子曰："生，事之以礼；死，葬之以礼，

祭之以礼。”

——《为政第二》

字面解读：孟懿子问什么是孝道。孔子说：“不要违背礼节。”樊迟给孔子驾车，孔子告诉他：“孟孙向我问孝道，我回答他说不要违背礼节。”樊迟说：“什么意思呢？”孔子说：“父母活着的时候，要按礼侍奉他们；父母去世后，要按礼埋葬他们，按礼祭祀他们。”

商人《论语》：孟懿子问孝的时候，孔子没有啰唆大道理，直接用“不要违背礼节”来框定孝的行为准则。在商业上，我们通常将消费者认定为“衣食父母”，那么营销服务也应该是遵循“无违”的礼节。在消费者购买时、购买后，甚至是不再购买的时候，依然保持“无违”的关怀。

品牌服务，不只是体现在销售时和售后，还会以社会公益的方式深入到消费者生活之中。

孟武伯问孝。子曰：“父母唯其疾之忧。”

——《为政第二》

字面解读：孟武伯问什么是孝道。孔子说：“对父母尽孝，要特别为他们的疾病担忧。”

商人《论语》：对消费者的仁爱、关怀，不只体现在消费者使用产品之后出现问题时的解决，还要提前考虑到消费者如何了解产品，如信息渠道、表达的方式、表达的完整性、信息交流的便利性等。

品牌服务，要主动积极地提前考虑消费者关心的问题。

子游问孝。子曰：“今之孝者，是谓能养。至于犬马，皆能有养。不敬，何以别乎？”

——《为政第二》

字面解读：子游问什么是孝道。孔子说：“如今所谓的孝，只能说养活父母而已。犬马也能够得到饲养，如果不敬重孝顺父母，那么养活父母与饲养犬马又有什么区别呢？”

商人《论语》：为顾客提供合格的产品、周到的售后服务，已经是行业的共识。但是，品牌企业的营销服务却不止于此，要在服务礼仪和服务态度上，体现出企业的价值观，表现出“端敬”的企业文化来。

品牌服务，要有态度和礼仪。

子夏问孝。子曰：“色难。有事，弟子服其劳；有酒食，先生馔。曾是以为孝乎？”

——《为政第二》

字面解读：子夏问什么是孝道。孔子说：“在父母面前经常和颜悦色是难能可贵的。有事情，晚辈效劳；有酒饭，让父母先吃。仅仅如此就可以算是孝了吗？”

商人《论语》：在营销服务中，完成某件事情的工作是相对容易的，而工作中的态度，涉及神情、语言、眼神等身体语言，始终保持和颜悦色是有难度的，特别是碰到不明白、不理智、不理解的顾客时。所以，在服务顾客时，要将顾客当成父母，还不如当成不懂事的孩子，就更容易做到宽容和坚忍了。

营销服务是否能够体现出企业品牌的理念，在于有无以企业文化实施教化之用。

子曰：“吾与回言终日，不违如愚。退而省其私，亦足以发。回也不愚。”

——《为政第二》

字面解读：孔子说：“我整天给颜回讲学，他从来不提反对意见和疑问，像个蠢人。等他退下之后，我考察他私下的言行，发现他对我所讲授的内容颇能发挥。可见颜回其实并不蠢。”

商人《论语》：顾客也是我们的老师，会给我们提各种意见，我们也会当面虚心接受。但是，不能只是当面虚情假意地接受，回头该怎么做还是怎么做，一定要认真总结，从实际出发，听取意见，改进工作。

营销服务，要听取市场的意见，有实际行为的改进。

季氏旅于泰山。子谓冉有曰："女弗能救与？"对曰："不能。"子曰："呜呼！曾谓泰山不如林放乎？"

——《八佾第三》

字面解读：季孙氏超越身份像诸侯一样去祭祀泰山。孔子对冉有说："你难道不能劝阻他吗？"冉有说："不能。"孔子说："唉！难道说泰山神还不如林放知礼吗？"

商人《论语》：市场好比是我们祭拜的山神。只有市场认可了，我们的品牌才是真实的存在。虽然，市场暂时会被一些不良商家所蒙蔽，但是市场终究是以消费者的主体意志为规则的，市场终究会明白商家作为的对与错，只是需要时间。

糊弄市场的企业，就算是打着品牌的旗号蒙混一时，也终究会被市场淘汰。

子曰："苟志于仁矣，无恶也。"

——《里仁第四》

字面解读：孔子说："如果立志于推广仁德，就不会真正地厌恶人了。"

商人《论语》：具有品牌理念的企业经营，对自己的消费群体固然是欢喜的，对于不属于自己的消费群体，也不会心生罅隙，甚至是厌恶。因为，品牌的仁爱也是忠恕之爱，何况，暂时不是自己的消费者，不代表将来不是。

品牌的仁爱之用，不只聚焦在现有购买者和目标购买者的层面。

子曰："我未见好仁者，恶不仁者。好仁者，无以尚之；恶不仁者，其为仁矣，不使不仁者加乎其身。有能一日用其力于仁矣乎？我未见力不足者。

盖有之矣，我未之见也。”

——《里仁第四》

字面解读：孔子说：“我没有见过一个爱好仁德的人，会去厌恶不仁的人。真正爱好仁德的人，无时无刻不在增加自己的仁德修养。所谓厌恶不仁的人，也是在向其推广仁德，不让不仁德的人影响自己。会有能一整天都将自己的力量用来实行仁德的人吗？我还没有看见，可能还是有的，但我没见过。”

商人《论语》：企业做品牌，是涉及多个经营要素和营销要素的系统工程，不一定要专门去花大的精力和金钱广而告之。知名度若是先于其他营销要素被单独拔高，有时候反而是个风险。做品牌，需要老老实实地做好企业经营的每一个细节，踏踏实实地为消费者提供周到、细致的服务，认认真真为消费者解决疑难问题，要将品牌厚爱消费者的理念体现在为顾客服务的每一个行为之中。

品牌经营，会坚持自己的价值观，坚持在品牌每一个细节处的打磨。

子曰：“人之过也，各于其党。观过，斯知仁矣。”

——《里仁第四》

字面解读：孔子说：“人们通常犯的错误，各与其本性相关联。所以，观察一个人所犯的错误，就可以知道他有没有仁德了。”

商人《论语》：孔子判断一个人，还是从动机出发的。孔子的第一句话是有一定道理的，错误与其思维方式、道德本质有关。但是，由错误结果反观道德与否，现在看来就不太科学了啊！现在大家知道可能会有“好心办坏事”的现象，所以，不能单凭结果的错误来判断动机的仁德与否，还要看过程和办事的手段。

品牌经营，若无战略错误，一般不会犯大的过错。

子曰："父母之年，不可不知也。一则以喜，一则以惧。"

——《里仁第四》

字面解读：孔子说："父母的寿年，不能不知道。一方面因为他们的健在而高兴，另一方面又因为他们的年寿渐高日渐苍老而忧惧。"

商人《论语》：消费者是企业的"衣食父母"。"一则以喜"是消费者之于企业品牌现在的忠诚，是企业存在的基础；"一则以惧"是如何为消费者提供更好的服务，否则就会失去他们。

品牌经营，也要有市场危机意识，要有如何做得更好的思虑。

子曰："德不孤，必有邻。"

——《里仁第四》

字面解读：孔子说："有道德的人是不会孤独的，一定会有思想一致的人与他相处。"

商人《论语》：互联网时代，是信息和信息传播、交流高速发展的时代。所以，品牌已经是所有经商者的共同选项。但是，对于品牌理念的认识及品牌理念之于经营各个要素的教化之用，不能说没有。

品牌经营，是得道者多助。

子谓公冶长："可妻也。虽在缧绁之中，非其罪也。"以其子妻之。

——《公冶长第五》

字面解读：孔子评论公冶长说："可以把女儿嫁给他，他虽然被关在牢狱里，但并不是他的罪过呀。"于是，孔子就把自己的女儿嫁给了他。

商人《论语》：孔子是个仁者，也像个投资者。从嫁女儿的角度来看，并不只是安慰或鼓励公冶长，而是真心认可公冶长的人品，相信他会给女儿带来幸福。

品牌企业投资什么呢？投资德才兼备的员工，投资忠诚的消费者群，投资对消费者有价值的项目等一切类君子品格的人或者项目。

品牌合作，要看对方有无类君子的品质。

子曰："回也，其心三月不违仁。其余则日月至焉而已矣。"

——《雍也第六》

字面解读：孔子说："颜回呀，他的心长时间不离开仁。其余的学生就只一天或者一个月达到仁罢了。"

商人《论语》：仁德的自发性很难。所以企业要定期检查和修正品牌理念在运营和营销上有无疏漏，如同定期的体检一样，不仅要查出病情，还要查出病源。

品牌经营，要如体检一样定期检查其理念在经营要素中的体现。

子食于有丧者之侧，未尝饱也。

——《述而第七》

字面解读：孔子在有丧事的人家吃饭，不曾吃饱过。

商人《论语》：人皆有恻隐之心。将自己的恻隐之心化为应有的行动，才是仁者应有的礼仪行为。企业和自己的消费者群，也要做到一体同悲、一体同喜、同呼吸共命运。

品牌的仁爱，是与消费者同欢乐、共悲喜。

子于是日哭，则不歌。

——《述而第七》

字面解读：如果孔子在这一天为吊丧而哭泣过，就不再唱歌。

商人《论语》：当消费者出现问题时，企业不应该就问题而解决问题，而应该站在消费者的立场，考虑问题的来龙去脉，化解消费者的心理问题，进而考虑更多消费者是否也会出现同类的问题。

品牌与消费者的一体同悲，不是一念当下又一念放下的。

子曰：“饭疏食，饮水，曲肱而枕之，乐亦在其中矣。不义而富且贵，于我如浮云。”

——《述而第七》

字面解读：孔子说：“吃粗粮，喝白水，弯着胳膊当枕头，人生自得的乐趣就在平淡之中。用不正当的手段得来的富贵，对于我来讲，就像是天上的浮云一样。”

商人《论语》：企业经营要讲利润，但是，不会单一考虑企业本身的利润，还应该考虑消费者的利益，以及其他一些相关者的利益，由此而考虑商业模式、营销策略、运营管理、人力资源等经营要素中的成本合理性。所以，就算生存期资金紧张，也会坚持信心、坚守本心，不被“不义而富且贵”乱扰。

品牌经营，不是面子工程，必有利润、利益的取舍之道，有时候就得甘于平淡。

子曰：“仁远乎哉？我欲仁，斯仁至矣。”

——《述而第七》

字面解读：孔子说：“仁离我们很远吗？我一心求仁，仁就来了。”

商人《论语》：品牌经营有那么难吗？先想着做营销树名牌是有些难的，做好面向消费者的产品服务是简单的，先做好产品和服务，营销也就不难了。

品牌经营，先把最简单的、最基础的工作做好。

子曰：“文，莫吾犹人也。躬行君子，则吾未之有得。”

——《述而第七》

字面解读：孔子说：“文章学问，也许我和别人差不多。做一个身体力行的君子，那我还没有什么心得。”

商人《论语》：品牌理念，大多言简意赅，文字上看起来各家企业也差不多，写出来未必有大的差异。但是，在企业经营的实践中所呈现出来的，各家各有不同，就需要设身处地地在经营实践中来感受和理解。

品牌理念，写出来容易，躬行于实践很难。

子疾病，子路请祷。子曰："有诸？"子路对曰："有之。诔曰：'祷尔于上下神祇。'"子曰："丘之祷久矣。"

——《述而第七》

字面解读：孔子病重，子路请求祈祷。孔子说："会有效果吗？"子路说："有的。《诔》文上说：'祈祷吧向天地神灵。'"孔子说："我很久以来就在祈祷了。"

商人《论语》：不是"子不语怪，力，乱，神"吗？难道孔子只是在心里祈祷而不说出声来？其实，孔子的"不语"是一种不怨天不尤鬼神的现实精神。"祷久矣"，则是希望在自己努力的前提下，会有天道的佑护。努力后希望得到好的回报和不努力一味求保佑，是完全不同的两种心态。所以，我们若是将市场环境和消费者比拟为神祇，那么我们表达的虔诚，就是尊重市场规律，努力为消费者提供更好的服务。我们祈求的佑护，则是消费者信任我们的努力、信赖我们的服务。

品牌之路，要相信天道酬勤。

曾子说："可以托六尺之孤，可以寄百里之命，临大节而不可夺也。君子人与？君子人也！"

——《泰伯第八》

字面解读：曾参说："可以托付年幼的孤儿给他，也可以把城邦百姓的命运寄托给他，面临大是大非的紧急关头却不动摇屈服。这样的人是君子吗？就是君子啊！"

商人《论语》：品牌企业对市场的尊重如子孝父，对消费者的爱护如母爱子，对法规政策的敬重如臣忠君，对行业环境的责任感如"托孤"和"寄命"。时刻以品牌的理念来要求自己，像个君子一样"刚、毅、木、讷"，做对社会、对消费者有价值的事情。

品牌如人品，担当如君子。

子曰："三年学，不至于谷，不易得也。"

——《泰伯第八》

字面解读：孔子说："学习了三年，却不是为了求取官职俸禄，是不容易做到的。"

商人《论语》：学习了三年，不是为了求取名利，那就是为了自身的学识修养和道德完善，在那个"学而优则仕"的年代的确是不容易的。企业是商业动物，其经营的直接目的就是求取利润，"三年学，不至于谷"是不可想象的。或许我们可以理解为"三年学，未学好，便不至于谷"。在企业经营的潜伏期，经营的各个要素如产品和服务等尚未打造好，便不能草率推出，要耐得住寂寞。然后，三年不鸣，一鸣惊人。

市场营销，不能仓促上市，要在寂寞中做足基础功夫。

子曰："大哉！尧之为君也。巍巍乎！唯天为大，唯尧则之。荡荡乎！民无能名焉。巍巍乎！其有成功也。焕乎！其有文章。"

——《泰伯第八》

字面解读：孔子说："伟大啊！尧这样的君主。崇高啊！只有天最高大，只有尧能效法天道。德恩浩荡啊！百姓们不知道该怎样来称颂他。崇高啊！他的丰功伟绩。光彩啊！他制定的礼仪制度。"

商人《论语》：市场环境是天，消费者需求是地。企业经营要按照市场环境和消费者的需求而制定企业的商业模式、运营制度、营销策略、服务流程、产品服务等，并用企业文化来教化员工在经营活动中的行为。

品牌经营，要尊重市场法则、建立企业制度。

子畏于匡，曰："文王既没，文不在兹乎？天之将丧斯文也，后死者不得与于斯文也；天之未丧斯文也，匡人其如予何？"

——《子罕第九》

字面解读：孔子被匡地的人们围困时，他说："周文王已经不在了，周代的文化不还是存在于我心里吗？上天如果想要消灭它，那我就不可能掌握周文化了；上天如果不想消灭它，那么匡人又能把我怎么样呢？"

商人《论语》：品牌是市场永远的需求，是消费者或某类消费者的永远需要。无论商业环境多么恶劣，市场需求不会被湮灭。

品牌价值永远不会被恶劣的市场环境所泯灭。

颜渊喟然叹曰："仰之弥高，钻之弥坚；瞻之在前，忽焉在后。夫子循循然善诱人，博我以文，约我以礼，欲罢不能。即竭吾才，如有所立卓尔。虽欲从之，末由也已。"

——《子罕第九》

字面解读：颜渊感叹地说："老师的学问，越是抬头仰望，越是觉得崇高；越是钻研，越是觉得深奥难懂。看着它好像在前面，忽然又到后面去了。老师善于一步一步地诱导我思考，用各种典籍来丰富我的知识，又用各种礼节来规范我的言行，使我想停止进步都不可能。直到我用尽了我的才力，似乎可以优秀得独立于世了，才发现想要追随老师，又不知从何处着手了。"

商人《论语》：颜渊是孔子最好的学生，但孔子说他对于自己没有帮助，恐怕就是他"无违"的学习精神。品牌理念存在于企业经营与管理的各个要素、各个细节之中，无所不容又无所不在。只是观察和学习各个要素中体现出来的品牌理念，只能是得其形或是得其一，是不能完整地掌握的。

品牌理念若是"一"，可以孵育出企业经营各个经营要素的"百"。但是总结出"百"，却不能得出理念的"一"。

席不正，不坐。

——《乡党第十》

字面解读：座席摆放得不符合礼制的端正，不坐。

商人《论语》：席不正，可以理解为企业生存的市场环境不健康，也可以理解为企业的商业模式偏离了品牌理念，还可以理解为企业的组织结构不能服务企业市场营销的需要。

品牌企业，要有自己的生存空间、自己的发展模式、自己的管理原则。

朋友死，无所归。曰："于我殡。"

——《乡党第十》

字面解读：朋友死了，没有负责敛埋的人。孔子说："丧事由我来料理吧。"

商人《论语》：品牌的社会责任感，还在于积极参与社会公益。

子张问善人之道，子曰："不践迹，亦不入于室。"

——《先进第十一》

字面解读：子张问做善人的方法。孔子说："不是为了求回报而做善事，也不是为了做善事而做善事。"

商人《论语》：为求回报而做善事，并不虚伪，只是境界没有不求回报的菩萨境界那么高而已。为了做善事而做善事，不衡量道德是非的标准，不考虑对方是否接受，更不称量自己的能力，反而容易"好心办成坏事"，好比一些只信不解的信徒买生放生实质是杀生害生一样，反而有了恶果报。

品牌的仁爱，若践迹和入室，都不够完美。

司马牛问仁。子曰："仁者，其言也讱。"曰："其言也讱，斯谓之仁已乎？"子曰："为之难，言之得无讱乎？"

——《颜渊第十二》

字面解读：司马牛问仁。孔子说："仁人言语是慎重的。"司马牛说："言语慎重，就叫作仁了吗？"孔子说："仁德之事做起来是很困难的，言语能不慎重吗？"

商人《论语》：孔子是因材施教，其和弟子的问答也是因人而异。司马牛有可能是“大嘴巴”，孔子才这么说的。“刚、毅、木、讷，近仁”中的讷，也有言语谨慎的意思。

企业在市场的营销策略、营销活动和营销服务中的“其言也讱”，也可以理解为言行一致，或少吹牛多做事。

樊迟从游于舞雩之下，曰：“敢问崇德、修慝、辨惑。”子曰：“善哉问！先事后得，非崇德与？攻其恶，无攻人之恶，非修慝与？一朝之忿，忘其身，以及其亲，非惑与？”

——《颜渊第十二》

字面解读：樊迟陪着孔子在舞雩台下散步，说：“请问怎样提高品德修养？怎样消除心底的怨恨？怎样辨别昏惑？”孔子说：“问得好！先努力做好事情，然后才收取收获，不是可以提高品德吗？多做自我批评，不去一味地怪罪于别人，不就可以消除心底的怨恨了吗？一时的气愤，就忘记了自身的安危，以至于牵连自己的亲人，不就是糊涂昏惑吗？”

商人《论语》：如果我们将樊迟和孔子的问答改成企业经营语言，问：“如何提升品牌的价值？如何消除同事之间的误解攻讦？如何确定企业的发展方向？”孔子会说：“先努力为消费者提供有价值的服务，然后才考虑企业的利润利益，品牌不就增值了吗？以企业文化的教化之风教化大家友爱合作，以企业管理的职责分明规导大家各司其职，不就可以消除大家因为工作责任而引发的互相指责了吗？做市场分析和企业发展分析，要冷静理智而全面地思考。如果一味地以竞争的方式参与到市场中，忘记了企业自身的价值特点，就会失去企业立身市场的基础，这不是盲目地发展吗？”

樊迟的三问，也是品牌理念的三用，在于品牌价值、企业文化、商业模式。

子曰：“君子泰而不骄，小人骄而不泰。”

——《子路第十三》

字面解读：孔子说："君子平和坦荡，不会傲慢无礼；小人傲慢无礼，不平和坦荡。"

商人《论语》：企业品牌是通过企业的营销活动来传达它的价值观、传递它的仁爱。就消费者的感官而言，品牌是平和坦荡的，不会因为自己是品牌而盛气凌人，甚至会有嫌弃消费者不购买的举止。没有品牌理念，没有企业文化教化的企业，其市场营销是以"买卖"为唯一目的的，服务态度不会始终如一地平和坦荡，可能或骄傲，或谦卑。

品牌行为，平和而坦荡。

子路问事君。子曰："勿欺也，而犯之。"

——《宪问第十四》

字面解读：子路问怎样侍奉君主。孔子说："不能欺骗他，但可以犯颜直谏。"

商人《论语》：我把消费者比喻为父母，比喻为子女，比喻为师长，是有亲情、有温度、有交流的。但是，我不会将消费者比喻为上帝，我觉得比喻为上帝，是单向的。

现在，我还要将消费者比喻为君主，他们是主宰企业命运的君主。但是，他们是可以交流的，企业可以犯颜直谏地告知他们真正的利益是什么，他们"随心所欲"的欲望未必是真的有益处的。只是，企业不可以欺骗消费者。

企业不能欺骗消费者，但是可以拒绝，甚至可以直言。当然，"犯"是要有礼貌的。

或曰："以德报怨，何如？"子曰："何以报德？以直报怨，以德报德。"

——《宪问第十四》

字面解读：有人说："用恩德来回报怨恨怎么样？"孔子说："那么，用什么来回报恩德呢？应该是用公道原则来回报怨恨，用恩德来回报恩德。"

商人《论语》：孔子不是一个只懂得宽容忍让的老好人。他主张的"以直报怨”和我们熟知的“以德报怨”是不同的。在企业经营方面，如何理解“直”呢？“直”是正直，也就是不带有个人情绪偏好的原则性，面对和处理别人的抱怨，不需要故意做出宽忍。在企业的运营管理和营销服务中，“直”是非常重要的一个原则，是尊重客户也尊重自己。毕竟，面对顾客如孩子般的不合理要求，父母会放弃原则而妥协吗？

品牌的仁爱，要有直道而行的原则性，并不是“一味地宽忍”。

子击磬于卫。有荷蒉而过孔氏之门者，曰："有心哉！击磬乎！”既而曰："鄙哉！硁硁乎！莫己知也，斯己而已矣。深则厉，浅则揭。”子曰："果哉！末之难矣。”

——《宪问第十四》

字面解读：孔子在卫国正敲着磬，有一位背扛草筐的人从门前走过，说："有心事啊！在用击磬表达啊！”一会儿又说："浅薄啊！壮志难伸的硁硁声。没有人了解自己，自己知道自己怎么做就好了。就如《诗经》所云："水深就和着衣服过去，水浅就撩起衣服过去。”孔子说："说得好干脆啊！那样做就没有什么难处了啊。”

商人《论语》：世间的很多事，是知易行难的。大道从简，道理看来是简单的，实施起来却存在很多困难。仁者的理想抱负如此，品牌企业的理想抱负也是如此。但是，企业会因为品牌之路走得艰难而不走了吗？何况也正是因为走得艰难，才会走得小心、走得长久。

品牌之路，看似简单，路却很长，且还沧桑。

阙党童子将命。或问之曰："益者与？”子曰："吾见其居于位也，见其与先生并行也。非求益者也，欲速成者也。”

——《宪问第十四》

字面解读：阙里的一个童子，来向孔子传话。有人问孔子："这是个求上进的孩子吗？”孔子说："我看见他坐在成年人的座位上，又见他和长辈并肩而行。他不是求上进的人，只是个急于求成的人。"

商人《论语》：上进和急于求成的"上位"不是一个概念。任何一个新成立的企业都是一个行业的新进入者，任何一个行业都会因为源源不断的新进入者而获得发展的力量，甚至是新生的力量。新进入者多有谦逊的态度，会向前辈学习，会改进行业的商业模式和营销策略，甚至自立山头引领行业发展方向，可以说是上进，是努力为消费者提供更好服务的上进。上位则是一味地以行业先进为替代，是单向性的一味竞争。孔子认为急于求成的"上位"不符合"礼"，现在看来是"无可无不可"，也是见仁见智的问题。

任何一个行业的发展，无论是循序渐进的发展，还是颠覆性的创新发展，应该本着"消费者利益第一"的理念而积极发展，而不应该是以"营销噱头"而急于上位。

子曰："由！知德者鲜矣。"

——《卫灵公第十五》

字面解读：孔子说："由啊！懂得'德'的人太少了。"

商人《论语》：知道的人多，懂的人少，品牌之于企业也是如此。所以，一说建立品牌，很多企业就请人设计 logo，请媒体公司做广告。很少有人从企业的经营理念出发，从商业模式的服务理念出发，确定企业的经营要素，进而确定品牌之于社会、之于消费者的价值。

企业品牌，涉及企业经营的所有价值要素，不只是"名牌"那么表面。

子曰："志士仁人，无求生以害仁，有杀身以成仁。"

——《卫灵公第十五》

字面解读：孔子说："志士仁人，没有贪生怕死而损害仁的，只有牺牲自己的性命来成全仁的。"

商人《论语》：企业经营，宁可损失自己的经营利益，也要以消费者的利益为先。所以，不应该有任何借口做出背离品牌理念、伤害品牌形象、损害品牌价值的行为。

品牌之于消费者的利益，大于企业的既得利益。

子贡问为仁。子曰："工欲善其事，必先利其器。居是邦也，事其大夫之贤者，友其士之仁者。"

——《卫灵公第十五》

字面解读：子贡问如何推行仁政。孔子说："工匠想把活儿做好，必须首先使他的工具锋利。住在这个国家，就要事奉大夫中的那些贤者，结交士人中的仁者。"

商人《论语》：想要打造品牌企业，一是要向行业的先进企业学习，二是要找到或教化具有品牌意识的员工来一起实现它。

子贡问曰："有一言而可以终身行之者乎？"子曰："其恕乎！己所不欲，勿施于人。"

——《卫灵公第十五》

字面解读：子贡问道："有没有一句话可以终身奉行的呢？"孔子回答说："那就是'恕'吧！自己不想要的，就不要强加给别人。"

商人《论语》："己欲立而立人，己欲达而达人"是有所为，而"己所不欲，勿施于人"是无所为。合在一起，才是孔子"仁爱"的完整意思。现实中，我们并不怀疑某些商家积极向消费者推销的真诚，但是他们忽视了换位思考，没有考虑如果自己是消费者，是否愿意接受。

仁爱消费者，要有所为，也有所不为。

子曰："人能弘道，非道弘人。"

——《卫灵公第十五》

字面解读：孔子说："人能够弘扬道的精神，不是用道来弘扬人。"

商人《论语》：孔子说的是"主客体"的关系问题。人是主体，会有主动思想和行为，比如是非、善恶。道是客体，存在独立的运转法则，不以人类意志为转移，也不会有意识地做什么。但是，就现实而言，品牌的理念、企业文化的教化，需要借助于企业员工的行为在市场中体现出来，而品牌企业的员工行为，也因为其品牌背景，更容易得到客户和顾客的信任。

品牌理念，需要员工的弘扬。品牌形象，可以加分员工的形象。

子曰："当仁，不让于师。"

——《卫灵公第十五》

字面解读：孔子说："在仁道面前，就是自己的老师也不需要谦让。"

商人《论语》：当企业的品牌理念与行业现有规则、现有的商业模式发生冲突时，要以消费者的利益为先。为先，不是让先，而是勇于争先。

在仁爱消费者面前，就是自己的"老师"也不需要谦让，何况是商业前辈。

子曰："君子贞而不谅。"

——《卫灵公第十五》

字面解读：孔子说："君子恪守正道，不会因同情而丧失是非观的立场。"

商人《论语》：谅，就是谅解。过度谅解，就是没有原则的老好人了。孔子是反对没有原则的老好人举止的。企业的商业模式、营销活动、产品服务有自己的行为原则，企业的管理制度，就是要保证这些原则的执行。

品牌的仁爱，是有原则、有立场的仁爱，不是仁爱的泛滥。

孔子曰："见善如不及，见不善如探汤。吾见其人矣，吾闻其语矣。隐居以求其志，行义以达其道。吾闻其语矣，未见其人也。"

——《季氏第十六》

字面解读：孔子说："看到善举就努力看齐，担心来不及达不到；看到不善的举止就赶紧避开，好像手探到了沸水一样。我见到过这样的人，也听到过这样的话。隐居避世以求坚持自己的志向，按照道义来贯彻自己的主张。我听到过这种话，却没有见到过这样的人。”

商人《论语》：时时修正自己，向善者看齐，向不善者借鉴，就是积极入世积极完善自己，而离开人世隐居，却能实现自己在人世间的志向、贯彻自己的主张，那是很难做到的。也许是著书立说者，或是像鬼谷子一样修行在深山，“行义以达其道”靠入世的弟子。

企业品牌理念的体现，不是在厚厚的企业手册里或高高的品牌墙上，而要通过企业的商业模式和营销活动，通过企业文化活动与消费者互动达成。要把理念落在经营的实际处，落实在为广大消费者的服务之中。

子曰：“予欲无言。”子贡曰：“子如不言，则小子何述焉？”子曰：“天何言哉？四时行焉，百物生焉，天何言哉？”

——《阳货第十七》

字面解读：孔子说：“我不想说了。”子贡说：“您如果不说，那我们传述什么呢？”孔子说：“天说过什么吗？天不说话，四季正常运行，百物正常生长，天说过什么吗？”

商人《论语》：企业的日常运营是靠领导者的说话训示来运转的吗？肯定不是的！是靠企业组织自发满足市场需求而自动、自觉运转的。良性运转的核心，就是品牌理念的驱动，就是更快捷、方便地为消费者提供更好产品和服务的理念。

品牌理念，表现为一种内在的驱动力。

孺悲欲见孔子，孔子辞以疾。将命者出户，取瑟而歌，使之闻之。

——《阳货第十七》

字面解读：孺悲想见孔子，孔子推说有病不见。传话的人刚出门，孔子就取瑟弹唱起来，让他听见。

商人《论语》：孔子“有礼”而“没貌”，也许是一种态度的中道表达。

至于是不是符合“忠恕”之道，我们不了解孺悲，以及孔子和孺悲的故事，不能随意臆想评判。但是，我们起码知道，孔子作为仁者，并不是一个一味默默宽容之人，他有自己的脾气和做人做事的原则。品牌企业，虽然是以“厚德载物”为品牌的理念，但不是没有原则地、一味地“厚德”和“忠恕”的。

企业品牌，有仁之宽，也有义之方。

子张曰：“执德不弘，信道不笃，焉能为有？焉能为亡？”

——《子张第十九》

字面解读：子张说：“持守道德却不去发扬，信奉道德却不去实践，怎么能说他有道德？又怎么能说他没有道德？”

商人《论语》：企业品牌的价值观，要通过企业文化的弘扬，在企业经营的实践中体现出来；企业品牌的价值，是通过企业在市场中的营销实践，在消费者市场中体现出来的。

品牌的理念有或没有，品牌的价值多或者少，都要由市场实践来验证。

义之文化

子曰：“君子义以为质，礼以行之，孙以出之，信以成之。君子哉！”

——《卫灵公第十五》

字面解读：孔子说：“君子以道义为基本原则，以礼仪为行为标准，用谦逊的语言来表达，用诚信的态度来完成。这便是君子啊。”

商人《论语》：义者，宜也。二字相连，是指符合仁爱之道的事是应该做的。仁道是无形的，经商之仁道也是无形的。那么，伴随仁道的“应该”也是无形的吗？最少也应该是“赋物化形”的吧。如果用企业的语言表述，无形的“义”可以被命之为“企业文化”。

文而有化，叫作文化。文，通纹，是指可深刻铭印的思想意识，也可以理解为哲学。化，是教化的化。所以，文化二字合起来，就是思想意识的显化。文化有大众，也有小众，俗者如下里巴人，雅者如阳春白雪，雅俗各有其所，本没有高下之分，不必混作一谈，但若说大俗即大雅，那又像是莫名其妙地攀爬高枝了，看起来高深莫测，其实不过是文字游戏，不是什么大智慧。儒家文化不是吟风弄月、自得其乐、独善其身的雅士文化，是“仁以为己任”的济世文化，是“士不可以不弘毅”的行为文化。

在企业里，用品牌理念来教化企业员工，就是企业文化。企业文化体现在企业经营的所有与人有关的行为里，比如某些企业家最推崇“军队”式的执行文化，某些企业家最痛恨“老白兔”式的赖窝文化。

总体来说，企业文化是衍生于品牌理念的，但是，其受企业家的影响是最大的，所以，也可以说企业文化有好有坏。

◎文化之本：思无邪

子曰：“《诗》三百，一言以蔽之，曰：‘思无邪’。”

——《为政第二》

字面解读：孔子说：“《诗经》三百篇，可以用一句话来概括它，就是‘思想不邪僻’。”

商人《论语》：企业文化也可以用一句话概括——“思无邪”。但是，“无邪”是什么，好像是没办法用一句话概括的。诗经里的《风》《雅》《颂》就好比公司里不同部门员工的不同的亚文化，共同组成一个大的企业文化，唯一的共同点，就是“思无邪”，也就是对于企业品牌理念的认知是相同的，对于消费者的情感是健康的。

企业文化的“思无邪”源于品牌理念。

有子曰：“其为人也孝弟，而好犯上者，鲜矣；不好犯上，而好作乱者，未之有也。君子务本，本立而道生。孝弟也者，其为仁之本与？”

——《学而第一》

字面解读：有子说：“一个人在为人方面，孝顺父母，敬爱兄长，却喜好冒犯上级，是很少见的；不喜好冒犯上级，却喜好胡作捣乱的人，是从来没有的。君子致力于根本，根本确立了，为人处事之道也就有了。孝顺父母、敬爱兄长，就是做人的根本啊！”

商人《论语》：“仁”作为一个品牌理念，是企业文化的根本，又通过“弟”的行为管理制度表现出来。企业文化是企业管理的根本，它为企业员工的行为赋予了思维动机，告诉员工，该做什么、不该做什么，为什么这么做，怎么才能做得更好。

敬业爱岗、互帮互助、为消费者服务，是企业文化的根本表现。

曾子曰：“慎终追远，民德归厚矣。”

——《学而第一》

字面解读：曾子说：“慎重地为父母料理后事，追念祭祀久远的祖先，老百姓的道德观就会日趋淳朴忠厚了。”

商人《论语》：慎重周到地为消费者解决售后问题，并引以为戒。尽可能地将质量和服务问题在产品设计、生产、营销服务等过程中解决掉。如此一来，消费者就会把对产品和服务的关注度转移到更高层次的差异性需求上来。消费者的苛刻，是被产品和服务的问题折磨出来的，若是解决了基本层面的问题，商业道德的诚信也就有了基础。

企业文化，始于品牌理念，用于营销实际。

或谓孔子曰：“子奚不为政？”子曰：“《书》云：‘孝乎！惟孝，友于兄弟，施于有政。’是亦为政，奚其为为政？”

——《为政第二》

字面解读：有人对孔子说："你为什么不参政呢？"孔子说："《尚书》上说'孝啊！将孝敬父母、友爱兄弟的孝悌之道推广开来就是参政'。我就是在参政啊，又要怎样才能算是参政呢？"

商人《论语》：企业的人力资源部门，不能只负责招聘、培训、解职、赔付，以及统计工资、做保险等人力的搬运工作，还应负责将企业文化的教化之风推行到企业管理、企业营销中的每一个与人关联的工作之中，将人力教化成为优质资源。

企业文化虽不直接参与经营，但是教化人力为资源也是参与经营。

祭如在，祭神如神在。子曰："吾不与祭，如不祭。"

——《八佾第三》

字面解读：祭祀祖先时就好像祖先真在那里，祭神时就好像神真在面前。孔子说："我如果不亲自参加祭祀，心里就和没有举行过祭祀一样。"

商人《论语》：孔子不谈论"怪力乱神"，并不代表孔子不尊崇先民、不祭祖、不祭神。而且，孔子倡导祭祀的时候，其恭敬之心就好像是祖先和神真的存在。是不是有些矛盾？不是的。孔子的恭敬，是理性，是富有自我意识的恭敬，不是感性无自我的膜拜，孔子相信"天道酬勤"，不妄想"天道佑护"。对企业而言，是其相信自己实实在在的努力，相信自己努力在为消费者创造价值，且相信自己创造的价值会得到市场的认可和信赖。

企业文化，是一种发心于真诚的文化。

哀公问社于宰我。宰我对曰："夏后氏以松，殷人以柏，周人以栗，曰：使民战栗。"子闻之，曰："成事不说，遂事不谏，既往不咎。"

——《八佾第三》

字面解读：鲁哀公问宰我，土地神的社主应该用什么树木。宰我回答："夏朝用松树，商朝用柏树，周朝用栗树，意思是使老百姓战栗戒惧。"孔子听到后说："已经定了的事不要再解释了，已经完成的事不用再去劝阻了，已经过去的事也不必再追究了。”

商人《论语》：朝代更迭，就会有“社树”的变革。时代进步，就会有企业文化的变化。孔子之所以不愿意宰我解释“使民战栗”，是觉得宰我说出了“周礼”的另外一面，即令百姓战栗害怕的一面，也就是法治刑惩。孔子认为“栗”的根本是礼仪的“礼”，不是战栗的“栗”，要通过教化使民知礼，而不是通过刑惩而使民战栗。企业文化就是要行教化之用，要让员工主动积极地去做事情，而不是害怕被扣工资、奖金而不得不做事情。

企业文化是一种尊重和关怀，应该有使人如沐春风的温暖。

子曰：“里仁为美。择不处仁，焉得知？”

——《里仁第四》

字面解读：孔子说：“乡里要有仁德的风俗才算美好。如果你选择的住处不是有仁德的地方，怎么能算是明智的呢？”

商人《论语》：好的企业，一定会有好的企业文化。品牌理念通过企业文化的教化，在企业员工的工作行为中体现出来。只有体现出来，才算品牌理念的实际性存在。

企业经营之智，在于要在企业里实施企业文化的教化之用。

子曰：“中庸之为德也，其至矣乎！民鲜久矣。”

——《雍也第六》

字面解读：孔子说：“以中庸之道，作为道德的应用手段，该是最高的境界了吧！人们很少使用中庸之道已经很久了。”

商人《论语》：中庸之道不能算儒家思想的精髓，应该是儒家道德观的应世手段，或者可以理解为应用之术。中庸，就是“持中而用”，不偏持一端，好比是维吾尔族达瓦孜在高空中走钢丝时拿在手中的横杆。可惜的是孔子自己率先背离了“中庸”之道，在谈治国时，片面地强调仁的教化和贤人的作用。

企业文化在中庸的一头，另一头是规章制度。规章制度在一头，另一头是赏罚奖惩。

子不语怪，力，乱，神。

——《述而第七》

字面解读：孔子不谈论怪异、勇力、悖乱、鬼神。

商人《论语》：儒家文化代表了中国传统文化中“唯理性”的现实主义部分。企业文化也应该如此，不妄想意外的商业机遇、不信奉霸道的行业竞争、不做违反道德的生意、不迷信鬼神佑护的机遇，而是踏踏实实做好自己企业的经营管理，认认真真做好消费者的营销服务。

企业文化倡导的，是老实做人、踏实做事。

厩焚。子退朝，曰：“伤人乎？”不问马。

——《乡党第十》

字面解读：马棚失火。孔子退朝回来，说：“伤人了吗？”没有问马的情况怎么样。

商人《论语》：首先要尊重人，尊重人的生存价值和人在事务里的作用，这是儒家文化的特色。

企业文化，是企业的人文文化。

子曰：“听讼，吾犹人也。必也使无讼乎！”

——《颜渊第十二》

字面解读：孔子说：“审理诉讼案件，我同别人是一样的。要说不一样的，我想不要有诉讼的事情发生！”

商人《论语》：一句话道出了孔子仁政思想的立足点，是“治未病”，而且是用仁德教化、礼制规矩来保证“无讼乎”。企业文化的作用也是如此。

企业文化的教化，是使员工做好事，不做坏事和错事。

子适卫，冉有仆。子曰："庶矣哉！"冉有曰："既庶矣，又何加焉？"曰："富之。"曰："既富矣，又何加焉？"曰："教之。"

——《子路第十三》

字面解读：孔子前往卫国，冉有随从驾车。孔子说："人口好多啊！"冉有说："人口多了，该进一步做什么呢？"孔子说："使他们富裕起来。"冉有又问："富裕之后，该进一步做什么呢？"孔子说："教化他们。"

商人《论语》：企业做大了，员工工资高了；企业上市了，参股员工富足了。只是这些还不够，还要教化员工作为企业员工、社会公民应有的责任义务、道德操守。

企业大了，员工数量就多了，企业文化的教化之用，需要有意识地推动。

子曰："君子上达，小人下达。"

——《宪问第十四》

字面解读：孔子说："君子向上通达仁义，小人向下通达财利。"

商人《论语》：孔子对人性一分为二的认识是很理智的。只是他倡导的仁政更像是在理想国里，国中尽是可能成为君子的善根，可以以仁义来教化，忽视了"小人"的管理，而法家倡导"人性本恶"，主张用"苛政严刑"的法治管理"小人"。所以，现代企业的企业文化和企业管理，如同左右双手，对待君子以仁义之道，对待小人以财利手段。

企业文化，教化的是仁义之道。

子曰："性相近也，习相远也。"

——《阳货第十七》

字面解读：孔子说："人的本性是相近的，只是后来的习染使人有了差别。"

商人《论语》：企业文化对企业员工的教化之用也在于此，希望通过企业文化的教化，员工能“大同小异”地认可企业品牌的理念、企业文化的价值观及企业的管理制度，最终敬业、爱岗、爱企业。

企业文化，是要将员工培养成企业希望的人。

子之武城，闻弦歌之声。夫子莞尔而笑曰：“割鸡焉用牛刀？”子游对曰：“昔者偃也闻诸夫子曰：‘君子学道则爱人，小人学道则易使也。’”子曰：“二三子，偃之言是也，前言戏之耳。”

——《阳货第十七》

字面解读：孔子去武城，听到习礼作乐的琴瑟声音。孔子微微一笑说：“杀鸡哪用得上宰牛的刀？”子游对他说：“以前我听您说过：‘君子学道就会爱护别人，小人学道就会容易服从。’”孔子说：“同学们，子游说得对，刚才我是在开玩笑。”

商人《论语》：要点是“小人学道则易使也”，也算是企业文化教化之用的“小目标”了。为什么会“易使也”？通过教化之用，思想意识统一了，行为举止自然也就容易统一了。

企业文化，也是有功利之用的。

宰我问：“三年之丧，期已久矣。君子三年不为礼，礼必坏；三年不为乐，乐必崩。旧谷既没，新谷既升，钻燧改火，期可已矣。”子曰：“食夫稻，衣夫锦，于女安乎？”曰：“安。”“女安则为之。夫君子之居丧，食旨不甘，闻乐不乐，居处不安，故不为也。今女安，则为之。”宰我出。子曰：“予之不仁也！子生三年，然后免于父母之怀。夫三年之丧，天下之通丧也。予也有三年之爱于其父母乎？”

——《阳货第十七》

字面解读：宰我问：“父母去世，守丧三年，为期也太长了。君子三年不研习礼，礼仪必然荒废；三年不研习音乐，乐器必然崩坏。陈谷吃完，新谷又长，钻木取火的燧木已轮换了一次，守孝一年就够了。”孔子说：“还不到三年，吃香饭，穿锦衣，你心安吗？”宰我说：“心安。”孔子说：“你心安你就做吧。君子守丧，吃美食不香，听音乐不乐，住在家里不感到舒适，所以不这样做。现在你心安，那么你就做吧。”宰我走后，孔子说：“宰我真不仁啊！孩子三岁后才能离开父母的怀抱。为父母守丧三年，是天下通行的丧期。宰我难道没得到过父母三年的怀抱之爱吗？”

商人《论语》：“于汝安乎”则行，能算是“义”吗？孔子虽未反对其行，但是不认为是“义”的。“义”不仅是个人内心的“宜也”，还是众人共识的、有标准的“宜也”。就企业文化在企业各个经营要素上的体现而言，是要有公认的、具体的行为标准来表现的，要动于心，更要行之于外。

企业文化，要有达成共识的具体内容、具体形式的表现。

◎文化表现：必也正名乎

子路曰：“卫君待子而为政，子将奚先？”子曰：“必也正名乎！”子路曰：“有是哉？子之迂也！奚其正？”子曰：“野哉，由也！君子于其所不知，盖阙如也。名不正，则言不顺；言不顺，则事不成；事不成，则礼乐不兴；礼乐不兴，则刑罚不中；刑罚不中，则民无所措手足。故君子名之必可言也，言之必可行也。君子于其言，无所苟而已矣。”

——《子路第十三》

字面解读：子路说：“卫国国君等待您去执掌国政，您将要先做什么呢？”孔子说：“首先必须正名分。”子路说：“有必要吗？您太迂腐了！干吗非要正名呢？”孔子说：“粗野啊，仲由。君子对于他所不懂的事情大都会采取保留的态度。名分不正，你的言论就难以顺利地贯彻下去；言论难以顺利地贯彻，政事就办不成；政事办不成，礼乐也就不能推行；礼乐不能推行，刑罚就不会适当；刑罚不适当，百姓就会连手脚放在哪里都不知道。所以，君子执政的名分，必须是要先说清楚的，如此，君子说出来的话才一定能够行得通。当然，君子对于自己的措辞说话，是从不马马虎虎的。”

商人《论语》: 孔子说的“名”，不是名气，也不只是“名衔”，而是近似于诸子百家中的名家的那个“名实”，意思是不仅要有名衔，还要有具体的职务、权力，就好比要有一个“职务说明书”，才能将头衔和实职统一起来。

在企业发展中，如果确定了品牌理念，进而确定了商业模式，就是要建立以便捷的服务流程为导向的营运组织了。营运组织由不同部门、不同层级的人员构成，人员各司其职，就要有职务说明，可以说是要有工作的话语权，同时就有了责权的一致性。如此才能带领团队统一意识、统一工作的方向性、统一行为规则，以及方便做统一的绩效考核。

礼乐不只是通过一个一个的音符来表现的，单个音符的韵律串联才是最重要的。音符如“正名”，串联的律是礼，是规律、是制度；流淌的韵是乐，是情操、是文化。礼乐之后，即实行企业文化教化和确认规章制度之后，才是不得不为的刑罚。

企业文化，在“正名”之后，在刑罚之前，和制度并重。

曾子曰：“吾日三省吾身：为人谋而不忠乎？与朋友交而不信乎？传不习乎？”

——《学而第一》

字面解读: 曾子说:“我每天多次反省自己：为别人办事是不是竭心尽力了呢？同朋友交往有没有诚实不欺了呢？老师传授给我的学业是不是复习了呢？”

商人《论语》: 曾子的三思，是“思无邪”的三思，是企业文化对于企业经营行为的教化要做的三思：为消费者服务，有没有尽忠职守？与行业伙伴交往合作，有没有诚信？国家政策、市场法规、消费环境的变化，有没有及时学习和察知？

企业文化，要有自我检查的意识。

子曰："夷狄之有君，不如诸夏之亡也。"

——《八佾第三》

字面解读：孔子说："夷狄即使有君主，还不如中原诸国没有君主呢。"

商人《论语》：在儒家思想里，自尧舜禹以来的君主是懂仁知礼、为天下百姓的福祉而服务的，而夷狄的君主是高高在上、作威作福的。所以，就算是"诸夏之亡也"，百姓也不会受到夷狄之君那样的盘剥。所以，孔子才会感慨。

现代企业里，企业家的角色也不只是在最上位发号施令，还要在最下位推动企业经营各个要素向消费者进行良性运转。

企业文化，不倡导官本位的文化，而是面向消费者的服务文化。

子曰："禘，自既灌而往者，吾不欲观之矣。"

——《八佾第三》

字面解读：孔子说："鲁国行禘礼的仪式，从灌祭仪式之后，我就不愿意再往下看了。"

商人《论语》：孔子不愿意再往下看的原因，不外乎三种：仪式失去了原有的承载理念；仪式的程序偏离了原有的设计；参加仪式的人不对了，比如有僭越等。

企业文化发展的流弊是容易脱离企业品牌的宗旨，为文化而文化，将文化复杂化、表面化、僵硬化或独立化了。

子贡欲去告朔之饩羊。子曰："赐也，尔爱其羊，我爱其礼。"

——《八佾第三》

字面解读：子贡要把鲁国每月初一日告祭祖庙用的那一只活羊省去不用。孔子说："赐呀，你爱惜那只羊，我却爱惜那种礼。"

商人《论语》：企业文化要通过一些具体活动、具体内容、具体的仪式感表现出来，也可以说是企业文化“随物赋形”的教化形式。

企业文化，不能是过于文的化，但也不能是没有文的化。没有文的化，容易导致虚无主义。

定公问:“君使臣，臣事君，如之何?”孔子对曰:“君使臣以礼，臣事君以忠。”

——《八佾第三》

字面解读:鲁定公问孔子:“君主任用臣子，臣子服侍君主，各自应该怎样呢?”孔子回答说:“君主应该依礼任用臣子，臣子应该忠心服侍君主。”

商人《论语》:可以理解为企业家与职业经理人之间的相处之道。职业经理人不是跟随老板打天下的老人，所以更加在乎自己在老板面前的尊严，能接受批评，不能接受辱骂，所以，老板对待经理人，要相对客气一些。反观职业经理人的“职业”，不仅在于职位技能的职业，还在于以此“经理人”为职业，每两三年换一份工作的头衔多是“×× 总监”，因此，职业经理人考虑工作容易偏重于眼前业绩，不利于企业的长期发展。所以，经理人要忠心于企业，要多做符合企业长期利益的筹划。

企业文化，表现为人与人之间互相尊重，互相有礼。

子曰:“《关雎》，乐而不淫，哀而不伤。”

——《八佾第三》

字面解读:孔子说:“《关雎》快乐而不放荡，哀婉而不伤痛。”

商人《论语》:“关关雎鸠，在河之洲。窈窕淑女，君子好逑。”它是一首爱慕女子的情诗。孔子评价其是一种中庸精神的、健康情感的表达。就企业而言，企业对于目标消费者及相关的营销服务，也应该是一种健康的情感。

企业文化表达的人文情感，是健康而中庸的。

子语鲁大师乐，曰："乐其可知也：始作，翕如也；从之，纯如也，皦如也，绎如也，以成。"

——《八佾第三》

字面解读：孔子告诉鲁国乐官音乐的道理，说道："乐的道理是可以知道的：开始演奏，各种乐器合奏，声音繁美；继续展开下去，众音纯正而和谐，音节悠扬而分明，绎绎相续而不断，就可以完成演奏。"

商人《论语》：各个乐器在演奏的不同阶段起着不同的作用，并和谐地配合。企业文化也是如此，不同部门在企业发展的不同阶段，扮演着不同的角色并和谐地配合，才能使企业的经营管理更加顺畅而有活力。

企业文化使企业各个部门的工作配合更加和谐。

子谓《韶》："尽美矣，又尽善也；"谓《武》："尽美矣，未尽善也。"

——《八佾第三》

字面解读：孔子评论《韶》（舜乐）时说："艺术形式美极了，道德教化也很好。"评论《武》（周武王乐）时说："艺术形式美极了，教化之道还差一些。"

商人《论语》：孔子认为武王的音乐"未尽善也"在哪里呢？武王的攻伐之道。其实，商海里的企业必须具备竞争性，企业文化也要具备一定的战斗性。企业文化完全以消费者服务为唯一面向而不顾及竞争对手，也是不现实的。

企业文化既要有面向消费者服务的品牌理念，也不能缺少商海争舸的特色。

子贡问曰："孔文子何以谓之'文'也？"子曰："敏而好学，不耻下问，是以谓之'文'也。"

——《公冶长第五》

字面解读：子贡问道："孔文子为什么谥号叫'文'呢？"孔子说："他

聪敏勤勉而好学，不以向地位卑下的人请教为耻，所以用‘文’字做他的谥号。”

商人《论语》：企业文化不是高高在上的“庙堂”文化，也不应该是备受束缚的格子间文化，应该是在面向消费者的营销活动中逐渐形成的服务文化，倡导及时的市场分析、快捷的反应、勤奋的学习和恭谨的态度。

企业文化，表现为企业经营的“敏而好学，不耻下问”。

子曰：“齐一变，至于鲁；鲁一变，至于道。”

——《雍也第六》

字面解读：孔子说：“齐国的文化一变革，就可以达到鲁国的样子；鲁国的文化一变革，就可以达到‘仁义’之道了。”

商人《论语》：每个企业有每个企业的文化，服务的理念和行为也各有不同。企业内部的不同部门，亚文化也会有所不同，主要是随小单位组织的业务特点和业务负责人的性格品性而有所区别。

企业文化的塑造中，“至于品牌理念”是一种理想的高度。

子在齐闻《韶》，三月不知肉味，曰：“不图为乐之至于斯也。”

——《述而第七》

字面解读：孔子在齐国听到《韶》乐后，陶醉得三个月尝不出肉的滋味，说：“没有想到音乐之美竟达到了如此境界。”

商人《论语》：企业文化的教化作用是非常巨大的，可以使员工工作的积极性不再维系在物质的奖励上，而是更享受那种工作时的精神状态。

企业文化，让员工更加享受工作。

子所雅言，《诗》、《书》、执礼，皆雅言也。

——《述而第七》

字面解读：孔子讲雅言的场合，是在读《诗》、念《书》、赞礼时，用的是雅言。

商人《论语》：雅言就是书面用语，相较于生活用语，更讲究用词的典雅、简洁、规范。企业里的书面语通常会用在员工入职学习的《企业手册》，包括企业介绍、企业品牌和企业文化的介绍，还有企业组织结构和业务流程的介绍，以及用来沟通和汇报的各种标准文件格式的介绍等。

企业文化，也表现在企业文件、文字的规范性上。

子曰："师挚之始，《关雎》之乱，洋洋乎盈耳哉！"

——《泰伯第八》

字面解读：孔子说："从太师挚演奏的序曲开始，到最后演奏《关雎》的合奏结尾，优美的音乐在我耳边不断地回荡。"

商人《论语》：企业文化的教化，是从员工入职开始到员工离职时结束。顾客所接触到的企业文化，也是从企业的营销服务而开始的。

企业文化，就消费者的感受而言，如一曲美妙的乐章。

子曰："狂而不直，侗而不愿，悾悾而不信，吾不知之矣。"

——《泰伯第八》

字面解读：孔子说："狂妄而不正直，无知而不老实，轻浮而不守信用，我真不知道有的人为什么会是这个样子。"

商人《论语》：在很有个性特点的老板带领下，一些企业的文化也是很有特点的：一味争强好胜却不遵循企业经营的正道，不做消费者需求调研反而去做浮夸虚假的营销，为了表面的"名利"而不守信用。

企业文化的好坏，如人一样形形色色、林林总总。

子见齐衰者，冕衣裳者与瞽者，见之，虽少，必作；过之，必趋。

——《子罕第九》

字面解读：孔子看见穿重丧服的人、穿戴礼服礼帽的人和盲人，对方即使年轻，也一定要站起来；从人家面前经过时，一定要快步走过。

商人《论语》：企业同行之间要互相帮助，要帮助困境者、提携新进入者。至于经营失败的，要引以为戒，也要有悲悯之心。

企业文化，不仅表现为企业经营的内外行为，还表现在和同行的交往之中。

子曰：“吾自卫反鲁，然后乐正，《雅》《颂》各得其所。”

——《子罕第九》

字面解读：孔子说：“我从卫国返回到鲁国以后，才把乐章整理好，《雅》乐和《颂》乐各有适当的归类。”

商人《论语》：企业文化的建设，不仅需要专人负责，还要很专业。不只是文字文章方面的专业，更主要的是要懂得企业文化的宣教之用。

子曰：“出则事公卿，入则事父兄，丧事不敢不勉，不为酒困，何有于我哉。”

——《子罕第九》

字面解读：孔子说：“在外事奉公卿，在家孝敬父兄，有丧事不敢不尽力去办，不被酒所困，对我来说有什么困难呢？”

商人《论语》：企业文化贯通于企业经营行为的内外之中。但是，要警惕企业文化变成哥们义气的酒肉文化。不同部门之间的工作配合，不以公司制度为约束而以兄弟感情为纽带。

企业文化，不是下班文化，而是企业经营的行为文化。

君子不以绀緅饰。红紫不以为亵服。当暑，袗絺绤，必表而出之。缁衣，羔裘；素衣，麑裘；黄衣，狐裘。亵裘长，短右袂。必有寝衣，长一身有半。狐貉之厚以居。去丧，无所不佩。非帷裳，必杀之。羔裘玄冠不以吊。吉月，必朝服而朝。

——《乡党第十》

字面解读：君子不用深青透红或黑中透红的布镶边，不用红色或紫色的布做平常居家的衣服。盛夏时，穿粗的或细的葛布单衣，一定要套在内衣外面。黑色的羔羊皮袍，配黑色的罩衣。白色的鹿皮袍，配白色的罩衣。黄色的狐皮袍，配黄色的罩衣。平常在家穿的皮袍做得长一些，右边的袖子短一些。一定要有睡衣，要有一身半长。用狐貉的厚毛皮做坐垫。丧服期满，脱下丧服后，各类饰品可以佩戴了。不是做礼服的裙子，一定减少尺寸。不穿着黑色的羔羊皮袍和戴着黑色的礼帽去吊丧。每月初一，一定要穿着礼服去朝拜君主。

商人《论语》：企业文化，也要有其表现出来的形式感，比如行为礼仪和职务着装的要求，比如品牌符号和品牌颜色的使用，以及办公环境、生产环境的设计等。

企业文化表现出品牌形象的一种规矩。

齐，必有明衣，布。齐，必变食，居必迁坐。

——《乡党第十》

字面解读：斋戒沐浴的时候，一定要有浴衣，用麻布做的。斋戒的时候，一定要改变平常的饮食，居住也一定要搬移地方。

商人《论语》：品牌企业对于员工的业务服装、业务语言，甚至外出就餐的餐厅，以及住宿的宾馆，都有严格的要求。在企业内部，对于员工食堂、宿舍，甚至是员工娱乐区，也要有很人文的设计。

企业文化，表现为员工行为的规范。

乡人傩，朝服而立于阼阶。

——《乡党第十》

字面解读：乡里人举行迎傩神驱鬼的仪式时，孔子会穿着朝服站在东边的台阶上。

商人《论语》：参与行业活动及社会公益活动，要带着企业品牌应有的形象和行为规范。

企业文化，也表现在企业家、企业员工涉外的言谈举止上。

鲁人为长府。闵子骞曰："仍旧贯，如之何？何必改作？"子曰："夫人不言，言必有中。"

——《先进第十一》

字面解读：鲁国翻修长府的国库。闵子骞道："照老样子修，怎么样？何必改建呢？"孔子道："他平日不大开口，一开口就说到要害上。"

商人《论语》：企业文化要随时代进步而随之进化。企业文化的进化，不是革命式的刷新，而是在原有品牌理念基础上的创新，要继续保持原有理念的核心价值观。

企业文化的创新发展，建立在原有文化的基础之上。

子张问政。子曰："居之无倦，行之以忠。"

——《颜渊第十二》

字面解读：子张问从政。孔子说："敬业爱岗不懈怠，工作要尽忠职守。"

商人《论语》：孔子所说的，就是我们期望的企业员工的工作状态。如此良好的状态，只可能在企业文化的教化之下自发形成。

子曰："诵《诗》三百，授之以政，不达；使于四方，不能专对。虽多，亦奚以为？"

——《子路第十三》

字面解读：孔子说："熟读《诗》三百篇，授权他处理政务，他却办不明白；派他出使诸侯国，不能独立地应对事务。即使书读得再多，又有什么用处呢？"

商人《论语》：企业文化不是流光溢彩地装饰于企业形象的各种表象，

而是真实地作用于企业经营管理中员工的工作行为，能够协调、运营企业各个部门之间的紧密协作，能够帮助企业与合作伙伴友好、诚信相处，能够在为消费者服务的过程中体现企业品牌的理念。

企业文化，对企业经营要有实际的作用。

子曰："鲁卫之政，兄弟也。"

——《子路第十三》

字面解读：孔子说："鲁国和卫国的政事，就像兄弟一般相似。"

商人《论语》：鲁卫之政相似的背景是周文化背景。同理，企业文化类似的企业，其商业模式和企业的运营管理也会类同。

企业文化，是一种经营文化。

子曰："群居终日，言不及义，好行小惠，难矣哉！"

——《卫灵公第十五》

字面解读：孔子说："整天聚在一块，说的多是不靠谱的话，专好卖弄小聪明，可真难教导啊。"

商人《论语》：句中的状态也是很多企业里存在的办公室现象，犹如一个个案例场景。其实，这也反映了一部分企业文化，就是不正经聊工作而聊私事、拉帮结伙卖弄小道消息的茶水间文化。有人说，员工私下交流、私下聚会难道不会更容易沟通和理解，形成和谐的团队文化吗？我的经验是，的确会协助解决公司里正式沟通不足的问题，但是，更容易形成"小圈子"文化，不是团队文化，而且容易"结党营私"。

好的企业文化体可以"群居终日"，但是要"言及义"，"不行小慧"。

子曰："事君，敬其事而后其食。"

——《卫灵公第十五》

字面解读：孔子说："侍奉君主，要认真办事而将领取俸禄的事放在后面。”

商人《论语》：将消费者的利益放在第一位，然后再来计算自己的利益，就好比是产品的市场价格的设计，是先把消费者可以接受的合理价格作为产品的市场价格，而不是先计算好自己的成本加上想要的利润来作为市场价格。若比作是企业员工应有的思想行为（先做事后领薪酬）作为企业文化的教化，在现在的商业社会里似乎是过于理想了，也不现实。

企业文化，也要现实一些，先要求员工能够做到“言必信，行必果”。

孔子曰：“益者三乐，损者三乐。乐节礼乐，乐道人之善，乐多贤友，益矣。乐骄乐，乐佚游，乐宴乐，损矣。”

——《季氏第十六》

字面解读：孔子说：“有益的喜好有三种，有害的喜好也有三种。以礼乐调节自己为喜好，以宣扬别人的善举为喜好，以多交贤德之友为喜好，是有益的。以骄傲放纵为喜好，以懒散闲游为喜好，以大吃大喝为喜好，就是有害的。”

商人《论语》：好的企业文化有三种，不好的企业文化也有三种。好的企业文化，就是多和企业经营管理的实际配合、多宣传正能量的价值观、多和品牌理念相同的企业交流交好。不好的企业文化也有三种，比如还没有成就就看不起别人，稍有成就更加目中无人；工作没有效率且不认真，有难处就推三阻四，上班时间聊私事；上班时间不做正常的工作沟通，私下里大吃大喝拉关系。

企业文化要提倡“益者三乐”，警惕“损者三乐”。

子曰：“礼云礼云，玉帛云乎哉？乐云乐云，钟鼓云乎哉？”

——《阳货第十七》

字面解读：孔子说：“礼啊，礼啊，难道只是在说玉帛等礼物吗？乐啊，乐啊，难道只是在说钟鼓等乐器吗？”

商人《论语》：难道企业的运营管理只是彼此尊重、互相卖好吗？难道企业文化只是表现为一些活动、仪式吗？

企业文化，不只表现为企业部门合作的“联谊”和员工活动的“联谊”。

子曰：“恶紫之夺朱也，恶郑声之乱雅乐也，恶利口之覆邦家者。”

——《阳货第十七》

字面解读：孔子说：“我厌恶用紫色代替红色，厌恶用郑声搅乱雅正的音乐，厌恶用花言巧语倾覆国家的人。”

商人《论语》：企业文化是品牌理念的教化之用，不是传达老板“名言”之用，不是大家一团和气的享乐之用，更不是为“文”而文艺之用。企业文化，不需要包裹漂亮和繁杂的装饰而掩盖了文化的本质。

企业文化之于企业品牌理念，也是要“文质彬彬”两相适宜的。

◎教化之用：迩之事父，远之事君

子曰：“小子，何莫学夫《诗》？《诗》，可以兴，可以观，可以群，可以怨。迩之事父，远之事君。多识于鸟兽草木之名。”

——《阳货第十七》

字面解读：孔子说：“同学们，为什么不学《诗经》呢？《诗经》里的诗，可以激发志向，可以观察得失，可以交友成群，可以抒发不满。近可以侍奉父母，远可以服事君王。还可以多多认识鸟兽草木的名字。”

商人《论语》：企业文化除了教化员工“思无邪”外，有什么更具体的用处呢？

兴，则可以激发员工工作的积极性。

观，则可以观察企业经营行为的得失。

群，则可以赢得客户和顾客的信任，还可以形成团队。

怨，则可以抒发对企业、对消费者的情感。

迩之事父，可以很好地为客户和顾客提供温暖周到的服务。

远之事君，可以很好地为国家、为市场做出贡献。

企业文化的教化之用，无处不在。

季康子问："使民敬、忠以劝，如之何？"子曰："临之以庄，则敬；孝慈，则忠；举善而教不能，则劝。"

——《为政第二》

字面解读：季康子问道："要使老百姓恭敬有礼、尽心竭力和互相劝勉，该怎样去做呢？"孔子说："你用庄重的态度对待老百姓，他们就会恭敬有礼；教化孝道仁爱的社会风气，百姓就会尽心竭力于国家；你选用有能力的人，帮助能力差的人，百姓就会互相勉励，加倍努力了。"

商人《论语》：可以理解为企业文化在企业人力资源建设中的三个作用。

1. 尊重每一个岗位，尊重每一个员工的职务权责，就会形成员工之间彼此的尊重。

2. 教化员工"孝道仁爱"的价值观，就会培养出在企业爱岗敬业、在社会遵章守法、热爱国家、热心社会公益的好员工。

3. 选择合适的人在合适的岗位上工作，并鼓励"互帮互助"的团队风气，就会形成"互促互进"的良好工作氛围。

企业文化的教化之用在于，员工既能尽忠职守，又能互帮互助。

子曰："非其鬼而祭之，谄也。见义不为，无勇也。"

——《为政第二》

字面解读：孔子说："不是自己应该祭的鬼神，你却去祭祀它，是谄媚。见到符合道义应该做的事情，却袖手旁观，是怯懦。"

商人《论语》：企业的运营管理在沟通汇报上是有制度的，上下级之间的汇报、平级之间沟通、不同部门之间配合的工作流程等，有系统而严谨的设计。因此，常规状态下的越级汇报是"谄媚"，会有篡权上级的嫌疑。

但是，遇到上级做不合理合法的事情，越级上报，是见义勇为之举。

企业文化教化的是行事的规矩。

子曰："事君尽礼，人以为谄也。"

——《八佾第三》

字面解读：孔子说："服侍君主，一切都要依照礼仪，别人却以为这是谄媚呢。"

商人《论语》：在工作中，对待上级，必须要有尊重；工作汇报，必须要有制度，不是谄媚，也不只是企业管理的基本要求，是员工之间的行为礼仪，是一种彼此的尊重。

子曰："见贤思齐焉，见不贤而内自省也。"

——《里仁第四》

字面解读：孔子说："见到贤人，就应该向他学习看齐；见到不贤的人，就应该以此为鉴，自我反省。"

商人《论语》：在商业实践中，需要向行业或行业外的先进企业学习企业的商业模式、企业的营销活动，向行业或行业外的失败企业借鉴，以此自省，时时修正。

企业文化，不是自高自慢的封闭文化，而是自我进化的学习精神。

子曰："伯夷叔齐不念旧恶，怨是用希。"

——《公冶长第五》

字面解读：孔子说："伯夷、叔齐两个人不念过去的仇恨，别人对他们的怨恨因此也就越来越少了。"

商人《论语》：任何一个企业、任何一种商业模式所存在的市场空间都是相对有限的。所以，一个新进入者不可避免地会受到先进入者的挤压，或直接或间接，或语言或行动，也算是商业竞争的常态。因此，一个新进入者不要抱怨和仇恨，努力做好自己、服务好顾客，存活下来了，自然就会得到同行业者的尊重，自然就会被接纳。

所以，企业应该树立阳光的心态和积极向上的文化风气。

子曰："若圣与仁，则吾岂敢？抑为之不厌，诲人不倦，则可谓云尔已矣。"公西华曰："正唯弟子不能学也。"

——《述而第七》

字面解读：孔子说："如果说到圣者与仁者，那我怎么敢当？我只是努力要求自己学而不厌倦、教诲别人也不疲倦，也不过是这样罢了。"公西华说："这正是我们学不到的。"

商人《论语》：企业文化对于企业员工的教化，是时时刻刻、周而复始的，是不厌其烦的。

子欲居九夷。或曰："陋，如之何？"子曰："君子居之，何陋之有？"

——《子罕第九》

字面解读：孔子想要搬到九夷地方去居住。有人说："那里非常简陋，怎么能居住呢？"孔子说："有君子住在那里，还有什么简陋呢？"

商人《论语》：企业文化和企业文化的教化之用，不只是在大楼、大厂、大公司里。再小的公司，哪怕只有几个人，也是有企业文化的，老板本身的举止言行就是企业文化的教化。企业文化的教化之用，与企业员工人数的多少、员工的文化程度，并无直接关系。

入公门，鞠躬如也，如不容。立不中门，行不履阈。过位，色勃如也，足躩如也，其言似不足者。摄齐升堂，鞠躬如也，屏气似不息者。出，降一等，逞颜色，怡怡如也。没阶，趋进，翼如也。复其位，踧踖如也。

——《乡党第十》

字面解读：孔子走进朝廷的大门，害怕而谨慎的样子，好像没有容身之地。站立的时候，他不在门的中间；经过时，也不踩门槛。经过国君的座位时，脸色庄重，脚步轻快，说话声音低微轻缓。他提起衣服下摆向堂上走的时候，恭恭敬敬的样子，憋住气好像不呼吸一样。退出来，走下台阶，脸色便舒展开了，怡然自得。走完了台阶，快快地向前走几步，姿态像鸟儿展翅一样。回到自己的位置，是恭敬而谨慎的样子。

商人《论语》：对待上级要有礼貌，是企业文化里的“小礼”，不必要庄重有如礼仪。企业的营销活动或服务中，涉及与顾客接触的所有人员，其行为举止要经过专门的培训，甚至是专业的商务礼仪的培训。

举止行为的礼仪可以培训。礼仪若能发之由心，必须有企业文化的教化之用。

虽疏食菜羹，必祭，必齐如也。

——《乡党第十》

字面解读：即使是粗米饭蔬菜汤，吃饭前也要分出一些来祭祖，表情也要像祭祀时那样严肃恭敬。

商人《论语》：消费者感受到的差异性，不只是产品价值的差异性，更多是大致相同的产品价值中，心理价值感受的差异性。所以，作为价值感受中的服务人员的服务素质和服务态度就显得特别重要，起着加减分的作用。

服务礼仪是可以培训规范的。服务的态度，取决于企业文化的教化。

色斯举矣，翔而后集。曰：“山梁雌雉，时哉！时哉！”子路共之，三嗅而作。

——《乡党第十》

字面解读：孔子和学生们行进途中，突然路旁一片色彩腾空而起，滑翔一段距离后又聚集在一起。孔子说：“是山梁间的雌野鸡，大家不要动，等会儿，等会儿。”子路拱手而停立。野鸡们叫了几声，便又飞走了。

商人《论语》：论语的字句理解不要故作高深，而是要了解孔子的基本思想和日常应有的行为举止。所以孔子说的“时哉！时哉！”不是在说什么“时机、时运”的，而只是不愿意打扰生灵的“等会儿！等会儿！”。从中可以看到，孔子的执礼，不仅在于人，还在于万物万灵。企业文化，不仅要教化于企业员工，还要通过营销活动服务于消费者，还会通过社会公益活动服务于社区、服务于社会。

企业文化的温暖，是善待周围世界的一切。

颜渊死，门人欲厚葬之。子曰：“不可。”门人厚葬之。子曰：“回也视予犹父也，予不得视犹子也。非我也，夫二三子也。”

——《先进第十一》

字面解读：颜渊死了，孔子的学生们要隆重地安葬他。孔子说：“不可以。”学生们仍然隆重地安葬了他。孔子说：“颜回把我当父亲一样看待，我却不能把他和孔鲤一样对待。不是我的过错，是那些学生们干的呀。”

商人《论语》：企业文化和企业管理是我们通常所说的“情”与“理”。“情”泛滥了，就由“理”来约束。“理”涉及不到的，就由“情”来补充。

企业文化有尺度，还有温度。

子曰：“君子成人之美，不成人之恶。小人反是。”

——《颜渊第十二》

字面解读：孔子说：“君子成全别人的好事，不促成别人的坏事。小人则与此相反。”

商人《论语》：企业文化的好与坏，体现在教化之用上也是如此。好的文化，让好的更好，不好的也向好的转变；而坏的文化，是让坏的更坏，好的也变坏。

企业文化里，成人之美是重点。不成人之恶，更是教化之用的重点。

季康子患盗，问于孔子。孔子对曰："苟子之不欲，虽赏之不窃。"

——《颜渊第十二》

字面解读：季康子忧虑盗贼，向孔子请教。孔子回答说："假如你自己不贪图财利，即使奖励也没有人偷窃的。"

商人《论语》：企业家的行为喜好影响了企业员工的行为喜好。所以，企业若要提倡或禁止某些事情，企业家自己要率先做到。企业家自己做不到，想要依靠制度的奖惩来做到，容易形成"民勉而无耻"的企业文化。

企业家是企业文化的播种机。

季康子问政于孔子，曰："如杀无道，以就有道，何如？"孔子对曰："子为政，焉用杀？子欲善，而民善矣。君子之德风，人小之德草，草上之风，必偃。"

——《颜渊第十二》

字面解读：季康子向孔子请教如何治理国家，问道："如果杀掉无道的人，亲近有道的人，怎么样？"孔子回答说："您治理政事，哪里用得着杀戮的手段呢？您要想行善，百姓也会跟着行善。君子的品德好比风，下层百姓的品德好比草。草会随着上空风吹的方向，而倒伏。"

商人《论语》：孔子主张用"君主自正"的仁义教化来管理国家，不主张用法治和刑惩。在企业组织里，企业家的"自正"是非常必要的，但仅此而已也没有多大作用，必须辅之以"企业文化"，才能教化、凝聚员工们用心在一个方向。

企业家是企业文化的吹风机。

子曰："苟有用我者，期月而已可也，三年有成。"

——《子路第十三》

字面解读：孔子说："假若有人用我主政国家，一年便差不多了，三年会有成效。"

商人《论语》：孔子的一年，是“定仁政、定礼仪、定贤人”。三年而后成，是指仁义教化之用的时间性，只能是见到成效，算是小成吧。其实，它也是一个履新职业经理人的节奏。只是没有哪个老板会有耐心期望三年而后成，大多是希望“三月”而后成。

企业文化的教化显效，在时间上是有些慢的。

子曰：“‘善人为邦百年，亦可以胜残去杀矣。’诚哉是言也！”

——《子路第十三》

字面解读：孔子说：“‘仁善之人主政国家的政策连续到一百年，也就可以克服残暴、废除刑罚杀戮了。’这句话真对呀！”

商人《论语》：仁治礼制的教化之用在于人心向善，大家能够诚心地和睦相处，不需要用刑罚、杀戮之力强行管理。教化的过程是漫长的，百年才可大成，毕竟是人心工程啊。

企业文化的教化成效，需要时间的积累。

子曰：“如有王者，必世而后仁。”

——《子路第十三》

字面解读：孔子说：“如果有圣王主政，一定要经过三十年的努力，才能见到仁政的成效。”

商人《论语》：孔子算是实话说出了“仁政”的慢节奏，好比种下种子，再慢慢地等待着它长大、开花结果。较之于孔子之前说的“三年有成”“为邦百年”，“必世而后仁”算是一般的见效吧。

子曰：“善人教民七年，亦可以即戎矣。”

——《子路第十三》

字面解读：孔子说：“善人教化百姓七年的时间，也就可以依靠他们保家卫国了。”

商人《论语》：七年时间较之于之前的三年还是慢的。不过，文中的重点，在于善人教民的保家卫国。企业员工对于企业有多少荣辱与共的“家国”感情呢？企业文化的教化也是要有时间的。不可能一个入职培训就“一蹴而就”“从一而终”。

企业员工的“向心力”，也是需要一定的教化时间的。

字面解读：子曰：“以不教民战，是谓弃之。”

——《子路第十三》

字面解读：孔子说：“使用未经训练的百姓们去作战，这等于是糟蹋他们的生命。”

商人《论语》：未经培训的工人，会生产出合格的产品吗？未经培训的业务人员，会完成客户拜访的使命吗？未经培训的服务人员，会妥善地解决客户的售后问题吗？未经培训的研发人员，会研发出秉承公司品牌理念的产品吗？培训不只是训练做事的技能，还要有做事的态度和做事的理念。

如果有了企业文化的培训，员工不仅会做事，还能做成令公司满意的事。

子张曰：“《书》云：‘高宗谅阴，三年不言。’何谓也？”子曰：“何必高宗？古之人皆然。君薨，百官总己以听于冢宰三年。”

——《宪问第十四》

字面解读：子张说：“《尚书》上说：‘殷高宗守丧，住在凶庐，三年不说话。’这是什么意思？”孔子说：“不仅是高宗，古人都是这样。国君死了，朝廷百官都各管自己的职事，听命于冢宰（相当于后世的宰相）三年。”

商人《论语》：句中的要点，不在于“守丧”之礼，而在于“听于冢宰三年”。意思是官员们能够依照君王依旧在朝的精神，各司其职，各职其事。

教化之用就是，员工们会自行做好自己的本职工作。

子曰："有教无类。"

——《卫灵公第十五》

字面解读：孔子说："实施教化，不要有贫富贵贱、愚智长幼的分别心。"

商人《论语》：企业文化如风，教化于企业不同层级、不同岗位的所有员工。教化之心没有分别，但教化之用从内容到形式，是会有分别的。

子张曰："士见危致命，见得思义，祭思敬，丧思哀，其可已矣。"

——《子张第十九》

字面解读：子张说："士遇见危险时能献出自己的生命，看见有利可得时能考虑是否符合道义，祭祀时能想到严肃恭敬，居丧时能心思悲哀，就可以了。"

商人《论语》：企业文化教化的是企业员工举止行为的动机，是一种价值观的树立。

子夏说："小人之过也必文。"

——《子张第十九》

字面解读：子夏说："小人犯了过错一定要粉饰。"

商人《论语》："必文"，也许是一种不好的企业文化形成的自我辩解，需要改变企业文化，还可能是绩效考核标准不够客观的问题，需要改变规章制度。但是，其"必文"的行为，需要企业文化的教化。

企业文化的教化，要改变员工的"文过饰非"的小人行径。

子游曰："丧致乎哀而止。"

——《子张第十九》

字面解读：子游说："治丧，能充分地表达悲哀也就够了。"

商人《论语》：孔子曾经批评过宰我自我理解的"尽哀"，认为容易流俗，还是要由一个"礼"来统一节制。此时子游倡导的"治丧"，也是强调"尽哀”就可以了。可见孔子以后，世风的变化是大势所趋啊。

企业文化的教化，发之于心的充分表达和必要的形式礼仪，缺一不可。

礼之运营

有子曰：“礼之用，和为贵。先王之道，斯为美，小大由之。有所不行，知和而和，不以礼节之，亦不可行也。”

——《学而第一》

字面解读：有子说：“礼的应用，以和顺适中为贵。古代君主的治国方法里，值得称道的地方就是如此，不论大事小事，做得和顺适中。行不通的地方，如果是为和顺而和顺，而不是以礼来节制，也是不可行的。”

商人《论语》：孔子在《论语》里言及治国之道时，很少提及法治的刑罚。其中，重要的提及有两处：一处是对比儒家和法家的治国之道时说“道之以政，齐之以刑，民免而无耻；道之以德，齐之以礼，有耻且格”，孔子认为法家治国的苛法严刑容易导致民心偏向小聪明、找漏洞的无耻，结果使道德缺失和良知缺乏。另一处是“礼乐不兴，则刑罚不中；刑罚不中，则民无所措手足”，说出了儒家治国的手段中也有刑罚，只是刑罚在礼乐之后。

孔子还提出，若是和顺的解决方法行不通，必须要“以礼节之”。由此，可以看出儒家治国措施的先后：仁义教化第一，礼节制第二，刑罚第三。

儒家的礼制，是以礼为行为标准的，体现出一种人性的尊重，出自人性本善的观点。法家的法治，以法为行为标准，体现出一种人性的限制，源于人性本恶的观念。

从企业运营管理的角度来看，“以礼节之”的要点在于：

制度的必要，即节制人情泛滥的必需措施；

制度的制定，要和顺适中，不能过于宽松或苛刻，要根据企业的实际情况来制定；

制度的执行，要以和为贵为先，彼此能够互相理解。

◎运营理念："先进于礼乐，野人也；后进于礼乐，君子也。如用之，则吾从先进"

子曰："先进于礼乐，野人也；后进于礼乐，君子也。如用之，则吾从先进。"

——《先进第十一》

字面解读：孔子说："早期礼乐的使用，是用来规范人们粗野的行为；后期礼乐的使用，是用来规导人们君子的礼仪。如果要采用，那我会选择早期的礼乐。"

商人《论语》：早期的管理是用来规范人们过于粗放的行为；后期的管理，是用来规范人们在企业经营中的行为标准。作为老板，你愿意选择早期的管理，还是后期的管理？

企业处于不同的发展时期，其管理思想的出发点也是不一样的。早期是创业期，企业人员少，组织简单，老板也身先士卒，带领大家一起创业，所以管理只是几个大原则的框架，以鼓励大家主动积极的行为为主、限制大家勇于创业时过于冒险的行为为辅。企业发展壮大了，人员增加了，层级复杂了，老板的影响力在减弱。在经验总结中，规章制度在细化、加强，更多的是限制一些不必要的风险行为。到了企业的成熟期，组织结构稳定，制度健全，管理也升华了，管理只是要求大家的标准行为以保证运营流程的顺畅。

哪怕是在企业发展的成熟阶段，运营管理的理念，也是一生二、二生三，兼而有之的。否则，企业就被管理成了机械体，而不是可以自我进化的生命体。

子曰："道之以政，齐之以刑，民免而无耻；道之以德，齐之以礼，有耻且格。”

——《为政第二》

字面解读：孔子说：“用法制政令去治理百姓，用刑罚来约束他们，人们只求避免犯罪受惩，却没有廉耻之心；用道德教化来引导百姓，用礼制去规范他们，人们不仅会有羞耻之心，而且守规矩了。”

商人《论语》：孔子的智慧在于看到了为免于刑罚的“免”，指出它激发了民众无穷无尽的小聪明，导致了道德良知的缺失。当然，孔子也可能假装不说，因为“有耻且格”的流弊是会出现大批量的、道貌岸然的“伪君子”。

企业文化的教化之用和制度管理，如企业运营管理的左右手，各有其作用。若是单用其一，会各有其流弊，要执中而用，平衡而用。按照辩证法一分为二的观点来看，一味地用教导劝说的方式来管理，不良后果可能是“嘴巴上好好好，实际却不做不改”的虚伪风气；一味地用规章制度的奖惩来管理，不良后果可能是“看上去在做，实际上没做什么”的“不求有功，但求不被惩罚”风气的出现。

所以，两手抓，两手都要硬。一手抓企业文化的教化，激发员工的行为动机；一手抓企业制度的严谨，规范员工的行为标准。至于是“儒里法表”，还是“法里儒表”，高下之分且不足论。

子张问：“十世可知也？”子曰：“殷因于夏礼，所损益可知也；周因于殷礼，所损益可知也。其或继周者，虽百世，可知也。”

——《为政第二》

字面解读：子张问孔子：“今后十代的情况（礼仪制度）可以预见到吗？”孔子说：“商朝继承了夏朝的礼仪制度，废除什么、增加什么，是可以知道的；周朝又继承商朝的礼仪制度，废除什么、增加什么，也是可以知道的。那么，将来若有继承周朝的礼仪制度，即使是一百代以后的情况，也是可以预见到的。”

商人《论语》：不同业态、不同商业模式的企业，其管理的规章制度，也有相通之处，可以互相借鉴。但是，要以自己的企业实际为依准。一家企业的规章制度的过去、现在和未来，会有一以贯之的联系性。新上任的经理要审慎，不能随意更改制度。

子曰："人而不仁，如礼何？人而不仁，如乐何？"

——《八佾第三》

字面解读：孔子说："一个人，若是没有仁德，他会怎样实行礼呢？一个人，若是没有仁德，他又能怎样实行乐呢？"

商人《论语》：如果不是出于企业品牌的理念，企业的规章制度就只是就事论事吗？能规范人们把事情做好吗？如果企业文化不是出于企业品牌的价值观，那么教化的作用在哪里呢？

运营管理，要以企业的品牌理念为基础。

子曰："夏礼吾能言之，杞不足征也；殷礼吾能言之，宋不足征也。文献不足故也。足，则吾能征之矣。"

——《八佾第三》

字面解读：孔子说："夏代的礼，我能说出来，杞国（夏的直系后代）不足以证明我的话；殷代的礼，我能说出来，宋国（殷的直系后代）不足以证明我的话。这就是缺少文献资料和熟悉夏礼殷礼人才的缘故。如果足以具备的话，我就可以证明它们了。"

商人《论语》：孔子说得出来的，应该是各个朝代礼的核心思想，以及应该有的礼仪制度。"哀公问社于宰我"中记载："宰我对曰：'夏后氏以松，殷人以柏，周人以栗，曰：使民战栗。'"

企业规章制度的核心思想是要体现出企业品牌的理念，以此理念来设计商业模式的价值组成、营销服务的流程和运营管理的节点。

或问禘之说。子曰："不知也。知其说者之于天下也，其如示诸斯乎！"指其掌。

——《八佾第三》

字面解读：有人向孔子请教关于禘祭的礼仪规矩。孔子说："我不知道啊，知道禘祭的人，对于治理天下之道的了解，就好像是翻看这里一样容易吧！"一面说，一面指着他自己的手掌。

商人《论语》：禘祭可能是周礼的核心之礼吧，只要通晓了禘祭，其他的礼仪只是由此衍化而来的。企业的运营管理有类似的吗？也有的，就是为消费者提供快捷、方便、有价值的服务，由此而生出业务流程的大小节点，再由此而确定岗位职责、部门组织，以及规章制度、绩效考核标准等。

企业制度的核心制度是什么呢？应该是为客户或消费者提供快捷服务的流程制度吧。

定公问："君使臣，臣事君，如之何？"孔子对曰："君使臣以礼，臣事君以忠。"

——《八佾第三》

字面解读：鲁定公问孔子："君主使用臣子，臣子服侍君主，各自应该怎样呢？"孔子回答说："君主应该依礼使用臣子，臣子应该忠心服侍君主。"

商人《论语》：企业家以礼相待企业的干部和员工，不只是表面上客客气气表现的个人修养问题，而是一个企业运营管理中人力资源的制度化问题，是发自内心的尊重，主要有以下三点。

1. 尊重知识、尊重人才、尊重他人的劳动。

2. 将沟通程式化：工作沟通方式程式化、标准化，才能准确并有效率。

3. 工作目标和绩效考核数字化：共同确定工作目标，并将目标数字化。员工可以根据自己的日常工作来计算自己的应得报酬。不必要因为双方理解的不同而生怨气、嫌隙，甚至于对簿公堂。

礼，不只是行为礼仪，重要的是制度化的规范。

子曰："能以礼让为国乎？何有？不能以礼让为国，如礼何？"

——《里仁第四》

字面解读：孔子说："能够用礼仪制度和谦让精神来治理国家吗？能有什么困难吗？如果不能用礼仪谦让来治理国家，又怎样来对待礼仪呢？"

商人《论语》："礼让"推行不会有困难的原因在于"礼+让"。"让"含有人性的尊重和彼此之间的宽容，谁不想被人尊重呢？谁想被人强逼着做事呢？如果一个企业组织不用彼此尊重的"礼让"制度来团结集体的力量、形成企业经营的组织化行为。那么，只是彼此的礼让，有什么意义呢？

企业组织的"礼让"行为，可以用来保障运营管理的顺畅。

哀公问："弟子孰为好学？"孔子对曰："有颜回者好学，不迁怒，不贰过。不幸短命死矣！今也则亡，未闻好学者也。"

——《雍也第六》

字面解读：鲁哀公问孔子："你的学生中谁算是好学的呢？"孔子回答说："一个叫颜回的学生好学，他从不迁怒于别人，也从不犯同样的过错。不幸短命死了。现在再也没有这样的人了，再也没有听说过那么好学的人了。"

商人《论语》：不因自己的过错而迁怒于他人，有了过错就改，不再重犯，是多么好的一个运营管理者啊！法家倡导的"尚法非贤"，不也是如此重视制度建设吗？由此可见，法家代表韩非子的确是出世于大儒荀子门下的，的确学到了儒家思想的另一精髓。

企业制度，要有自我纠错、不再犯错的机制。

子曰："君子博学于文，约之以礼，亦可以弗畔矣夫。"

——《雍也第六》

字面解读：孔子说："君子广泛地学习古代的文化典籍，又以礼仪来约束自己，也就可以不离经叛道了。"

商人《论语》：企业经营，也要不断地学习，不断地借鉴，不断地创新。但是，哪些可以变，哪些暂时不可以变，是要有原则、有制度约束的。变是为了发展，不变是为了有根基的发展。

运营管理中，更多的是帮助成长的力量。

子曰："加我数年，五十以学《易》，可以无大过矣。"

——《述而第七》

字面解读：孔子说："借给我几年时间，五十岁那年开始学习《易经》，我便可以没有大的过错了。"

商人《论语》：51岁那年，孔子重回鲁国政坛，正式出任中都宰。52岁升任小司空（主管工程），53岁被提拔为大司寇（主管司法），55岁时代理摄相一职。那么，孔子从《易经》之中会学习到什么来避免大的错误呢？是占卜来趋吉避凶吗？肯定不是的，孔子是连"怪力乱神"的话也不说的。那么，孔子从《易经》之中学习什么呢？如孔子在《序卦传》中所言，"裁成天地之道，以左右民。"也就是从《易经》中学习分析、判断、解决问题的应变之道。所以，后来又有老话说"不学《易》，不足以为相"。

运营管理，需要缜密推理的理性思维。

子曰："大哉！尧之为君也。巍巍乎！唯天为大，唯尧则之。荡荡乎！民无能名焉。巍巍乎！其有成功也。焕乎！其有文章。"

——《泰伯第八》

字面解读：孔子说："伟大啊！尧这样的君主。崇高啊！只有天最高大，只有尧能效法天道。德恩浩荡啊！百姓们不知道该怎样来称颂他。崇高啊！他的丰功伟绩。光彩啊！他制定的礼仪制度。"

商人《论语》：孔子赞颂古之圣君"尧"的一段话，揭示了"礼仪制度"的两个由来。首先是"则天"，按照市场规则来设计自己的商业模式、组织制度。其次是为消费者们服务，设计自己的业务流程和规章制度。

运营制度的两个主要由来，一个是商业模式，一个是营销活动。

子曰："麻冕，礼也。今也纯，俭。吾从众；拜下，礼也。今拜乎上，泰也。虽违众，吾从下。"

——《子罕第九》

字面解读：孔子说："用麻布制成的礼帽，符合于古礼的规定。现在用黑丝绸制作，比过去节省了。我赞成大家的做法。臣在堂下礼拜国君，这是古礼。现在大家都到堂上礼拜，神情也泰然自若。虽然和大家的意见不一样，我还是主张先在堂下礼拜。"

商人《论语》：孔子反对的不是"礼"的外在形式的变化，而是"礼"的内在精神的变化。孔子认为"拜乎上"且"泰也"，缺少了"礼"的敬畏之情。

企业的运营管理制度，可以依据时事的变化而变化。但是，制度的严谨精神不应该变化，员工对于规章制度的尊重之心也不能变化。否则，大家将制度理解为"游戏规则"，那么孔子担心的"民免而无耻"的现象就又会出现了。

子曰："语之而不惰者，其回也与！"

——《子罕第九》

字面解读：孔子说："听我说话而能毫不懈怠的，大概只有颜回一个人吧！"

商人《论语》：懈怠的肯定也是孔子的学生，而且也可能是"七十二圣贤"里的好学生。他们为何会懈怠呢？可能是孔子习惯于讲"形而上"的仁义大道，缺乏实景案例教学导致的。所以，在谈及企业的管理问题时，要有理论依附于品牌价值观和企业文化；但是，也要谈些"形而下"的具体问题、具体解决方案，就事论事。

运营管理不是某一个部门或某个人的事情，是全员参与、全员实践的，要常抓不懈。

颜渊死，子曰："噫！天丧予！天丧予！"

——《先进第十一》

字面解读：颜渊死了，孔子说："唉！是老天爷要断送我吗！是老天爷要断送我的传承吗！"

商人《论语》：当企业的领导者更新换代的时候，企业品牌的价值理念如何传承下去，在激烈的市场竞争中，如何保持企业品牌价值理念的延续性，是个关系到接班人，也关系到企业接班人的制度的问题。

规章制度，要保证一种理念、一种思想、一种价值观的传承，要考虑"非人"因素。

子路曰："卫君待子而为政，子将奚先？"子曰："必也正名乎！"子路曰："有是哉？子之迂也！奚其正？"子曰："野哉，由也！君子于其所不知，盖阙如也。名不正，则言不顺；言不顺，则事不成；事不成，则礼乐不兴；礼乐不兴，则刑罚不中；刑罚不中，则民无所措手足。故君子名之必可言也，言之必可行也。君子于其言，无所苟而已矣。"

——《子路第十三》

字面解读：子路说："卫国国君等待您去操持国政，您将要先做什么呢？"孔子说："首先必须正名分。"子路说："有这个必要吗？您太迂腐了！干吗非要正名呢？"孔子说："粗野啊，仲由。君子对于他所不懂的事情，大都会采取保留的态度。名分不正，你的言论就难以顺利地贯彻下去；言论难以顺利地贯彻，政事就办不成；政事办不成，礼乐也就不能推行；礼乐不能推行，刑罚就不会适当；刑罚不适当，百姓就会连手脚放在哪里都不知道。所以，君子执政的名分，必须是要先说清楚的，这样君子说出来的话才一定能够行得通。当然喽，君子对于自己的措辞说话，是从不马马虎虎的。”

商人《论语》：孔子的“礼乐”观是从“名正”起始顺延而来，上接“言顺”，也就是思路、思想，下连着“刑罚”，而且说明“刑罚”是否适当，取决于“礼乐”的推行。

在企业而言，“名正”相当于品牌定位，“言顺”相当于经营思路，“事成”相当于商业模式和营销策略，“礼乐”相当于企业管理和企业文化，“刑罚”相当于绩效考核奖惩措施。由此可见运营管理的由来，以及它在企业经营要素中的地位。

运营管理是为“事成”而设置，靠“刑罚”而保证。

子曰：“其身正，不令而行；其身不正，虽令不从。”

——《子路第十三》

字面解读：孔子说：“自身端正，即使不发布命令，事务也会进行；自身不端正，即使发布命令，别人也不会听从。”

商人《论语》：就现实而言，若无制度监督保证，企业家自身端正后，事务正常进行的可能性只有一小部分。企业家若是自身不端正，那么事务正常进行的可能性几乎没有。企业是群体组织，而且是层级越来越复杂的组织，个人的影响力传递会越来越弱。所以，必须要有群体共同认可、共同遵守、共同监督的规章制度。

企业家之于企业运营管理的个人带头作用，不能没有，但也不能被夸大。

或问子产。子曰：“惠人也。”问子西。曰：“彼哉！彼哉！”问管仲。曰：“人也。夺伯氏骈邑三百，饭疏食，没齿无怨言。”

——《宪问第十四》

字面解读：有人问子产是个怎样的人。孔子说：“是个有恩惠于百姓的人。”又问子西。孔子说：“他呀！他呀！”又问管仲。孔子说：“他是一个大写的人。他剥夺了伯氏骈邑的三百户采地，使伯氏终生吃粗粮，可伯氏直到老死也没有怨言。”

商人《论语》：郑国的子产、子西、齐国的管仲，是法家早期的代表人物。只是，当时的法家，并没有商鞅时期那么“苛刑严政”，更多表现在“变法图强”和“尚法明刑”。所以，孔子并不是反对“法治”，还很认可“法治”的独立性，不结私仇。孔子只是担心没有道德教化的法治会走向道德没落和良知缺失。

规章制度，要有“法治”观念，才不会招来私怨。

子言卫灵公之无道也，康子曰：“夫如是，奚而不丧？”孔子曰：“仲叔圉治宾客，祝鮀治宗庙，王孙贾治军旅。夫如是，奚其丧？”

——《宪问第十四》

字面解读：孔子讲到卫灵公的无道，季康子说：“既然如此，为什么他没有败亡呢？”孔子说：“他有仲叔圉接待宾客，祝鮀管理宗庙祭祀，王孙贾统率军队。怎么会败亡呢？”

商人《论语》：其实卫灵公并非人们所说的那么无道，否则也不会在如此重要的岗位上用那么合适的人。历史上凡是谥号带“灵”的，多是略有一些不务正业却很聪明的。

卫国没有败亡，孔子的理解是在三个重要岗位上用对了贤德之人。比照于孔子说的三个人的职责，企业也有三个重要岗位必须用德才兼备的人：企业的运营管理、企业的人力资源（企业文化）、企业的市场营销。我们换个角度看，三个职位的三个贤才，没有被卫灵公的“无道”所影响，是否有礼仪制度的作用存在呢？答案是非常有可能！

运营管理要有其独立性，才能少受老板个人因素的干扰。

子曰：“君子上达，小人下达。”

——《宪问第十四》

字面解读：孔子说："君子向上通达仁义，小人向下通达财利。"

商人《论语》：生活中也是如此。一些人听得进大道理，一些人只是计算个人利害关系。企业管理是管人、理事，管人主要是价值观管理，就是企业文化的教化之用，希望员工都能成为君子；理事是工作行为的管理，依靠的是规章制度，防止员工的"小人"行为。

基本层面的运营管理，管理的多是"普通人"，所以也要下达财利。

师冕见，及阶，子曰："阶也。"及席，子曰："席也。"皆坐，子告之曰："某在斯，某在斯。"师冕出，子张问曰："与师言之道与？"子曰："然，固相师之道也。"

——《卫灵公第十五》

字面解读：师冕来见孔子，走到台阶沿，孔子说："注意台阶。"走到座席旁，孔子说："请坐席。"等大家都坐下来，孔子告诉他："某某在这里，某某在这里。"师冕走了以后，子张问孔子："这就是与盲人说话的方式吗？"孔子说："是呀，本来就是帮助目盲之人的方式。"

商人《论语》：从孔子的言谈举止中，我们不仅看到"礼"，更要看到礼之精神的主动性。所以，公司的运营管理要有主动性精神，倡导预见性和设计的周到性。

子曰："色厉而内荏，譬诸小人，其犹穿窬之盗也与？"

——《阳货第十七》

字面解读：孔子说："外表威严而内心怯懦的人，若是用小人作比喻，就像挖墙洞的小偷吧！"

商人《论语》：孔子所说的"色厉而内荏"，好比是缺失了企业文化却看似制度健全的管理，是没有灵魂的管理。最大的问题是，越是看似严谨、繁杂的管理，越容易出漏洞，越容易出"小偷"。

为什么呢？道德的约束是自发的，是可以自我管理的，内涵小而外延无穷大。制度管理是外力施压的，“小人”们会自发做小偷去寻找漏洞。所以，没有道德约束的法治，实则是四处漏洞的“法网”。

规章制度，要有企业文化作为灵魂。

◎运营标准：恭而无礼则劳；慎而无礼则葸；勇而无礼则乱；直而无礼则绞

子曰：“恭而无礼则劳，慎而无礼则葸，勇而无礼则乱，直而无礼则绞。君子笃于亲，则民兴于仁；故旧不遗，则民不偷。”

——《泰伯第八》

字面解读：孔子说：“谦恭却不知礼，就会忙忙碌碌；谨慎却不知礼，就会畏缩拘谨；勇猛却不知礼，就会妄为出错；心直口快却不知礼，就会尖刻伤人。在上位的君子如果推行伦理亲情，老百姓当中就会兴起仁爱的风气；君子如果不遗弃旧同事老朋友，老百姓就不会薄情寡义了。”

商人《论语》：我们可以理解为企业制度制定和执行过程中的四个不好的现象、两个好的现象。其中，不好的现象共四个。

1. 制度制定得过细、过繁，缺乏重点。员工们会为执行制度本身的条款而忙忙碌碌，忽视了工作本身的意义，实际工作反而会做得很少。

2. 制度要求得过于严格，限制主动性行为，员工们在实际工作中会非常被动，就会丧失工作的主动性、创新性，不求有功，只求无过。

3. 不学习、不遵守制度而喜好个人英雄主义，就会忽视制度对于原则性行为或常规性行为错误的警示，行为自然就容易出错。

4. 只是照自己的意思来，说话做事以自我为中心，不遵守集体规则，不遵守组织流程，就会伤害到其他人的权责。

此外，好的现象共两个。

1. 以制度的方式，厚待企业老员工的贡献，员工中就会树立“忠诚企业”的意识。

2. 制度不苛刻，允许员工犯符合品牌理念的创新行为的错误。不单纯地以结果论英雄，不随便开除员工，就会鼓励员工主动创新的行为。

儒家的礼制，走的是情理（文化教化和严格法治）之间的中庸之道。

子曰："道千乘之国：敬事而信，节用而爱人，使民以时。"

——《学而第一》

字面解读：孔子说："治理一个拥有一千辆兵车的国家，应该严谨认真地办事，讲究诚信，节约费用，爱护臣民，役使百姓要在农闲不误农时。"

商人《论语》："敬事而信"，是指严谨遵守国家政策、企业制度，明确职责、工作负责，还有诚信待人、合约做事。"节用而爱人"，可以理解为企业家节制个人的奢侈喜好，将利润更多地分配给企业干部和员工，以及社会。不过，也不能总是指望企业家时时节制个人欲望，应该制度化。"使民以时"，就是不苛刻员工的工资报酬和奖金，遵守《劳动法》，保障员工的基本权益。

规章制度要体现出企业品牌的理念和企业文化的价值观。

林放问礼之本。子曰："大哉问！礼，与其奢也，宁俭；丧，与其易也，宁戚。"

——《八佾第三》

字面解读：林放问什么是礼的根本。孔子回答说："你问的问题意义重大呀！实行礼，与其铺张浪费，不如朴素简约；办丧事，与其讲究表面仪式，不如内心真正哀伤。"

商人《论语》：说到企业的规章制度，与其繁文缛节让员工无所适从，不如制定一些实实在在的原则性条款，容易理解也容易执行。关于企业文化，与其搞些陈列室类的表面功夫，不如真正将活动做进员工的日常生活和工作之中，将价值观灌输到员工内心。

规章制度的制定，宁简勿繁。

子曰："周监于二代，郁郁乎文哉！吾从周。"

——《八佾第三》

字面解读：孔子说："周朝借鉴了夏、商两个朝代的礼仪制度，它的礼制真是丰富多彩啊！我尊奉周朝的礼制。"

商人《论语》：企业的规章制度是从企业的经营实践中积累而来的，也是从其他先进企业的成功经验中学习的。企业的规章制度，要具有企业文化的人性光辉。

子曰："管仲之器小哉！"或曰："管仲俭乎？"曰："管氏有三归，官事不摄，焉得俭？""然则管仲知礼乎？"曰："邦君树塞门，管氏亦树塞门；邦君为两君之好，有反坫，管氏亦有反坫。管氏而知礼，孰不知礼？"

——《八佾第三》

字面解读：孔子说："管仲的格局还是小了些啊！"有人说："管仲节俭吗？"孔子说："他有三归的市租收入，他手下的官吏也是一人一职而不兼任，怎么谈得上节俭呢？"那人又问："那么，管仲知礼吗？"孔子回答："国君宫殿门前树立塞门，管仲府上也立了塞门；国君招待别国国君，在堂上有放置酒杯的土墩，管仲也有类似的土墩。如果说管仲知礼，那么还有谁不知礼呢？"

商人《论语》：文字表述了孔子不认可管仲的一些作为。管仲就好像是职业经理人，因为业绩优秀而得到了很多奖励配股，待遇已经接近于老板了。孔子对于君臣之礼是很尊重的，所以不认可管仲。此外，孔子很是崇尚"节俭"，甚至在官员职位上，也认为"兼职"才好，而法家认为专人专职才能专权专责。

企业职位制度的谨严和管理费用的节俭是非常必要的。

子曰：“吾未见刚者。”或对曰：“申枨。”子曰：“枨也欲，焉得刚？”

——《公冶长第五》

字面解读：孔子说：“我没有见过真正刚毅不屈的人。”有人回答说：“申枨就是这样的人。”孔子说：“申枨啊，欲望太多，他的刚毅哪里来的呢？”

商人《论语》：企业规章制度的基础条款，是面向所有人的公平条款，所以才显得公正有“刚”。但是，其中的奖惩条款是针对将来表现出特定行为和特定结果的人和人群，或是针对事前就指定的某人和某些人的将来表现，算是有欲望的期待性条款。奖惩条款的前者，是面向所有人，算是“刚”；后者，现在看也是劳动所得，公平有约，也应该算是“刚”。

规章制度和制度里的奖惩条款，只要是公平的，不以私欲，都可以算是“刚”。

子游为武城宰。子曰：“女得人焉尔乎？”曰：“有澹台灭明者，行不由径，非公事，未尝至于偃之室也。”

——《雍也第六》

字面解读：子游做了武城的长官。孔子说：“你在那里发掘到人才没有？”子游回答说：“有一个叫澹台灭明的人，办事从来不走捷径，不是公事从不到我住宅里来。”

商人《论语》：子游对于澹台灭明的认可，在于他做事守规矩，懂得按章办事；在于他做人守规矩，懂得公私分明。

规章制度，就是在指定工作地点的按章办事。

子曰：“人之生也直，罔之生也幸而免。”

——《雍也第六》

字面解读：孔子说：“人生来都是率直的。虚伪的生存，也只是希望侥幸地避免灾祸。”

商人《论语》：企业内外部的信息系统、工作沟通和工作汇报，必须以“直道”来建立。为了保证信息的清晰化、准确化，文字、文件格式都需要标准化，以避免模糊意义。此类直接和直言，应该成为企业运营管理的制度，避免沟通中误解、失言、忘记等非正常现象的发生。企业资源计划（ERP）管理的意义，不也在于此吗？

子曰：“奢则不孙，俭则固。与其不孙也，宁固。”

——《述而第七》

字面解读：孔子说：“奢侈了就会越礼，节俭了就会寒碜。与其越礼，宁可寒碜。”

商人《论语》：孔子说的是做人，我们借鉴为规章制度。规章制度的类目，一部分是原则性的，但是涉及类目细节的条款，宁少也不要多。条款越多，文字解释越多，本意反而就不明显了。这也是孔子主张用教化来防范胜于用制度来约束的意思。

如果有了企业文化的教化，制度还是简练为好。

子曰：“不在其位，不谋其政。”

——《泰伯第八》

字面解读：孔子说：“不处在那个职位上，就不考虑那职位上的政务。”

商人《论语》：各司其职、各负其责是对的。但是，现在企业的岗位职责多是在一条一条面向消费者服务的流程上，身处其中要上下衔接，只做好自己的事情是不够的。所以，工作的配合部分互相建议是合情合理的，当然，也是要在做好自己本职工作的前提下。

规章制度，不仅要明确各个岗位职责，还要明确不同岗位之间的配合。

升车，必正立，执绥。车中，不内顾，不疾言，不亲指。

——《乡党第十》

字面解读：上车时，一定先直立站好，然后拉着扶手带上车。在车上，不回头，不高声说话，不用自己的手指指点点。

商人《论语》：古时的升车驾驭之道，很像现在的经理人履新就职的程序。经理人上岗时，态度要端正，要有仪式感。虽然上岗后会有职位引导人（有时是助理）帮助经理人熟悉工作流程，但是也是要多了解情况少说话，要首先专注于本职工作，清楚掌握了本职工作，了解本部门工作，再去关心关联部门的工作。

规章制度可以帮助新人尽快履新。

齐景公问政于孔子。孔子对曰："君君，臣臣，父父，子子。"公曰："善哉！信如君不君，臣不臣，父不父，子不子，虽有粟，吾得而食诸？"

——《颜渊第十二》

字面解读：齐景公向孔子问国家政事。孔子答道："君要像君，臣要像臣，父亲要像父亲，儿子要像儿子。"齐景公说："说得好啊！如果君不像君，臣不像臣，父不像父，子不像子，即使有粮食，我能得到、吃到吗？"

商人《论语》：后世儒家产生了"三纲五常"，此处先出现了两纲：君臣、父子。如果将君臣比作企业内部的运营与管理，将父子比作企业外部的营销与服务，二者启示的道理在哪里呢？主要有以下三点。

1. 二者各自的位置感，定位认知。

2. 二者相处的意愿，文化教化。

3. 二者相处的方式，礼仪制度。

规章制度可以帮助每个人更好地履行自己的职责。

季康子问政于孔子。孔子对曰："政者正也。子帅以正，孰敢不正？"

——《颜渊第十二》

字面解读：季康子问孔子如何治理国家。孔子回答说："国家治理要倡导正道。您自己带头走正道，那么还有谁敢不走正道呢？"

商人《论语》：各个部门、各个岗位的负责人要"以身作则"。则，不仅是指遵守公司规章制度的行为表率，还包括以身示范对企业文化、品牌理念、创新精神、诚信意识的认同认知。

规章制度里，要有问责负责人制度。

仲弓为季氏宰，问政。子曰："先有司，赦小过，举贤才。"曰："焉知贤才而举之？"曰："举尔所知。尔所不知，人其舍诸？"

——《子路第十三》

字面解读：仲弓做了季氏的总管，向孔子请教从政。孔子说："先建立政务体系，责成各负其责。工作时要宽恕他们的小过错，多选拔贤才来任职。"仲弓又问："怎样识别贤才并把他们选拔出来呢？"孔子说："选拔你所知道的。至于你不知道的贤才，别人难道还会埋没他们吗？"

商人《论语》：此处孔子将政务体系建设先于选拔贤才之前，可见孔子的有趣，自用是以人为先，用他则是制度为先。不过，孔子说的三点已经是官官皆知的"上任三把火"：围绕新的思路而建立新的组织结构，再重新来编定人员上岗。工作中，不苛刻对待原有员工，但会逐步挑选贤才来担任要职。

制度建设优先，因事而设职选人。

冉子退朝。子曰："何晏也？"对曰："有政。"子曰："其事也。如有政，虽不吾以，吾其与闻之。"

——《子路第十三》

字面解读：冉求退朝回来，孔子说："为什么回来得那么晚呀？"冉求说："有政务。"孔子说："只是一般的事务罢了。如果有政务，虽然国君不用我了，我也会知道的。"

商人《论语》：看来，孔子是将一般的日常事务与国家大事的政务分开来看的。而且，孔子认为要在正常的工作时间里处理事务，要准时下班。

如果加班，那是要处理特殊政务的。那么，什么算是事务呢？我认为在现有商业模式下正常业务的运营管理就是事务。若是非正常的，涉及现有运营管理制度处理不了的情况，就算是政务了。

运营管理，运营的是日常事务，管理的是平常工作。

樊迟问仁。子曰："居处恭，执事敬，与人忠。虽之夷狄，不可弃也。"

——《子路第十三》

字面解读：樊迟问仁。孔子说："日常起居要有条理，执掌事务要谨慎认真，和人交往要忠心诚恳。即使到了未开化的蛮夷地区，也不可背弃。"

商人《论语》：真正好的管理，是每个人的岗位工作安排得井井有条，人人认真负责。如果涉及和其他人或部门的合作，也是诚恳诚信。即使遇到了制度外的突发情况，因为有品牌理念的指引，也能有严谨的工作态度和敬业精神。

子曰："为命，裨谌草创之，世叔讨论之，行人子羽修饰之，东里子产润色之。"

——《宪问第十四》

字面解读：孔子说："郑国发表的外交公文，是先由裨谌起草，世叔组织研讨提出意见，外交官子羽加以修改饰辞，住在东里的子产进行最后的修改润色。"

商人《论语》：企业公文，要有规范的格式，也要有规范的流程，经相关负责人员逐一审核后才能发布。

子曰："臧武仲以防求为后于鲁，虽曰不要君，吾不信也。"

——《宪问第十四》

字面解读：孔子说："臧武仲凭借他的采邑防城请求鲁君册立他后人的

继承权，纵然有人说他不是要挟君主，我也是不相信的。”

商人《论语》：企业经营的各个要素、各个组织、各个岗位，都有自己的职责和权重。权重也是权限，是企业运营管理体系的一部分。在企业中，任何一个岗位都不可缺少，但是不能挟位自重。不能缺少的是岗位，不是岗位上的那个人。

运营管理的链条上，必定会有几个环节是“瓶颈”，是脉门，要做好第二手的预备预防。

子曰：“不在其位，不谋其政。”曾子曰：“君子思不出其位。”

——《宪问第十四》

字面解读：孔子说：“不处在那个职位，就不要考虑那个职位的政务。”曾子说：“君子考虑问题的范围从来不超出自己的职位。”

商人《论语》：曾子说的只是能得 60 分的工作表现。现在企业的运营管理是由面向消费者的服务流程来设计流程上的各个岗位和岗位职责的。所以，不仅要做好本职工作的“各负其责”，还要做好工作衔接的互相要求。

关于企业的各个岗位职责，不能只是站在本岗位的角度考虑问题。

陈亢问于伯鱼曰：“子亦有异闻乎？”对曰：“未也。尝独立，鲤趋而过庭。曰：‘学《诗》乎？’对曰：‘未也’。‘不学《诗》，无以言。’鲤退而学《诗》。他日，又独立，鲤趋而过庭。曰：‘学礼乎？’对曰：‘未也。’‘不学礼，无以立。’鲤退而学礼。闻斯二者。”陈亢退而喜曰：“问一得三：闻《诗》，闻礼，又闻君子之远其子也。”

——《季氏第十六》

字面解读：陈亢问伯鱼：“您在老师那里听过什么特别的教诲吗？”伯鱼回答说：“没有呀。有一次，他独自站在堂上，我快步从庭里走过。他问我：‘学《诗》了吗？’我回答说：‘没有。’他说：‘不学《诗》就不懂得怎么说话。’我回去就学《诗》。又有一天，他又独自站在堂上，我快步从庭里走过。他问我：‘学礼了吗？’我回答说：‘没有。’他说：‘不学礼就不懂得怎样立身社会。’我回去就学礼。我就听过这两件事。”陈亢回去高兴地说：“我问一件事情，知道了三件事，知道了《诗》，知道了礼，又知道了君子不偏爱自己的儿子。”

商人《论语》：我们也从孔子那里知道了三件事：《诗经》如企业文化，教化员工的价值观，教化彼此的交流和沟通应有的情感态度；礼如运营管理，不仅使企业能以有序组织的形式存在，还能帮助企业在市场中立足；企业家可以举贤不避亲，但是不能偏爱自己的亲属。

运营管理可以使企业束之成型，立之在市。

子曰：“礼云礼云，玉帛云乎哉？乐云乐云，钟鼓云乎哉？”

——《阳货第十七》

字面解读：孔子说：“礼啊，礼啊，难道只是在说玉帛等礼物吗？乐啊，乐啊，难道只是在说钟鼓等乐器吗？”

商人《论语》：说及企业的运营管理，难道只是彼此尊重、互相卖好吗？企业文化，难道只是表现为一些活动、一些仪式吗？

企业文化倡导人与人之间的尊重，但是在日常工作中的配合沟通，不能只是卖好的，要有原则立场，要遵守公司的规章制度。而且，日常运营管理中的绩效考核，也不能只是奖励，还需要一些惩戒。

规章制度，要有严肃性、独立性。

子夏曰：“百工居肆以成其事，君子学以致其道。”

——《子张第十九》

字面解读：子夏说：“各行业的工匠居住在作坊中来完成自己的工作，君子通过学习来实现自己的理想。”

商人《论语》：专业的事情，要交给专业的人员；专业的人员，要放在专业的部门；专业的人员，要学习，要实践，要学以致用，变得更加专业。

规章制度，可以让专业的人做专业的事情。

◎管人理事："君子之道四焉：其行己也恭，其事上也敬，其养民也惠，其使民也义"

子谓子产，"有君子之道四焉：其行己也恭，其事上也敬，其养民也惠，其使民也义。"

——《公冶长第五》

字面解读：孔子评论子产说："他有君子的四种道德：自己行为庄重，侍奉君主恭敬，教养百姓有恩惠，役使百姓合乎道义有法度。"

商人《论语》：企业的运营管理会由厚厚的企业手册、员工手册、岗位手册等综合性规章制度，以及重要的单项制度（涉及人力、财务、客户、产品、项目、信息等）组成，一条一条说得很细致。其实，如果化繁为简，究其运营管理的根本，不外乎管人理事而已。

1. 其行己也恭：严格要求自己，严守本职岗位，不做非分之举止。

2. 其事上也敬：敬业爱岗，遵守规章制度，认真完成本职工作。

3. 其养民也惠：不仅教会员工做事，还教化员工做人，使员工的人生价值得到提升。

4. 其使民也义：员工的工作安排、劳动报酬和绩效考核要合情合理，还要合法。

以上四点，1、3项属于企业文化对于员工的教化，2、4项属于规章制度对于做事的要求。综合起来，是企业运营管理的四项基本原则。

曾子曰："吾日三省吾身：为人谋而不忠乎？与朋友交而不信乎？传不习乎？"

——《学而第一》

字面解读：曾子说："我每天多次反省自己：为别人办事是不是尽心竭

力了呢？同朋友交往有没有诚实不欺呢？老师传授给我的学业是不是复习了呢？”

商人《论语》：如果有了业务流程、组织结构、职务说明，甚至有了绩效考核，运营管理是不是就万事大吉了？企业运营管理正常化的保障和车辆需要定期检修是一个道理。曾子的“吾日三省”在企业可以理解为定期的工作回顾和检查：业务流程上的每个岗位职责，有不尽忠职守的吗？为消费者提供的营销服务，有不够诚信的吗？市场反馈和内部运营的各类信息，有及时处理总结吗？

管理中要定期自省运营管理中存在的问题。

子曰：“温故而知新，可以为师矣。”

——《为政第二》

字面解读：孔子说：“温习旧知识，能有新体会、新发现。这样做，就可以当老师了。”

商人《论语》：企业运营管理的制度不是僵化的，而是具有自我检查、自我纠正的成长性。所以，要定时定期检查，回顾制定制度时的初衷，发现制度执行中的问题，弄清楚是制度本身的问题还是执行的问题。只有具有自我成长性的制度，才是有生命力的制度。

企业的运营管理，是“重复检查、发现新问题”的周而复始的过程。

哀公问曰：“何为则民服？”孔子对曰：“举直错诸枉，则民服；举枉错诸直，则民不服。”

——《为政第二》

字面解读：鲁哀公问：“怎样才能使百姓服从呢？”孔子回答说：“用正直、正确去纠正那些邪曲错误的事情，老百姓就会服从了；用邪曲错误去纠正那些正直正确的事情，老百姓就不会服从了。”

商人《论语》：此处的“正直正确”是指正直的人和正确的思想吗？孔

子的想法可能是的。但是，我们经营企业，不能将管理等组织性行为归结为某一个人的某种思想，风险太大了。所以，我们的“举直错诸枉”的“直”，指的是运营管理的规章制度。

只要用“公开、公平”的制度来管理员工，员工就会认为是“公正”的（则民服）。

孔子谓季氏：“八佾舞于庭，是可忍也，孰不可忍也？”

——《八佾第三》

字面解读：孔子谈到季氏时说：“在他家庙的庭院里竟然用周天子的八佾舞蹈。这样的事情他都忍心做了，还有什么事情是他不忍心去做的呢？”

商人《论语》：在企业，员工是按照岗位手册的要求做事的，而实际上呢，超越角色的案例很多，有的是真心负责，有的是好管闲事，有的是越级行事，还有的是谗言离间……要区分真心和假意，是很难的。所以，企业的规章制度，要限制超越角色的行为举止。否则，人心难测，打着仁义旗号向老板表忠心而插手他人工作的事情，会越来越多、越来越乱。

信任贤才，要有权重。制度管理，要有权限。

三家者以《雍》彻。子曰：“‘相维辟公，天子穆穆’，奚取于三家之堂？”

——《八佾第三》

字面解读：孟孙氏、叔孙氏、季孙氏三家在祭祖时，竟然让乐工唱《雍》来撤去祭品。孔子说：“《诗经·雍》说：‘助祭的是诸侯，天子严肃静穆地在那里主祭。’怎么能用在你三家的庙堂里呢？”

商人《论语》：企业不同部门、不同层级的高管拥有或大或小的权力。在企业的业务流程中，高管的权力是衔接上下链条的一部分。一些时候，为了表面上的顺畅，权力的使用会失控。对于权力失控的现象，管理有无预见？有无监控？有无二次限定？有无惩罚？

业务流程顺畅的前提是运营管理每个点的责任到位。

子入太庙，每事问。或曰："孰谓鄹人之子知礼乎？入太庙，每事问。"子闻之，曰："是礼也。"

——《八佾第三》

字面解读：孔子到了太庙，每件事要请教询问。有人说："谁说陬人叔梁纥的儿子懂得礼呀？他到了太庙里，每件事都要发问。"孔子听到此话后说："这正是礼呀！"

商人《论语》：孔子懂礼，为什么还要问人家？是懂了还要装作不懂的谦逊心态吗？那不是做作吗？我想这样的解释是过于肤浅的。

对于礼，不同的人会有不同的理解，一个老师的学生也会有大同小异的理解，不同职业的人士又会有职业角度的理解。所以，孔子的请教，是一种真正谦虚的学习心态，是一种兼听则明的学习态度，而不只是一种礼貌的举止。

学习优秀企业的管理，不是学习表面上的规章制度，而是深刻理解其制度背后的企业文化、商业模式和营销方式等经营要素的独特意义，知其然也要知其所以然。

子曰："居上不宽，为礼不敬，临丧不哀，吾何以观之哉？"

——《八佾第三》

字面解读：孔子说："居于执政地位的人，不能宽厚待人，行礼的时候不庄敬，参加丧礼时也不悲哀，我怎么能看得下去呢？"

商人《论语》：一个品牌企业，若不能在企业经营中落实厚爱消费者的品牌理念，企业的运营管理不严谨，规章制度不健全，企业文化也不能承担起教化之用。那么，所谓品牌企业的企业和品牌，还能存在下去吗？

规章制度的推行，需要企业领导者的亲自参与。

子曰："以约失之者鲜矣！"

——《里仁第四》

字面解读：孔子说："因为严格要求自己而犯过失的，很少。"

商人《论语》：管理严格的企业，犯的过失也会很少吧。此处的过失，指的是企业日常运营管理中的常规性错误，不是指企业经营战略的方向式错误。

子曰："雍也可使南面。

——《雍也第六》

字面解读：孔子说："冉雍这个人，可以让他担任坐北朝南坐的长官。"

商人《论语》：冉雍懂得政务之礼，才可以"南面"。也就是说，要懂得企业运营管理的人，才能去坐管理者的位置，并从而开始制定企业的规章制度。

仲弓问子桑伯子。子曰："可也，简。"仲弓曰："居敬而行简，以临其民，不亦可乎？居简而行简，无乃大简乎？"子曰："雍之言然。"

——《雍也第六》

字面解读：仲弓（冉雍）问孔子，子桑伯子这个人怎么样。孔子说："他在简洁方面是可以的。"仲弓说："居心恭敬而行事简洁，像这样来治理百姓，不是也可以吗？若存心简单，又以简单的方法办事，岂不是太简洁了吗？"孔子说："冉雍啊，你说得对。"

商人《论语》：以什么心态来测度员工，员工自发心善还是自发心恶，以此来制定规章制度，是法家与儒家的区别。"居敬而行简，以临其民"是儒家的礼治思想，是认真对待、充分思考后的简洁手段处理，是一种智慧。但是，"居简而行简"的粗暴处理方式，也不是法家思想。法家的思想是"居繁而行繁"，是看问题复杂化，解决问题的制度也尽量事无巨细地"烦琐"。

所以，儒法二家，在企业的日常运营管理中，都反对考虑问题简单化、解决问题手段简单化。

子华使于齐，冉子为其母请粟。子曰："与之釜。"请益。曰："与之庾。"冉子与之粟五秉。子曰："赤之适齐也，乘肥马，衣轻裘。吾闻之也，君子周急不继富。"

——《雍也第六》

字面解读：公西华出使齐国，冉求替他的母亲向孔子请求补助一些谷米。孔子说："给他六斗四升。"冉求请求再增加一些。孔子说："再给他二斗四升。"冉求却给了八十石。孔子说："赤（公西华）到齐国去，乘坐着肥马拉的车子，穿着又暖又轻的皮袍。我听说过，君子只救济急需的人，而不是周济富裕的人。"

商人《论语》：孔子给了两次，合计也只有八斗八升，而冉求最后却是给了将近百倍。是孔子太吝啬、不懂人情世故吗？孔子说得很清楚，他的叹息也更有味道，也很是无奈，谁让他没限制冉求的签字权呢？

企业遇到经营节点时，难免会出台"千金在前"的重奖政策。关键在于奖励面向谁？这一点比奖金的金额还要重要。若是只奖励带头人，可能看似业绩达标了，但后患很多。若是奖励整个团队，业绩达标的质量和数量会更好的。

绩效考核，要周急，也要继富。

陈司败问："昭公知礼乎？"孔子曰："知礼。"孔子退，揖巫马期而进之，曰："吾闻君子不党，君子亦党乎？君取于吴，为同姓，谓之吴孟子。君而知礼，孰不知礼？"巫马期以告。子曰："丘也幸，苟有过，人必知之。"

——《述而第七》

字面解读：陈司败问："鲁昭公懂得礼吗？"孔子说："懂得礼。"孔子出来后，陈司败向巫马期作了个揖，请他走近自己，对他说："我听说，君子是没有偏私的，难道君子还会包庇别人吗？鲁君从吴国娶了一位夫人，吴鲁是同姓国家，这位夫人叫吴孟子。如果鲁君算是知礼，还有谁不知礼呢？”巫马期把这句话告诉了孔子。孔子说：“我真是幸运。如果有错，人家一定会给指出来。”

商人《论语》：“知礼”的企业，在企业文化的教化下，人人都是“规章制度”的制定者、执行者、监督者。与其事无巨细，还不如懂“礼”之人的互相劝诫。

规章制度，印在人心，不是印在纸面。

子疾病，子路使门人为臣。病间，曰：“久矣哉，由之行诈也！无臣而为有臣，吾谁欺？欺天乎？且予与其死于臣之手也，毋宁死于二三子之手乎？且予纵不得大葬，予死于道路乎？”

——《子罕第九》

字面解读：孔子患了重病，子路组织了同学们去做孔子的家臣，预先备办丧事。孔子病稍好，说：“很长时间了，仲由就干弄虚作假的事情！我明明没有家臣，却要装作有家臣，我骗谁呢？我骗上天吗？与其在家臣的侍候下死去，还不如死在你们学生的侍候下，不是更好吗？而且，即使我不能以大夫之礼来安葬，难道还会被丢在路边没人埋吗？”

商人《论语》：相比较而言，孔子更愿意享受亲情，而不是贪慕“虚名”。在企业的日常管理中，多少“高管”或“老板亲属”享受着特权的虚名，成为“贵族”，而普通的员工却被制度束缚呢？

关于只限制基层员工的管理制度，且不论其对错，起码对于企业文化的建设是没有好处的。

子曰：“苗而不秀者有矣夫，秀而不实者有矣夫！”

——《子罕第九》

字面解读：孔子说：“庄稼出了苗而不能吐穗扬花的情况是有的，吐穗扬花而不结果实的情况也是有的。”

商人《论语》：在企业日常的运营中，看着很好却无果而终的现象是经常存在的，不能简单地判断为不好，也可能只是做事之前想得过于理想化而已，或是果实还需要一点时间和机缘，或是已经有了意想不到的收获。所以，在事情结果出来之前，不能轻易打压。

绩效考核，看过程，也要看结果；看结果，也要看过程。

子曰："法语之言，能无从乎？改之为贵。巽与之言，能无说乎？绎之为贵。说而不绎，从而不改，吾末如之何也已矣。"

——《子罕第九》

字面解读：孔子说："符合礼法的正言规劝，谁能不听从呢？改正错误才是可贵的。恭顺赞许的话，谁听了不高兴呢？冷静分析、理性体会，才是可贵的。盲目高兴而不理性分析，表面听从而不改正错误，我实在是没有办法了。"

商人《论语》：理智地分析别人对自己的赞美和批评，是自知曰明；理性地看待别人的言语与行为的一致性，是知人曰智。

运营管理的绩效考核一定要考察"言行的一致性"，要考察过程，也要考察结果，要奖惩结果，也要奖惩过程。

食不语，寝不言。

——《乡党第十》

字面解读：吃饭的时候不交谈，睡觉的时候也不再说话。

商人《论语》：在非工作时间的聚餐闲聊，即使是双方点头了，也不能算作正式的确认，因为没有公事流程的书面确认。当然，特殊事情、突发事情例外。同理，在大家都休息的时间，也不要忙于复杂的工作，因为心思不净、信息不全，且没有第三方的信息和意见作参考，难以准确判断。

是不是感觉工作态度有问题，不够主动积极？其实，工作不只是看态度，更是要看效率和结果。应该在工作时沟通的事情，放在了非工作时间，那么工作时间做什么？是否考虑到了别人的工作状态？是否考虑到了自己的工作状态符合企业运营管理的制度与否？

颜渊死，颜路请子之车以为之椁。子曰：“才不才，亦各言其子也。鲤也死，有棺而无椁。吾不徒行以为之椁。以吾从大夫之后，不可徒行也。”

——《先进第十一》

字面解读：颜渊死了，他的父亲颜路请求孔子卖掉车子给颜渊买个外椁。孔子说：“不管有才或无才，总是各自的儿子。我的儿子孔鲤死的时候，也是有棺无椁。我不能卖掉自己车子步行而给他买椁。因为我担任过大夫一级的官员，是不可以步行的。”

商人《论语》：人情归人情，道理归道理。不同层级的员工，责任、权力大小不同，所享受的福利待遇也有所不同。差异性是“礼”的一部分，也是规章制度的一部分。

规章制度落实到人，权责大小各有不同。

子路问：“闻斯行诸？”子曰：“有父兄在，如之何其闻斯行之？”冉有问：“闻斯行诸？”子曰：“闻斯行之。”公西华曰：“由也问闻斯行诸，子曰‘有父兄在’；求也问闻斯行诸，子曰‘闻斯行之’。赤也惑，敢问。”子曰：“求也退，故进之；由也兼人，故退之。”

——《先进第十一》

字面解读：子路问：“听到了就行动起来吗？”孔子说：“还有父兄在，怎么能听到就行动起来呢？”冉有问：“听到了就行动起来吗？”孔子说：“听到了就行动起来。”公西华说：“仲由问‘听到了就行动起来吗’，你回答说‘有父兄在’；冉求问‘听到了就行动起来吗’，你回答说‘听到了就行动起来’。我有些迷惑，大胆请教。”孔子说：“冉求总是退缩，所以我鼓励他；仲由好勇过人，所以我约束他。”

商人《论语》：企业制度不能因人设而变化。但是，在工作指导的时候，要因人而异，根据每个人的个性不同，给予不同的帮助和建议。

运营之道，不仅在事情上通达，在人因素上也要通达。

仲弓问仁。子曰："出门如见大宾，使民如承大祭。己所不欲，勿施于人。在邦无怨，在家无怨。"仲弓曰："雍虽不敏，请事斯语矣。"

——《颜渊第十二》

字面解读：仲弓问仁。孔子说："出门办事如同去接待贵宾，使唤百姓如同去进行重大的祭祀。自己不愿意做的事，就不要强加给别人。在朝廷办事没有怨恨，退职在家也没有怨恨。"仲弓说："我虽然愚钝，也要照您的话去做。"

商人《论语》：孔子的回答是先说到行为表现，再谈到行为动机。企业制度要尊重人，不仅要考虑事情的合理性，还要从人的心理接受度来考虑。执行企业制度，也要尊重人的因素，不要以管理的姿态去颐指气使地使唤。

制度的设定，要考虑人的因素。

子曰："片言可以折狱者，其由也与？"子路无宿诺。

——《颜渊第十二》

字面解读：孔子说："只听了一部分的供词就可以判决案件的，大概只有仲由吧。"子路履行自己的承诺从不拖沓。

商人《论语》：为什么子路不听完呢？是子路太聪明，还是太莽撞呢？我觉得也许不是子路聪明与否的问题，而是子路"依礼行事"，按照规章制度办事，不用接条子，不用等批示，所以不用"再研究研究"，自然就会很快。而且，子路的行动力很强。

企业管理也是如此的。不要听或少听那么多的理由，只看过程是否符合制度，结果是否"名实"相符。企业的行动力也要强，任何一项项目开展，一定要标明开始时间、结束时间，以及过程中重要的时间节点。

子曰："苟正其身矣，于从政乎何有？不能正其身，如正人何？"

——《子路第十三》

字面解读：孔子说："假若主政者端正自身，治理国家还会有什么难题？不能端正自身，又怎么能端正别人？"

商人《论语》：在企业的规章制度面前，干部和员工是平等的。而且，企业的大小干部还要起到以身作则的作用。

叶公语孔子曰："吾党有直躬者，其父攘羊，而子证之。"孔子曰："吾党之直者异于是：父为子隐，子为父隐，直在其中矣。"

——《子路第十三》

字面解读：叶公对孔子说："我家乡有个正直的人，父亲偷羊，儿子告发了他。"孔子说："我家乡正直的人不同：父为子隐瞒，子为父隐瞒，正直的定义就在其中了。

商人《论语》：在孔子看来，礼的背后是仁，是人与人之间的关爱。所以，礼要体现出关爱。仁比礼大，礼比法大。

企业管理要严肃和严谨，最好是父子亲属分开，免得大家为难。

陈成子弑简公。孔子沐浴而朝，告于哀公曰："陈恒弑其君，请讨之。"公曰："告夫三子。"孔子曰："以吾从大夫之后，不敢不告也。君曰'告夫三子'者。"之三子告，不可。孔子曰："以吾从大夫之后，不敢不告也。"

——《宪问第十四》

字面解读：陈成子杀了齐简公。孔子斋戒沐浴以后，朝见鲁哀公，报告说："陈恒把他的君主杀了，请你出兵讨伐他。"哀公说："你去报告那三位大夫吧。"孔子退朝后说："因为我曾经做过大夫，不敢不来报告，君主却说'你去告诉那三位大夫吧'！"孔子去向那三位大夫报告，但三位大夫不愿派兵讨伐。孔子说："因为我曾经做过大夫，不敢不来报告呀！"

商人《论语》：孔子是依礼行事，企业的员工也需要形成凡事依照制度而行的习惯，而不是有选择地展开工作。

企业管理要求依照制度要求，行使职位权责。

子曰："君子耻其言而过其行。"

——《宪问第十四》

字面解读：孔子说："君子认为说得多而做得少是可耻的。"

商人《论语》：绩效考核要客观地评判员工工作的过程和结果、工作计划与实际完成情况，而不是根据计划报告和总结报告写得好或坏来奖惩。

子曰："不逆诈，不亿不信，抑亦先觉者，是贤乎！"

——《宪问第十四》

字面解读：孔子说："不预先揣测别人欺诈，也不无根据地猜测别人不诚信，却能及早发现问题，是贤人吧。"

商人《论语》：我们期望于企业的各级领导是贤才，可以查见问题未发生前的端倪并制止。但是，企业的领导并不都是贤才，没有那种能力怎么办？建立制度，运用制度的客观性和独立性，可以在不预测、不猜测的前提下，"见微知著"地发现可能存在的问题，就是企业运营过程的管理。

不是所有的工作要到出结果才知道好与坏的，更多的工作，通过其过程就可以看出结果。所以，企业的一些制度对于工作过程的把控非常重要。

子曰："上好礼，则民易使也。"

——《宪问第十四》

字面解读：孔子说："在上位的人爱好礼，那么百姓就容易听从指使。"

商人《论语》：企业家和部门负责人若能带头遵守公司的规章制度，企业员工就容易听从制度的约束。

子路问君子。子曰："修己以敬。"曰："如斯而已乎？"曰："修己以安人。"

曰："如斯而已乎？"曰："修己以安百姓。修己以安百姓，尧舜其犹病诸？"

——《宪问第十四》

字面解读：子路问君子。孔子说："修养自己并敬天、敬人、敬事。"子路说："这样就够了吗？"孔子说："修养自己，使百姓们安乐。"子路说："这样就够了吗？"孔子说："修养自己，使百姓们安乐。能够修养自己使百姓们都安乐，就算是尧舜他们做得还不够好吧！"

商人《论语》：企业的管理制度不仅要保证每个人尽职尽责，还要保证每个人的工作能为他人提供良性的帮助，能为前一道工作的质量做二次检测和保障，能为后一道工作伸长胳膊做交接。

运营管理要使每个员工在一个利益相关联的链条上。

子曰："可与言而不与之言，失人；不可与言而与言，失言。知者不失人，亦不失言。"

——《卫灵公第十五》

字面解读：孔子说："可以向他建言，却不向他说出，是失掉了朋友；不向他建言，却向他说出，就是说错了话。有智慧的人既不会失去朋友，又不会说错话。"

商人《论语》：不管是该说的，还是不该说的，所有的汇报、沟通或建议，要按照规章制度来。这样，就不用担心自己的判断，也不用忧虑自己的情商了。

企业里要用制度来管理言行、保证权责。

子曰："躬自厚而薄责于人，则远怨矣。"

——《卫灵公第十五》

字面解读：孔子说："严格要求自己而少责备别人，那就可以避免别人的怨恨了。"

商人《论语》：按照规章制度，严格要求自己的职责；按照企业文化，严格要求自己的行为态度；按照品牌理念，严格要求自己的行为动机。

每个员工的行为都在企业经营的链条里上下关联。所以，做好自己的职责，多帮助他人，少去责备他人，就能培养出良好的团队合作氛围。

子曰："君子求诸己，小人求诸人。"

——《卫灵公第十五》

字面解读：孔子说："君子主动检查自身的问题，小人推卸问题给别人。"

商人《论语》：好的员工，是勇于做事的，也勇于承担责任，勇于改正过失。不好的员工，与此相反。

企业制度要尽量保证无论是君子还是小人，都能够"求诸己"。

子曰："君子不以言举人，不以人废言。"

——《卫灵公第十五》

字面解读：孔子说："君子不会凭一个人说的一句话就来举荐他，也不会因为那个人人品好坏或地位高下而否决他的话语权。"

商人《论语》：一贯重视人品和动机的孔子，竟然"不以人废言"，可见孔子的理智，其倡导的"礼"具有独立性。企业制度能否如君子一样，做到不凭一个人的言语和文字报告提拔他，还要查验他过往的言行和业绩，尊重每个人、每个岗位的话语权。至于其人的品质好与坏，其话语的对与错，是另一个层面的问题。

要以制度评价和对待人，而不是以个人的好恶或对方的好坏来进行。

子曰："吾之于人也，谁毁谁誉？如有所誉者，其有所试矣。斯民也，三代之所以直道而行也。"

——《卫灵公第十五》

字面解读：孔子说："对于别人，我诋毁过谁？赞美过谁？如果有所赞美的，必须是曾经考验过他的。这些民众啊，也是夏商周三代之所以能实行直道的基本民众。”

商人《论语》：孔子赞誉或批评他人的前提，是考察言行，而要考察言行的原因，是一个人和他周围的人不再是奉行直道的基本民众。人总还是人，直道与否取决于企业文化的教化之风。

所以，评价一个人的前提是考核，而考核的方式和方法，取决于他所在企业的企业文化。

子曰：“众恶之，必察焉；众好之，必察焉。”

——《卫灵公第十五》

字面解读：孔子说：“大家都厌恶的人，一定要仔细考察被人厌恶之处；大家都喜欢的人，一定要仔细考察被人喜欢之处。”

商人《论语》：评价一名员工，或者考核一个员工，不能只是依靠评审人的评语，还要考证评语中的具体之处，以及涉及事宜的翔实确切之处。只是人管人会累死人的。所以，企业管理人，首先要考虑企业文化的教化，要让员工有自我管理的意识，再用规章制度监控和规避员工的错误行为。

子曰：“过而不改，是谓过矣。”

——《卫灵公第十五》

字面解读：孔子说：“有了过失而不改正，就是真的过错了。”

商人《论语》：企业经营中，要允许员工犯错误。但是，不能允许员工“过而不改”，一错再错，就涉及员工的心态和动机了。

制度的刑惩，要偏向于屡教不改者。

陈亢问于伯鱼曰：“子亦有异闻乎？”对曰：“未也。尝独立，鲤趋而过庭。曰：‘学《诗》乎？’对曰：‘未也’。‘不学《诗》，无以言。’鲤退而学《诗》。他日，又独立，鲤趋而过庭。曰：‘学礼乎？’对曰：‘未也。’‘不学礼，无以立。’鲤退而学礼。闻斯二者。”陈亢退而喜曰：“问一得三：闻《诗》，闻礼，又闻君子之远其子也。”

——《季氏第十六》

字面解读：陈亢问伯鱼：“您在老师那里听到过什么特别的教诲吗？”伯鱼回答说：“没有呀。有一次他独自站在堂上，我快步从庭里走过。他问我：‘学《诗》了吗？’我回答说：‘没有。’他说：‘不学诗就不懂得怎么说话。’我回去就学《诗》。又有一天，他又独自站在堂上，我快步从庭里走过。他问我：‘学礼了吗？’我回答说：‘没有。’他说：‘不学礼就不懂得怎样立身社会。’我回去就学礼。我只听到过这两件事。”陈亢回去高兴地说：“我问一件事情，知道了三件事，知道了《诗》，知道了礼，又知道了君子不偏爱自己的儿子。”

商人《论语》：为何说企业没有运营管理就没有办法在市场中立足呢？商场如战场，一支没有经过训练、不懂得组织配合，也没有明确分工的部队，可以在商战中获得立足之地并获取胜利吗？

规章制度，是对企业员工个人行为的培训，也是对企业组织行为的约束。

孟氏使阳肤为士师，问于曾子。曾子曰：“上失其道，民散久矣。如得其情，则哀矜而勿喜。”

——《子张第十九》

字面解读：孟氏任命阳肤做狱官，阳肤向曾子请教。曾子说：“上位的人不依道行事，百姓已经很久没有得到仁德的教化了。你如果能审清案情，就应当怜悯他们，而不要自鸣得意。”

商人《论语》：规章制度的存在不只是为了惩戒错误行为，更是为了避免错误行为。所以，如果员工的错误行为越来越多，不仅要检查企业制度的问题，还要检查企业文化的问题。即使是制度出现了问题，也要尽量避免用人为因素来拯救，更应该改正制度、改变文化的教化。

规章制度，是辅佐于教化之用的。

子张问于孔子曰："何如斯可以从政矣？"

子曰："尊五美，屏四恶，斯可以从政矣。"

子张曰："何谓五美？"

子曰："君子惠而不费，劳而不怨，欲而不贪，泰而不骄，威而不猛。"

子张曰："何谓惠而不费？"

子曰："因民之所利而利之，斯不亦惠而不费乎？择可劳而劳之，又谁怨？欲仁而得仁，又焉贪？君子无众寡，无小大，无敢慢，斯不亦泰而不骄乎？君子正其衣冠，尊其瞻视，俨然人望而畏之，斯不亦威而不猛乎？"

子张曰："何谓四恶？"

子曰："不教而杀谓之虐；不戒视成谓之暴；慢令致期谓之贼；犹之与人也，出纳之吝谓之有司。"

——《尧曰第二十》

字面解读：子张问孔子说："要以什么宗旨来从政呢？"

孔子说："尊崇五种美德，摒弃四种恶行，就可以从政了。"

子张问："五种美德是什么？"

孔子说："君子给百姓恩惠却无所耗费，劳累百姓却不招来怨恨，虽有欲望却不过度贪婪，端庄自然却不傲慢，威武庄严却不凶猛。"

子张说："怎样叫要给百姓恩惠自己却无所耗费呢？"

孔子说："顺势利导百姓们去做对他们有利益的事，不就是给百姓恩惠却无所耗费吗？选择百姓可以劳作的时间和事情让百姓去做，这又有谁会怨恨呢？自己追求仁德便得到了仁德，还要再贪求什么呢？君子待人接物，无论人数多少、地位高低，不怠慢无礼，不就是端庄自然而不骄狂吗？君子衣冠端正，目光庄重，使人一见就心生敬畏尊重，不也是威严而不凶猛吗？"

子张问："什么叫四种恶行呢？"

孔子说："不经教化便加以刑惩叫作残虐；不加告诫便要看到成绩叫作

粗暴；轻慢法令约定又随意限期叫作鸡贼；好比是与人相处，收到得多付出得很少，叫作小气。”

商人《论语》：“五美四恶”集中体现了儒家的人力资源管理精神，也是儒家实用之学的经典。此段语录也放在了“管人理事”的章节，但全面的解读会放在“信之资源”中的“信之用在中庸”章节，阐释人力资源的管理之道。

智之经营

子曰：“君子病无能焉，不病人之不己知也。”

——《卫灵公第十五》

字面解读：孔子说：“君子只忧虑自己没有才能，不担心别人不了解自己。”

商人《论语》：企业经营最忧虑的问题不是客户不认识自己，也不是消费者不知道自己。积极的思维应该是企业有没有能力为消费者提供更有价值的产品和服务，有没有能力让更多的消费者认识和了解企业的产品和服务，有没有能力以最方便快捷的手段为消费者提供企业的产品和服务，有没有能力让更多的消费者认可企业的品牌理念、商业模式。

关于“病无能焉”，苏轼在《贾谊论》中进一步阐述说“非才之难，所自用者实难”。“自用者”是需要企业的经营智慧的，而企业的经营智慧，不应只是沙盘上的筹谋，还要决胜于千里之外，更要在胜利之后长期驻扎。此处就涉及现代营销学的营销战略和营销战术了，也就是新时代的商业模式和营销活动。商业模式不是固定不变的，需要定期修正、增补和删改。营销活动更是要随时随地随消费者的习惯变动而变动。所以，企业经营是以“变化”为唯一不变的，需要不断折腾在变化的路上。

企业经营，终究“经”的是市场，是商业模式；“营”的是买卖，是营销策略。我们中国人最为重视的“人”的因素，在商业模式和营销活动中，会有什么样的作用呢？认清商业“买卖”的本质，认清“买卖”双方的权重，认清“买卖”双方不同因缘的发生和聚合，就能握住不败的“定海神针”。

◎上智不移：知者不惑，仁者不忧，勇者不惧

子曰：“知者不惑，仁者不忧，勇者不惧。”

——《子罕第九》

字面解读：孔子说：“智慧的人不疑惑，仁爱的人不忧愁，勇敢的人无所畏惧。”

商人《论语》：为什么有经营智慧的人不会疑惑？因为方向明确，而且看清楚了外面的环境也看明白了自己的资源，会以趋吉避凶的方式来选择最有利的经营方式，达成自己的目标。

那么，外面需要看哪些？自己的层面要看什么？如何分析和比较？西方营销理论说得很清楚，比如PEST分析模型、波士顿矩阵、波特竞争力图示、定位理论、SWOT分析等。但是，西方营销理论中涉及人的很少。若是结合《孙子兵法》里的“经之以五”和“知胜有五”，整体上就比较完整了。

“经之以五”（选自《计篇第一》）：“孙子曰：‘兵者，国之大事也。死生之地，存亡之道，不可不察也。故经之以五，校之以计，而索其情：一曰道，二曰天，三曰地，四曰将，五曰法。道者，令民与上同意者也，可与之死，可与之生，民弗诡也。天者，阴阳、寒暑、时制也。地者，高下、远近、险易、广狭、死生也。将者，智、信、仁、勇、严也。法者，曲制、官道、主用也。’”

“知胜有五”（选自《谋攻篇第三》）：“故知胜有五：知可以战与不可以战者胜，识众寡之用者胜，上下同欲者胜，以虞待不虞者胜，将能而君不御者胜。此五者，知胜之道也。故曰：知己知彼，百战不殆；不知彼而知己，一胜一负；不知彼，不知己，每战必殆。”

综合起来，两篇谈及人的因素有四：企业文化的教化之用，即保证企

业上下员工的齐心协力；企业的运营管理制度，即建立严谨的组织、制定实用的规章制度；企业的人才选拔制度，即选拔德才（智信仁勇严）兼备的人才；企业的人才任用制度，即权重、权责、权限。

子曰："君子，不重则不威，学则不固；主忠信，无友不如己者。过，则勿惮改。"

——《学而第一》

字面解读：孔子说："君子不自重就没有威严，没有主见的学习不会有收获；为人处世要以忠信为本，不要认为朋友不如自己。有了过错，就不要怕改正。"

商人《论语》：自重是自知的自重。经营之智，就是既要知道外在的市场因素，如经济状况、行业发展、竞争态势、地域风俗等，还要自知企业的资源和能力，以自我认知、自我能力的角度出发设计的商业模式，才能在经营实践中体现出来差异性，才会赢得市场尊重。

如果有了冷静的自我认知，就会有定力学习先进的经验和知识，最大可能地为己所用。学习，既是广泛的学习，也是有所取舍的契合企业品牌理念和经营实际的学习。企业经营，就是在学习中自我修正、自我成长。

经营之智，在于在自知前提下的学习。

子曰："由，诲女知之乎。知之为知之，不知为不知，是知也。"

——《为政第二》

字面解读：孔子说："由，教给你什么是'知'吧。知道的就是知道，不知道就是不知道，这就是真正的'知'啊！"

商人《论语》：企业经营的智慧，并不表现为"无所不知"，而是表现为清晰地知道自己知道什么、不知道什么。世界很大、市场也很大，不要思维狭小到只剩下自己知道和掌控的，还有很多未知的市场、未知的需求等待开发。可以说，你明白你不知道的越多，你的世界就越大。

经营之智，在于自知，在于自知不知。

子使漆雕开仕。对曰："吾斯之未能信。"子说。

——《公冶长第五》

字面解读：孔子派漆雕开去做官。漆雕开回答说："我还没有信心。"孔子听了很欢喜。

商人《论语》：商海有风险，经商要谨慎。要经商，就要有了解市场和自我认知后的信心，才能参与到激烈的市场竞争中，获得应得的利益。

经营之智，要有自知之后的"未能信"。

樊迟问知。子曰："务民之义，敬鬼神而远之，可谓知矣。"问仁。曰："仁者先难而后获，可谓仁矣。"

——《雍也第六》

字面解读：樊迟问孔子怎样才算是智。孔子说："致力于教化民众以仁义，尊敬鬼神但要远离它，就可以说是智了。"樊迟又问怎样才是仁。孔子说："有仁德的人率先做难做的事，最后一个收获结果，这可以说是仁了。"

商人《论语》：致力于对员工进行企业文化的教化，为消费者提供更有价值的产品和服务。由此而理性地分析市场因素，理智地制定企业的商业模式和营销策略，实实在在地经营企业，而不是求神拜佛祈求非市场因素的佑护。

经营之智，是靠企业自己努力的力量，靠企业全体员工努力的力量来发展壮大企业。

子曰："富而可求也，虽执鞭之士，吾亦为之。如不可求，从吾所好。"

——《述而第七》

字面解读：孔子说："财富如果是可以依循正道而求得的，就算是给人做执鞭的下等差事，我也愿意去做。如果不可能按照正道求得，那还是做些我喜好的事情吧。”

商人《论语》：经商的正道是什么呢？利人、利己、利于社会就是正道。

经营之智，是在商业正道上下求索的智慧。

曾子有疾，召门弟子曰：“启予足！启予手！《诗》云：‘战战兢兢，如临深渊，如履薄冰。’而今而后，吾知免夫，小子！”

——《泰伯第八》

字面解读：曾参生病了，召集他的学生们说道：“看看我的脚，看看我的手，《诗经·小雅·小旻》说：‘小心啊！谨慎呀！好像站在深渊旁边，好像踩在薄冰上面。’从今以后，我知道我的身体是不会轻易受到损伤的，弟子们！”

商人《论语》：企业也是个生命体，企业经营也要有健康状态。所以，要时时关注企业自身的状况，比如文化是否在起作用，管理是否适当，商业模式是否还有活力，营销活动是否有效用，运营是否顺畅等。

经营之智，在于时时自省、自测企业的健康状态。

子曰：“学如不及，犹恐失之。”

——《泰伯第八》

字面解读：孔子说：“学习知识的积极性，就像追赶不上什么。学习到了，若不温习更新又会担心丢掉什么。”

商人《论语》：学习，是学和习两个意思，一个是学，一个是学而后的练习。所以，学习在于向同行学、向市场学，还在于学以致用。

经营之智，在于不断地学和习。

子曰：“凤鸟不至，河不出图，吾已矣夫！”

——《子罕第九》

字面解读：孔子说：“凤鸟不来了，黄河中也不出现八卦图了。我算是尽力了！”

商人《论语》：市场环境不好，也无清晰的国家政策或行业政策可以认识和把握，此时的企业经营，还是保守一些好。

经营之智，在于对市场环境的认识和把控。

子贡曰：“有美玉于斯，韫椟而藏诸？求善贾而沽诸？”子曰：“沽之哉，沽之哉！我待贾者也。”

——《子罕第九》

字面解读：子贡说：“这里有一块美玉，是把它收藏在柜子里呢，还是找一个识货的商人卖掉呢？”孔子说：“卖掉吧，卖掉吧！我正在等着识货的人呢。”

商人《论语》：企业经营，只有在市场中实现“买卖”交易，才能实现企业经营的利益和利润。所以，要找到识货的人并实现交易，是企业经营的“沽之哉”。

经营之智，在于在市场中实现价值的兑现。

子在川上曰：“逝者如斯夫，不舍昼夜。”

——《子罕第九》

字面解读：孔子在河边说：“时光流逝就像这流淌的河水一样啊，日夜不停。”

商人《论语》：世事无常，市场善变，竞争无情。企业永远也不要妄想会在一个静态的、封闭的市场环境中安安静静地打着自己的经营算盘，算着自己的市场占有率和销售额、利润。

经营之智，在于看到市场的变化性和一些不确定性。

季路问事鬼神。子曰：“未能事人，焉能事鬼？”曰：“敢问死。”曰：“未知生，焉知死？”

——《先进第十一》

字面解读：季路问怎样去侍奉鬼神。孔子说：“还没能侍奉好活人，怎么能侍奉好鬼呢？”季路说：“冒昧地问死是怎么回事？”孔子回答说：“还未通晓活着的道理，干吗要去了解死呢？”

商人《论语》：企业怎样才会得到市场的青睐，抓住市场发展的机遇呢？先从最基础的工作开始，为消费者提供更优质、更具差异性的产品和服务。做好了服务消费者等基础的营销工作，才谈得上市场的青睐和机遇，才谈得上“天道酬勤”。

企业经营失败的因素很多，既有客观的市场因素，也有主观的经营因素。不过，成功和失败的因素是一样的，只是一个因素的正反两面而已。通晓了成功，也就了解了失败。

子曰：“回也其庶乎？！屡空。赐不受命，而货殖焉，亿则屡中。”

——《先进第十一》

字面解读：孔子说：“颜回的学问道德接近于完善了吧？！可是他常常贫困。端本赐（子贡）不接受天命安排，去囤货经商、猜测行情，竟每每猜中。”

商人《论语》：“赐不受命”，一些人翻译为不接受孔子的命令。其实，《论语》当中，在学生从政择业上，孔子很少命令谁做什么。所以，将“命”理解为儒生“达则兼济天下，穷则独善其身”的“天命”是合理的。合理在于，以上文字既能和颜回的命运对比起来，也能指出子贡的商贾之道不是孔子认可的儒生正道。现在看来，子贡的商贾之道，是货物成为商品的流通之道，不也是济世安民之道吗？

企业经营的至高境界是“品牌”营销。但是。并不是有了品牌理念，或有了一个好的“品牌”经营计划，企业就一定会赢得市场份额。企业经营不仅靠“品牌”，还要靠经营的智慧，也就是商业模式和营销活动，几个方面结合才能将品牌的价值变成市场认知的价值。

经营之智，在于突破现有的“天命”规则。

子畏于匡，颜渊后。子曰：“吾以女为死矣。”曰：“子在，回何敢死？”

——《先进第十一》

字面解读：孔子在匡地受到当地人围困，颜渊最后才逃出来。孔子说：“我以为你已经死了呢。”颜渊说：“您还活着，我怎么敢死呢？”

商人《论语》：颜回最终还是因“学习过度”而先于孔子去世了。不过，颜回的“不敢先死”以追随老师的学习精神，恰似企业品牌全心全意服务于消费者的精神。不过，企业经营要注意各个要素的健康和要素之间的平衡，不能唯品牌而造成费用成本过大，或唯重营销而忽视了企业管理，最终导致企业经营的不健康，甚至是破产倒闭。

经营之智，在于企业各个要素的健康，以及要素平衡的整体健康。

子曰：“人无远虑，必有近忧。”

——《卫灵公第十五》

字面解读：孔子说：“一个人考虑问题，如果不深谋远虑，那么一定会被近在眼前的问题困扰。”

商人《论语》：企业经营中，如果能够未雨绸缪，将战略规划做得长远周密，那么遇到的问题基本上会有预见。因为有预见，就有解决的预案，所以解决起来也会从容不迫。反之，没有深谋远虑的规划，遇见问题就无从分类、判断，无从判断是发展道路上的必然还是偶然，是规划本身的问题还是规划之外的问题，解决起来肯定是费思量的。

经营之智，在于长远规划，并审慎推理、预见问题。

孔子曰：“君子有三畏：畏天命，畏大人，畏圣人之言。小人不知天命而不畏也，狎大人，侮圣人之言。”

——《季氏第十六》

字面解读：孔子说："君子有三种敬畏：敬畏天命，敬畏王公大人，敬畏圣人之言。小人不知道天命，因而也不敬畏，轻慢王公大人，轻侮圣人之言。"

商人《论语》：所谓智者，并不意味着就是能掌控一切的从容布局者，应该是知道能有所为和有所不为的选择者。不为，是不能够作为的，如客观规律一样不可违背，要心存敬畏的。就企业经营而言，要心存敬畏的对象是市场因素、政治因素、商业规律。

经营之智，在于知道什么是不能违背的，也知道什么是可以慢慢去影响的。

子曰："唯上智与下愚不移。"

——《阳货第十七》

字面解读：孔子说："只有上等的智慧和下等的愚蠢是不可使之改变的。"

商人《论语》：在《论语》里，上智是"生而知之者"，下愚是"其愚不可及也"。上智的不移，是企业从建立之初，就有着明确不变的经营宗旨和品牌理念，不会因为市场因素的纷纷扰扰起起落落而改变，改变的是千方百计尝试各种方法来达成自己的商业目标，如商业模式、运营方式、营销策略、产品和服务等。下愚的不移，是执着于"意、必、固、我"，是"不看、不听、不闻、不问"，一条道走到黑，撞到南墙也不回头。

经营之智，在于明智而后的执着。

◎君子不器：子云，"吾不试，故艺"

子曰："君子不器。"

——《为政第二》

字面解读：孔子说："君子不能像器具那样，只固定在某一方面有用途。"

商人《论语》：企业经营，要有固定的商业模式。只有相对固定的商业模式才能凝聚各个经营要素，以组织形式为消费者提供相对稳定的、具有差异性价值的产品和服务，并在一段时间里获得稳定的经营收益。

然而，企业也不能长时间固守着一个商业模式，要随市场环境、行业动态、技术变革、消费需求等市场因素的变化而变化，要随竞争对手策略的变化而变化，还要考虑行业或跨行业的商业模式合作的各种可能性，给予消费者更多的选择。

企业的商业模式是动和静、变和不变的结合。商业模式内蕴藏着从量变到质变的变化。

牢曰："子云，'吾不试，故艺'。"

——《子罕第九》

字面解读：子牢说："先生说过，'我不是为了做官而学习，所以会许多技艺'。"

商人《论语》：从孔子的话可以看出孔子学习的目的不是为了做官，那么，孔子为什么学习呢？为了实践"仁"，为了复兴"礼"。为了远大的目的，所以多才多艺，可以做官，也可以做教育，辅导学生们做官。

企业的商业模式，不是为了拉投资而匆忙赶出的PPT，也不是为了"面子工程"或某种非市场因素的喜好而连夜画出的蓝图。"纸上谈兵"的商业模式对于企业的经营实践没有多大帮助。具有品牌理念的商业模式，是在企业的生存和发展的过程中不断实践、逐渐经营而成的。只有各个经营要素完整，企业才会有很强的市场适应能力。

商业模式的完整性，是在市场实践中学习和完善的。

子曰："不患人之不己知，患不知人也。"

——《学而第一》

字面解读：孔子说："不怕别人不认识自己，只怕自己不认识别人。"

商人《论语》：企业的商业模式是在分析了国家政策、行业发展、市场空间、现有同行、消费者利益等市场因素的基础上，结合企业的资源能力设计而成，既有向外的了解，也有向内的分析。由此，商业模式才能实现消费者认知的差异化，才有能力实现差异化。

商业模式，要有对市场环境的敏感性认知力。

王孙贾问曰："'与其媚于奥，宁媚于灶'，何谓也？"子曰："不然。获罪于天，无所祷也。"

——《八佾第三》

字面解读：王孙贾问孔子："'与其向房屋里西南角的尊神奥献媚，不如向灶神献媚'，这句话是什么意思？"孔子说："不该这样的。如果得罪了上天，向任何神祈祷也没有用。"

商人《论语》：企业的商业模式，是要更好地服务于消费者，也是要讨好消费者的。但是，必须遵循国家法律和商业道德，以及企业所在行业的生态状态，不能坑蒙拐骗，不能贪图一己之利，更不能乱走捷径。

建立商业模式时，不能为了讨好消费者而忽视了法规政策和商业道德。

子谓南容，"邦有道，不废；邦无道，免于刑戮。"以其兄之子妻之。

——《公冶长第五》

字面解读：孔子评论南容说："国家政治清明时，他不被废弃有官做；国家政治黑暗时，他也不至于受到刑罚迫害。"于是，孔子把自己哥哥的女儿嫁给了他。

商人《论语》：商业模式，就像变形虫一样，要随市场环境的变化而趋利避害地生存或发展，在良好的市场环境里，会有好的发展；在恶劣的市场环境中，也要有保全自己的能力。

商业模式随市场变化而变化，要有自我保护的能力。

子贡问曰："赐也何如？"子曰："女，器也。"曰："何器也？"曰："瑚琏也。"

——《公冶长第五》

字面解读：子贡问孔子："我怎么样？"孔子说："你呀，好比一个器具。"子贡又问："是什么器具呢？"孔子说："宗庙里盛放黍稷的玉器瑚琏。"

商人《论语》：瑚琏，是用于盛放祭祀用粮食的精美器具，不是单纯地装饰摆设用的器具。可见子贡不但有才能，还兼有礼仪之美。以上是孔子给子贡定位的"天命"，子贡也的确表现出过杰出的外交才华。只是，前文里说"赐不受命"，子贡后来确实经商赚了很多的钱财。

企业商业模式的设计，是为了相比较于行业竞争对手能够更好地服务于消费者。可见，更好地服务于消费者是商业模式的实用价值。整个服务不只是提供品质可靠的产品，还有周到有礼的服务，让消费者的生理和心理预期得到满足。所以，服务也要兼有礼仪之美。

品牌企业的商业模式如"瑚琏"，不仅实用，还兼有礼仪之美。

孟武伯问："子路仁乎？"子曰："不知也。"又问。子曰："由也，千乘之国，可使治其赋。不知其仁也。""求也何如？"子曰："求也，千室之邑，百乘之家，可使为之宰也。不知其仁也。""赤也何如？"子曰："赤也，束带立于朝，可使与宾客言也。不知其仁也。"

——《公冶长第五》

字面解读：孟武伯问孔子："子路到仁的境界了吗？"孔子说："我不知道。"孟武伯又问。孔子说："仲由嘛，如果有一千辆兵车的国家，可以让他管理军事。我不知道他是不是做到了仁。"孟武伯又问："冉求又怎么样呢？"孔子说："冉求嘛，千户人家的都邑或一百辆兵车的大夫封地，可以叫他当总管。我也不知道他是不是做到了仁。"孟武伯又问："公西赤又怎么样呢？"孔子说："公西赤嘛，可以让他穿着礼服，站在朝廷上，接待外宾贵客。至于他是不是做到了仁，我不知道。"

商人《论语》：商业模式有很多种，一些擅长营销，求生存于市场；一些擅长技术，求强大于市场；还有一些擅长资源整合，求名噪一时引领潮流。但是，它们是否达到了品牌的高度，是不能匆匆断定的。品牌企业的商业模式，需要各个经营要素的高度均衡性。

仁爱消费者是品牌的基本理念，商业模式也是依此理念凝聚了经营的各个要素而形成的。所以，单一地看，营销策略不是商业模式，运营管理不是商业模式，企业文化也不是商业模式，品牌理念也不能代表商业模式。

品牌企业的商业模式，要有经营各个要素的均衡性。所谓均衡，是相对于失衡而言，并不意味着各个要素都是标准的100分，至少不能低于60分。

子谓子贡曰："女与回也孰愈？"对曰："赐也何敢望回？回也闻一以知十，赐也闻一知二。"子曰："弗如也，吾与女弗如也。"

——《公冶长第五》

字面解读：孔子对子贡说："你和颜回两个相比，谁更胜一些呢？"子贡回答说："我怎么敢和颜回相比呢？他呀，听到一件事就可以推知十件事；我呢，知道一件事，只能推知两件事。"孔子说："是不如他呀，我和你都不如他。"

商人《论语》：子贡是个聪明人，他的"闻一知二"，不是简单的"姓啥叫啥"，而是"知其然，知其所以然"，已经很厉害了。但是，颜渊更厉害，是闻一知十。也许颜渊懂得推理各种变化。

网络信息时代，企业对于市场信息不仅要具有"闻"的敏感性，还要从繁杂、真假难辨的信息中，认清真伪，去伪存真为我所用，需要有"闻一知十"的思考能力。

商业模式，要对信息敏感，还要具有缜密的思考能力。

子路有闻，未之能行，唯恐有闻。

——《公冶长第五》

字面解读：子路听到孔子讲述一条道理，在还没有深刻领悟并实践验证的时候，唯恐又听到新的道理。

商人《论语》：企业经营中，对于行业动态和市场信息快速反应的前提，基于企业本身资源和能力的思考。不是所有的市场信息和行业动态都是企业发展的好机遇。就算都是好的机遇，也要基于自身能力，抓住其一，而不是“熊瞎子掰苞米，掰一穗扔一穗”。

确立商业模式，也要先安静下来做好自己。

子曰：“宁武子邦有道则知，邦无道则愚。其知可及也，其愚不可及也。”

——《公冶长第五》

字面解读：孔子说：“宁武子这个人，当国家政治清明时，他就显得聪明；当国家政治黑暗时，他就装傻。他的那种聪明别人可以做得到，他的那种装傻别人就做不到了。

商人《论语》：企业的商业模式和拳击的左右手是一样的，不仅要有发现机遇时，连续出拳的能力，也要有防守时的自我保护能力。进攻靠的是企业的商业模式和营销策略，防守则需要企业的运营管理能力，特别是孔子说的“其愚不可及也”的自我保全能力，需要的是运营管理的“笨功夫”。

商业模式，需要严谨如愚的管理能力。

子在陈，曰：“归与！归与！吾党之小子狂简，斐然成章，不知所以裁之。”

——《公冶长第五》

字面解读：孔子在陈国说：“回去吧！回去吧！家乡的学生们虽然志向远大，但行为还是轻狂简单。他们虽然有才华，但还不知道怎样应用于世。”

商人《论语》：即使有仁济天下的胸怀和冲进世界500强的抱负，企业在经营的实际中，也要体现出商业模式的具体性、差异性。商业模式不可能做到面向所有市场，而一定要针对目标消费群体，有所为、有所不为。

商业模式的设计，是裁剪而出。

子曰："贤哉，回也！一箪食，一瓢饮，在陋巷，人不堪其忧，回也不改其乐。贤哉，回也！"

——《雍也第六》

字面解读：孔子说："贤德啊，颜回！一竹筐饭，一瓜瓢水，住在简陋的小巷子里，是别人都忍受不了的穷困清苦，颜回却没有改变他的自得其乐。颜回多么贤德啊！"

商人《论语》：孔子称赞颜回贤德的语言非常具体生动，简直就是一个"手不释卷、安贫乐道"的小视频。企业品牌的理念也要靠商业模式的具象化来展现。哪怕是商业模式的建立初期，也要体现出品牌的理念。

再简陋的商业模式，也要能体现出品牌的理念。

子曰："衣敝缊袍，与衣狐貉者立而不耻者，其由也与？'不忮不求，何用不臧？'"子路终身诵之。子曰："是道也，何足以臧？"

——《子罕第九》

字面解读：孔子说："穿着破旧的丝棉袍子，与穿着狐貉皮袍的人站在一起而不觉得自卑的，大概只有仲由吧。《诗经》上说：'不嫉妒，不贪求，怎么能说不好呢？'"子路听后，反复背诵这句诗。孔子又说："仅念叨这两句话，怎么能说够好了呢？"

商人《论语》：孔子之前夸奖子路的个人操守，接着又批评鼓励子路，不能只做独善其身的罗汉，还要做兼济天下的菩萨。兼济天下，是儒生也是"士"的入世精神。

企业规模有大小不同，但商业模式没有高低之分。商业模式终究是要在市场营销中得到验证，商业模式的价值也需要市场的认可。

闵子侍侧，訚訚如也；子路，行行如也；冉有、子贡，侃侃如也。子乐。

“若由也，不得其死然。”

——《先进第十一》

字面解读：闵子骞侍立在孔子身旁，一派和悦而恭谨的样子；子路是一副刚强好动的样子；冉有、子贡是温和自在的样子。孔子很高兴。但孔子又说：“像仲由这样，只怕不得好死吧！”

商人《论语》：企业的商业模式和人一样，也是具有性格特点的。商业模式是由各个经营要素聚合而成，但是主导因素主导了模式的性格。比如子路好战的样子，就像是由面向竞争对手的市场营销策略而主导的商业模式。子路式的商业模式，短期从市场获益的可能性很大。但是，如果营销策略失去了面向消费者的态度，也会失去企业品牌面向消费者的独立价值，企业经营将很难持久。

商业模式的主导因素会主导模式的性格。

子曰：“邦有道，危言危行；邦无道，危行言孙。”

——《宪问第十四》

字面解读：孔子说：“国家有道，要正言正行；国家无道，还要正行，但说话要小心谨慎。”

商人《论语》：企业经营中，无论市场环境如何，都要坚持品牌理念。只是在市场环境恶劣时，要注意商业模式发展的可控制性，尽可能少冒风险。

商业模式调整中，要根据市场环境的不同，选择不同的、或发展或保守的策略。

子夏曰：“虽小道，必有可观者焉。致远恐泥，是以君子不为也。”

——《子张第十九》

字面解读：子夏说：“虽然是小道，一定有可以赞赏之处。但是一味坚持小道走下去就会陷入泥潭，所以君子不会做的。”

商人《论语》：企业的商业模式，可以在一个窄位里做强。但是，若是固守着一个狭窄的定位，企业的发展空间就会受到限制，甚至不得不被动地面对竞争对手的直接打压而没有回旋腾挪的余地。

商业模式，是可以一点一点突破、做强的，与此同时，也要扩充自己的价值链和生态链。

子夏曰："博学而笃志，切问而近思，仁在其中矣。"

——《子张第十九》

字面解读：子夏说："广泛学习而能坚守志向，考虑问题系统细致还能从眼前的实际出发，仁就在其中了。"

商人《论语》：企业的商业模式，若是也做到了以上四点，品牌的社会价值自然也就被认可了。企业经营中可以理解为，谦虚的学习心态，广泛的信息系统；坚持服务消费者的品牌价值观；营销战略的深谋远虑，内外筹谋；营销策略的完整性、实际性。

商业模式，始于一，成形于四。

◎营销三戒：生存期忌"投机取巧"，发展期忌"单一导向"，成熟期忌"以老大自居"

孔子曰："君子有三戒：少之时，血气未定，戒之在色；及其壮也，血气方刚，戒之在斗；及其老也，血气既衰，戒之在得。"

——《季氏第十六》

字面解读：孔子说："君子有三种戒忌：年少的时候，血气还未养成，要警戒迷恋女色；等到壮年时，血气方刚，要警戒与人争斗；等到老年了，血气已经衰弱了，要警戒贪得无厌。"

商人《论语》：企业的营销策略要随商业模式而定，要以消费者需求为导向。但是，在企业的实际经营过程中，营销策略不可避免地会受到其他因素的影响。

1. 企业的生存期，忌讳迷恋“易得偏得”，忌讳“投机取巧”，不注重营销策略整体格局的均衡性和营销资源笨功夫的打造。

2. 企业的发展期，忌讳过度以竞争对手为导向的营销策略。单一导向容易得一时之功，但是也容易失去品牌自我存在的价值，会失去企业自我发展的道路。

3. 企业的成熟期，忌讳以老大自居，犯保守主义错误，不进取不创新，失去企业持续创新发展的力量。

即使是在面对目标市场和消费者时，生存期也忌讳只在现有的消费市场里反复“淘井”，不去开辟新的市场。在发展期，拥有了品牌知名度时，很多营销活动习惯于照企业的标准去说服消费者，而不是服务于消费者的需求喜好。在某一类的产品或服务陷入衰落期时，还恋战不去，不及时更新换代产品和服务。

以上三戒，可以用于营销，也可以用于企业经营的其他要素。

子曰：“视其所以，观其所由，察其所安。人焉廋哉？人焉廋哉？”

——《为政第二》

字面解读：孔子说：“考察一个人的言行动机，观察他所采取的方式方法，看清他最终的目的是什么。如此，一个人能隐藏什么呢？又怎么隐藏得了呢？”

商人《论语》：商海中，同行业的关系，既是合作也是竞争。竞争对手的动向是必须关注的，毕竟双方在抢占同一个消费市场，不存在泾渭分明的市场分割和双赢。企业好比是食肉类动物，攫取更大的市场份额和利益，是企业经营的内在驱动力。

了解竞争对手，就是要看他在做什么，为什么这么做，他怎么做的，他做得怎么样，他想做到什么程度；还有，他没做什么，他为什么没有做。

营销难免竞争，要看见竞争对手的动向，更要看清竞争对手的策略。

子曰："君子无所争，必也射乎！揖让而升，下而饮，其争也君子。"

——《八佾第三》

字面解读：孔子说："君子没有什么可与别人争斗的事情。如果有，那就是射箭比赛了。射箭前，先相互作揖谦让，然后上场。射完后，又相互揖让登堂喝酒。这就是君子之争。"

商人《论语》：企业之间不可避免的就是竞争，即使是有针对性的，也是商业模式、营销方式差异化的"阳谋之争"。大家只是用不同的方式，或者认为在用更有价值的方式为消费者服务。争夺消费者的信赖，比的是项目的周到、服务内容的实际、服务态度的礼貌，而不是互相诋毁攻击。

营销的竞争，是坚持做好自己，尊重竞争对手。

子曰："射不主皮，为力不同科，古之道也。"

——《八佾第三》

字面解读：孔子说："比赛射箭，不在于是否穿透靶子，因为各人的力气大小不同。这是古时的规矩。"

商人《论语》：企业的营销策略在于找到目标消费者，向消费者传递不一样的价值，并努力保持与消费者的良性沟通，期望获得消费者购买和持续购买的忠诚度。但是，不能使用各种不正当的手段，欺骗、捆绑消费者来建立持续购买的"忠诚度"。

品牌企业的营销，会给予消费者选择和再次选择的空间尊重。

子曰："不患无位，患所以立；不患莫己知，求为可知也。"

——《里仁第四》

字面解读：孔子说："不担心没有职位，只担心没有立身的根基；不怕没有人知道自己，努力追求自身值得别人知道的价值。"

商人《论语》：只要有了商业模式，就有了企业立身的图纸，而营销活动，就是要千方百计地努力建设它，证明企业的商业模式的独特价值，证明自己的产品和服务的差异性。

营销要坚持，要孜孜以求。

子曰："古者言之不出，耻躬之不逮也。"

——《里仁第四》

字面解读：孔子说："古代人不轻易言诺，因为他们以自己说到而做不到为耻辱。"

商人《论语》：企业营销，无论是公之于众的媒体广告，还是终端服务人员的言辞，要慎之又慎，不能夸大其词，也不能弄虚作假。

营销的言辞，要"言必行"，所以必须慎重。

子曰："君子欲讷于言而敏于行。"

——《里仁第四》

字面解读：孔子说："君子说话要谨慎，而行动要敏捷。"

商人《论语》：营销广告的言辞要谨慎，而营销服务要敏捷周到，还要"行必果"。

子曰："事父母几谏，见志不从，又敬不违，劳而不怨。"

——《里仁第四》

字面解读：孔子说："侍奉父母，应该轻微、委婉地劝阻他们的错误。看到自己的意见没有被听从，仍然恭敬地不违逆他们，替他们操劳而无抱怨。"

商人《论语》：企业之于消费者的营销活动，是柔和的自我介绍，不是强行推销，更不是硬性的教育。如果柔和的态度被拒绝，还有继续沟通的可能，可一旦消费者心生恶感，就没有继续的机会了。

营销如春风，持续但不自己招人厌烦。

子曰："父母在，不远游，游必有方。"

——《里仁第四》

字面解读：孔子说："父母在世，不远离家乡。如果不得已要出远门，也必须有明确的去向。"

商人《论语》：企业将消费者当作"衣食父母"，所以，企业的营销活动不应该偏离自己的道路，要输出品牌理念、企业文化的人文关怀和产品服务的价值差异。如果有所偏离，也一定是具有明确的营销目的，比如终端促销、提高知名度等。

营销策略和活动，要有具体的目的性。

子游曰："事君数，斯辱矣；朋友数，斯疏矣。"

——《里仁第四》

字面解读：子游说："侍奉君主太过烦琐，就会招致侮辱；结交朋友太絮叨，就会被疏远了。"

商人《论语》：营销服务的敏捷周到，是围绕企业产品的价值而为的，就算是服务的延伸，也要围绕企业的品牌理念、商业模式和产品的价值特性而开始，不要乱搭。

营销服务的周到，要有核心重点，要有所不为。

或曰："雍也仁而不佞。"子曰："焉用佞？御人以口给，屡憎于人。不知其仁，焉用佞？"

——《公冶长第五》

字面解读：有人说："冉雍有仁德但没有口才。"孔子说："何必要口才呢？如果靠伶牙俐齿和人辩驳，常常会招致别人的讨厌。我不知道他是不是有仁德，但能言善辩的口才又有什么用处呢？"

商人《论语》：营销活动是企业市场营销的重要手段，是拉近企业和消费者距离，促使彼此互相认识、沟通的最佳手段。但是，容易在终端陷入单一的目的性，变成为了销售而做活动，为了销售而虚夸产品和服务的价值，甚至直接攻击竞争对手，就偏离了营销活动的诚信本质，忽视了品牌理念的输出、文化价值观的传送，忽略了营销活动对于商业模式的价值表达。

营销活动，不是靠说服消费者而获得销售的。

子曰："道不行，乘桴浮于海。从我者，其由与？"子路闻之喜。子曰："由也好勇过我，无所取材。"

——《公冶长第五》

字面解读：孔子说："如果我的仁政主张行不通，我就乘上木筏子到海外去，跟从我的大概只有仲由吧！"子路听到很高兴。孔子说："仲由啊，好勇超过了我，现在没有用武之地啊。"

商人《论语》：通常翻译"无所取材"为"执政能力"，是说子路有勇无谋。我觉得是符号化了子路，和子路"片言可以折狱"的明达爽直形象不符。所以，我翻译为"没有用武之地"。企业的营销策略和活动，是要在企业的商业模式确定了之后，才能发挥其传播品牌理念、传递企业文化、传输产品价值的作用。

营销策略之动，需要在商业模式的平台上，至少也要在产品特点的基础上做出反应。

子在陈，曰："归与！归与！吾党之小子狂简，斐然成章，不知所以裁之。"

——《公冶长第五》

字面解读：孔子在陈国说："回去吧！回去吧！家乡的学生们虽然志向远大，但行为还是轻狂简单。他们虽然有才华，但还不知道怎样应用于世。"

商人《论语》：企业的营销策略，最重要的是目标消费者聚焦后，营销各个要素"一以贯之"地聚合在产品服务的提供上。从产品设计的风格，到产品功能的取舍，再到价格体系的层级，以及媒体传播渠道、产品购买渠道的选择和营销信息的针对性、即时性等，一定要以消费者为唯一面向，以及时周到的服务为裁剪标准。

营销策略的制定，要围绕满足消费者需求而裁裁剪剪。

子曰："晏平仲善与人交，久而敬之。"

——《公冶长第五》

字面解读：孔子说："晏平仲善于与人交朋友，相识越久，别人越是尊敬他。"

商人《论语》：晏平仲的"善与人交"是说他长袖善舞，见人说人话，见鬼说鬼话吗？只要是富有生活经验的人，就知道和那样的人相识越久，越是得不到别人的尊重。相识越久，越能得到别人尊重的，只有"仁爱忠恕"的品格和"急公好义"的作为。

营销固然有销售的目的性，但是还要输出品牌理念和企业文化，以德服人。

子曰："孰谓微生高直？或乞醯焉，乞诸邻而与之。"

——《公冶长第五》

字面解读：孔子说："谁说微生高很直爽？有人向他讨点醋，他不直说没有，却暗地跑到自己邻居家里讨了点给人家。"

商人《论语》：企业的营销服务要围绕自己的商业模式而展开，做好自己的分内之事，不能为了厚爱消费者而去做自己平时不做或不擅长做的事情。行仁，要有行仁的本身资源。否则，终不长久。

营销，做好自己能做该做的事情，是"直道而行"的诚信行为。

子曰："已矣乎，吾未见能见其过而内自讼者也。"

——《公冶长第五》

字面解读：孔子说："失望啊，我还没有见过有谁在见到他人过失时，能主动地进行自我反省。"

商人《论语》：孔子没有见过的，现在已经是企业经营自我检查、反省的基础常识。企业的营销策略一般是两个面向：正向是消费者，传播企业的品牌、文化和商业模式的价值；侧向是竞争对手，用攻击或防守去彰显自己商业模式的差异性。在市场营销的实践中，营销策略会不断地根据两个面向的情况做调整。当然，上市公司也许还会有股市面向的，另当他论。

营销策略，也要“以他山之石，攻己之玉”。

季氏使闵子骞为费宰。闵子骞曰：“善为我辞焉。如有复我者，则吾必在汶上矣。”

——《雍也第六》

字面解读：季氏派人请闵子骞去做费邑的长官，闵子骞对来人说：“请你好好替我推辞吧。如果再来召我，那我一定会逃到汶水北边去了。”

商人《论语》：营销策略，就市场面向和渠道选择而言，也是有分别心的，有的地域、市场和渠道，暂时不适合进入。

营销策略的具体实施，是有分别心的选择。

子曰：“不有祝鮀之佞，而有宋朝之美，难乎，免于今之世矣。”

——《雍也第六》

字面解读：孔子说：“假使没有祝鮀那样的口才，即使有宋朝的帅气英俊，在今天的社会上避免灾害也是艰难的。”

商人《论语》：品牌的理念或商业模式的价值观，最终要靠营销策略得以实现，要靠营销活动得以快速推进。现代商业社会的供应远远大于需求，若没有营销策略的推动，企业经营是难以走出自家大门的。

营销策略和营销活动，是企业经营的必然手段。

子曰：“质胜文则野，文胜质则史。文质彬彬，然后君子。”

——《雍也第六》

字面解读：孔子说："人的本质多于文化修养，难免会粗俗野蛮。文化修养多于人的本质，就流于虚伪浮夸。只有人的本质和文化修养配合适当，才是个君子。"

商人《论语》：企业的营销策略、商业模式和产品服务，三者之间怎么配也应该是"文质彬彬"的关系。离开了商业模式和产品本质的过度营销是虚伪，而过度重视产品的技术而轻服务轻营销，则是不能以礼相待消费者的傲慢粗俗，没有产品基础的商业模式，是"空中楼阁"。

营销如文，商业模式如质，文质彬彬，然后才是品牌。

子曰："三人行，必有我师焉。择其善者而从之，其不善者而改之。"

——《述而第七》

字面解读：孔子说："一起走路的三个人，其中必定有人可以做我的老师。我选择他好的优点向他学习，看到不好的就作为借鉴，改掉自己的缺点。"

商人《论语》：营销策略的"三人师"，是要向商场同行学习，向消费者请教，向竞争对手借鉴。

子曰："盖有不知而作之者，我无是也。多闻，择其善者而从之；多见而识之。知之次也。"

——《述而第七》

字面解读：孔子说："大概有一种什么也不懂却凭空做事的人，我却没有做过。多听，选择其中好的加以接受；多看，然后深记在心里。就算是次一等的获取知识（第一等的是生而知之者）。"

商人《论语》：企业的营销策略，不能闭门造车。对于市场信息、竞品动态和消费需求的调查是非常必要的。信息的重要性，不仅在于多听和多看，重要的是"多思"和"多用"。

互乡难与言。童子见，门人惑。子曰："与其进也，不与其退也，唯何甚？人洁己以进，与其洁也，不保其往也。"

——《述而第七》

字面解读：互乡那个地方的人很难交流，而互乡的一个童子却得到了孔子的接见，学生们感到迷惑不解。孔子说："我们应该赞成他的进步，不赞成他的退步，何必做得那么过分？人家改正了自己以求进步，我们应该肯定他的改正，不要抓住他的过去不放。"

商人《论语》：关于"难与言"，一部分理解为语系，比较常见的理解为品性习俗。企业营销是具有一定消费群体面向的。但是，消费群体的设定并不是封闭性的，而是有一定程度的开放性。开放的前提是对方的"洁己以进"，认可企业的品牌理念和商业模式的价值，而不是企业营销生拉硬拽他进来。

营销活动，传播企业的品牌理念，会得到更多消费者的认可。

曾子曰："以能问于不能，以多问于寡；有若无，实若虚；犯而不校。昔者吾友尝从事于斯矣。"

——《泰伯第八》

字面解读：曾参说："有才能却向没有才能的人请教，知识丰富的人向知识少的人请教，有学问却像没学问，饱读诗书却好像没有学习过，被人侵犯也不计较。从前我的学友就是这样做的。"

商人《论语》：若是揣着明白装糊涂，难道不是很虚假的礼貌吗？其实曾子说的不是礼貌的意思，而是求学的谦虚心态。凡是真心静下来研究学问的，就会知道思路封闭性的可怕，知道学海中自己的渺小，知道思路碰撞的可贵。所以，"以能问于不能，以多问于寡；有若无，实若虚；犯而不校"是很正常的学者风度。

营销服务，也是要有如此的心态。当然，这种虚怀若谷的请教，不代表无原则的听从。

子曰："好勇疾贫，乱也。人而不仁，疾之已甚，乱也。"

——《泰伯第八》

字面解读：孔子说："喜好勇力并厌恶穷困，会招惹祸乱。对于他人不够仁慈，还逼迫得太厉害，也会招来祸乱。"

商人《论语》：企业经营若是以直面竞争的短期胜利与否为目标，又以单一的经营数字为考核，必然会使企业的营销策略陷入没有规划的混乱。营销活动，若是不能给消费者带来品牌理念、商业模式的差异和产品服务的利益，一味要求推动销售数字的增长，必然会使营销变成促销，最终结果是企业经营的"内穷外困"。

子曰："主忠信，毋友不如己者，过则勿惮改。"

——《子罕第九》

字面解读：孔子说："以忠和信为道德之本，不要认为朋友都不如自己，有错误不要怕改正。"

商人《论语》：营销活动，是以忠诚于品牌理念、商业模式和诚信服务消费者为基本原则的。在营销活动的实践中，不怕犯错误，就怕不认识错误、不改正错误。要不断向市场学习、向同行学习，不断修正自己，不断提升自己。

"唐棣之华，偏其反而。岂不尔思，室是远而。"子曰："未之思也，夫何远之有？"

——《子罕第九》

字面解读：古诗写道："唐棣的花朵啊，翩翩地摇摆。我岂能不想念你啊？只是家住的地方太远了。"孔子说："没有真的想念，如果真的想念，有什么遥远呢？"

商人《论语》：营销策略中，一定要想方设法搭起企业与目标消费者交流沟通和营销服务的桥梁，天堑变通途。在互联网经济发达的今天，并不困难。

食不厌精，脍不厌细。食饐而餲，鱼馁而肉败，不食。色恶，不食。臭恶，不食。失饪，不食。不时，不食。割不正，不食。不得其酱，不食。肉虽多，不使胜食气。惟酒无量，不及乱。沽酒市脯，不食。不撤姜食。不多食。

——《乡党第十》

字面解读：粮食不嫌舂得精，鱼和肉不嫌切得细。粮食陈旧、变味了，鱼和肉腐烂了，都不吃。食物颜色难看，不吃。气味难闻，不吃。烹调不当，不吃。不到该进食时，不吃。肉切得不方正，不吃。作料搭配得不适当，不吃。席上的肉虽多，但吃的量不超过主食的量。只有酒没有限制，但不喝醉。从市上买来的肉干和酒，不吃。每餐必须有姜，但也不多吃。

商人《论语》：孔子的吃相如此雅致，比较于企业的商业模式和营销策略、营销活动是否也要雅致呢？我们脑洞大开地设想一下。

食不厌精：产品研发、功能设计、生产过程的用心和细致。

脍不厌细：商业模式和营销服务各个要素、各个环节的服务周到。

食饐而餲，鱼馁而肉败，不食：脱离了品牌理念的营销和服务，不能去做。

色恶，不食：服务态度端正。

臭恶，不食：服务语气温和。

失饪，不食：不合格的产品，不销售给消费者。

不时，不食：不欺骗和诱惑消费者购买他们不需要的产品。

割不正，不食：营销策略不是面向消费者的，不作为。

不得其酱，不食：不符合品牌理念的资源，如投资、人才等，不选择。

肉虽多，不使胜食气：绩效考核内容不单一、标准要客观要数字化，避免出现虚假现象。

惟酒无量，不及乱：营销活动，不能贪图销售利益，脱离商业模式的限制，背离品牌的价值观，不符合企业文化的要求。

沽酒市脯，不食：合作伙伴的选择，要慎之又慎。

不撤姜食：借用企业的营销策略和营销活动，捋顺企业运营管理的流程。

不多食：市场份额适可而止地占有，不垄断，给自己留余地，给同行留空间。

入太庙，每事问。

——《乡党第十》

字面解读：孔子进入太庙，每件事情都向人请教。

商人《论语》：营销是企业运营管理的中心。运营管理的一切要素要以营销为第一面向，由此而串联运营管理的各级组织和各种流程、各个岗位。但是，此时的串联不是自发的（理念如此，实际做不到），也不能指望它会自发性地到位，必须要运营管理岗位的人员一一确认。

营销活动，需要运营管理系统的一一支持。

见齐衰者，虽狎，必变。见冕者与瞽者，虽亵，必以貌。凶服者，式之。式负版者。有盛馔，必变色而作。迅雷风烈，必变。

——《乡党第十》

字面解读：孔子看见穿重丧服的人，即使关系亲密，也马上改变表情。遇见当官的和盲人，即使常在一起，也一定会有礼貌。坐车时见到穿丧服的人，便俯身作礼在车前横木上。遇见背负国家图籍的人，也俯身作礼在车前横木上。宴会上大菜时，一定会神色改变，站起来致谢。遇上迅雷大风，一定会变换神情。

商人《论语》：企业的营销服务，不只是表现于消费者，还要参与社会、社区公益活动。企业与国家、社会、消费者，是休戚与共的关系。

子曰："孝哉闵子骞！人不间于其父母昆弟之言。"

——《先进第十一》

字面解读：孔子说："闵子骞真是孝顺呀！人们对于他的父母兄弟称赞他的话，没有什么异议。"

商人《论语》：企业对于客户和顾客营销服务的周到性，也应努力做到。

季康子问："弟子孰为好学？"孔子对曰："有颜回者好学，不幸短命死矣，今也则亡。"

——《先进第十一》

字面解读：季康子问孔子："你的学生中谁是好学的？"孔子回答说："一个叫颜回的学生很好学，不幸短命死了。现在再也没有像他那样的了。"

商人《论语》：营销策略，是孜孜以求满足消费者的全面需求。但是，全面满足消费者的需求是不可行的，也是根本就做不到的。即使暂时做到了，也难以长时间维持。

季氏富于周公，而求也为之聚敛而附益之。子曰："非吾徒也。小子鸣鼓而攻之可也。"

——《先进第十一》

字面解读：季氏比周朝的公侯还要富有，而冉求还帮他搜刮来增加他的钱财。孔子说："他不再是我的学生了，你们可以大张旗鼓地去攻击他了！"

商人《论语》：富可敌国，原本无罪，而不当手段的"聚敛"，就如同没有品牌理念的营销活动，或不"仁爱"消费者，或不"诚信"合作伙伴，是要被批判否定的。

子夏为莒父宰，问政。子曰："无欲速，无见小利。欲速，则不达；见小利，则大事不成。"

——《子路第十三》

字面解读：子夏做莒父的总管，请教政事。孔子说："不要求快，不要贪求小利。求快反而达不到目的，贪求小利就做不成大事。"

商人《论语》：企业的营销活动，是在企业战略下的策略行动，是有规划的行动，是各个营销要素协同一致的行动。所以，不能急于求成，不要贪图小利，那样会导致战略布局和营销策略的失衡。

营销策略，是有计划地逐步实施的行动。

子曰："不得中行而与之，必也狂狷乎！狂者进取，狷者有所不为也。"

——《子路第十三》

字面解读：孔子说："找不到奉行中庸之道的人和他交往，只能与狂者、狷者相交往了！狂者勇于进取，狷者对有些事是不肯干的。"

商人《论语》：营销策略聚合了营销的各个要素，背负了品牌理念和商业模式推广的重任，具有综合性的特点。只是所有要素、所有表达要完美均衡地呈现是不可能的，也不现实。若是真有，那也是企业经营的成熟度要走下坡路的时候。通常，营销活动在不同的面向时，会有一个主题为主，总体不失衡就可以了。

南宫适问于孔子曰："羿善射，奡荡舟，俱不得其死然。禹稷躬稼而有天下。"夫子不答。南宫适出，子曰："君子哉若人！尚德哉若人！"

——《宪问第十四》

字面解读：南宫适问孔子："羿擅长射箭，奡力能陆地行舟，却不得好死。禹和稷自己下地种植庄稼，却得到了天下。"孔子没有回答。南宫适出去后，孔子说："他真是个君子呀！很推崇道德。"

商人《论语》：品牌形象的建立如建楼一样，要先踏踏实实地做好市场调研、产品研发等基础建设。最终，在市场终端，由营销策略拔地而起，彰显品牌的价值。但是，一味主打营销，好比是地基不稳的高楼，终不长久。

品牌企业的营销，要首先做好企业经营的基础工作和营销的基本工作。

子曰："其言之不怍，则为之也难。"

——《宪问第十四》

字面解读：孔子说："如果大言不惭，那么实现就不容易。"

商人《论语》：营销广告，切记夸大其词，甚至是弄虚作假。消费者是认真的，一旦认真起来，企业"言行不符"是要被投诉的。

子曰："不患人之不己知，患其不能也。"

——《宪问第十四》

字面解读：孔子说："不忧虑别人不知道自己，只忧虑自己没有本事。"

商人《论语》：企业的营销策略，就是让消费者知道自己，知道自己的产品与服务的利益，知道自己的商业模式的不同，知道自己的品牌理念是否具有实际的价值。

企业品牌，从知名度、美誉度，到信赖度，都得益于营销的推动。

公伯寮愬子路于季孙。子服景伯以告，曰："夫子固有惑志于公伯寮，吾力犹能肆诸市朝。"子曰："道之将行也与，命也；道之将废也与，命也。公伯寮其如命何！"

——《宪问第十四》

字面解读：公伯寮向季孙毁谤子路。子服景伯告诉了孔子，并且说："季孙氏已经被公伯寮迷惑了，我的力量还能把公伯寮杀了，将他陈尸于市。"孔子说："道能够得到推行，是由于天命；道不能得到推行，也是由于天命。公伯寮能把天命怎么样呢？"

商人《论语》：所谓"人间正道是沧桑"，企业所走的品牌大道，在未被市场认知之前是"饱经沧桑"的，生存期需要信念和坚持。在被市场认知之后也是"饱经沧桑"的，发展期要经受各种诱惑和考验。所谓"饱经沧桑"，不仅仅包括市场的竞争因素，还有很多非市场因素的困扰。此时的企业，是否还相信市场的力量，相信商业法则，是否还要坚持品牌理念，是否要偏离市场面向、偏离消费者，是很重要的。孔子的天命观，就是企业的经营观，企业家要相信企业存身于市场的价值。

企业的市场营销，要相信市场的力量。

子张问行。子曰："言忠信，行笃敬，虽蛮貊之邦，行矣。言不忠信，行不笃敬，虽州里，行乎哉？立则见其参于前也，在舆则见其倚于衡也，夫然后行。"子张书诸绅。

——《卫灵公第十五》

字面解读：子张问出行。孔子说："言语中肯诚信，行为笃厚敬慎，即使到了蛮貊地区，也可以行得通。言语虚夸无信，行为刻薄轻浮，就是在本乡本土，又能行得通吗？站立时，就仿佛看到'忠信笃敬'这几个字排列在面前；坐在车里，也仿佛看到这几个字刻在车辕前的横木上。如此，才能使自己出行通达。"子张将孔子的话写在了衣服的大带上。

商人《论语》："言忠信，行笃敬"可以作为企业营销活动的信条，宣传语言要忠恳诚信，活动内容要踏实实际，活动形式尊重各方资源有礼数。这也可以作为营销人员的行为标准，即言谈忠恳诚信，举止踏实有礼数。

子曰："君子病无能焉，不病人之不己知也。"

——《卫灵公第十五》

字面解读：孔子说："君子只忧虑自己没有才能，不担心别人不了解自己。"

商人《论语》：在制定营销策略之前，要先做好企业商业模式的规划。否则，营销策略就是无源之水、无根之木。只有从商业模式出发的市场营销，才具有差异性和辨识度，具有价值利益的现实度。

子曰："巧言乱德。小不忍则乱大谋。"

——《卫灵公第十五》

字面解读：孔子说："花言巧语会败坏人的德行。小事忍耐不住，就会破坏大事的谋划。"

商人《论语》："巧言"之所以巧，就是想着如何美化自己、如何说服对方，忽视了对方的切身利益和感受。营销活动若是"巧言"，就背离了品牌仁爱消费者的本质。所以，营销活动的语言需要规范性和标准化，不能欺骗消费者，也不倡导太过个性的"标题党"。

一个一个小的营销活动，连续起来，就构成了企业的营销策略。所以，每一个小的营销活动有自己的使命，是不必"逾越"的。

子曰："辞达而已矣。"

——《卫灵公第十五》

字面解读：孔子说："言辞能完整表达出意思就行了。"

商人《论语》：营销活动要完整地表达出营销策略的主题、商业模式的价值，商业模式要完整地表达出企业品牌的理念。若是表达过度了，就会"巧言乱德"。

孔子曰："侍于君子有三愆：言未及之而言谓之躁，言及之而不言谓之隐，未见颜色而言谓之瞽。"

——《季氏第十六》

字面解读：孔子说："陪奉君子避免犯三种过失：没有到该说话的时候就说话，是急躁；该说话的时候却不说，叫隐瞒；不看环境和别人的脸色而贸然说话，是瞎子。"

商人《论语》：企业的商业模式之于市场环境、企业的营销策略之于目标群体、企业的营销服务之于顾客，是要讲究行动的方式和时机的。

子曰："饱食终日，无所用心，难矣哉！不有博弈者乎？为之，犹贤乎已。”

——《阳货第十七》

字面解读：孔子说：“整天吃饱了饭，什么事儿也不想做，也真是难为你了！不是有掷采下棋的游戏吗？做游戏，总比闲荡着要好。”

商人《论语》：营销活动可能是常规性的，也可能是临时性的。临时性的活动多为市场信息的测试收集，以便于获得更多、更具体的资料。还有一些活动是为了临时应对市场、销售的需要或为了测试运营管理的流畅性。

市场易变也善变，企业营销要保持时刻的敏锐性，可以多做些主动的市场营销活动。

柳下惠为士师，三黜。人曰：“子未可以去乎？”曰：“直道而事人，焉往而不三黜？枉道而事人，何必去父母之邦？”

——《微子第十八》

字面解读：柳下惠当狱官，三次被罢免。有人说：“您不可以离开鲁国吗？”柳下惠说：“按正道侍奉君主，到哪里不会被三次罢官呢？若是不按正道侍奉君主，又何必要离开祖国呢？”

商人《论语》：柳下惠所说的“直道”，可以理解为企业营销策略的诚信。品牌理念在还未得到市场和消费者认可的时候，经营之路是坎坷的，但是营销策略的诚信原则不可改变。

子夏曰：“君子有三变：望之俨然，即之也温，听其言也厉。”

——《子张第十九》

字面解读：子夏说：“君子有三变：远看他的样子威严庄重；亲近他会觉得温和可亲；听他说话，语言也严谨不苟。”

商人《论语》：我们可以理解为营销人员的行为表现：制式制服，态度柔和，语音亲切，说话做事严谨周到。

信之资源

子夏曰："君子信而后劳其民，未信则以为厉己也；信而后谏，未信则以为谤己也。"

——《子张第十九》

字面解读：子夏说："君子会在获取信任之后才去劳动百姓，否则百姓会以为是在虐待他们；也会在获取信任之后才去劝谏上位者，否则别人会以为是在毁谤他。"

商人《论语》：企业员工会为一个不兑现工资待遇、工作环境和贡献奖金的企业而努力工作并发挥出特殊的创造力吗？企业员工会为一个不重视意见反馈、不注重工作总结、不关注行业动态变化、不主动积极进取的企业，不断提出改进建议吗？答案无疑是否定的。信任之后，员工才有所为，才敢有所为，才能有所为。

信从何来？按部就班而来。信有三级：信念、信用、信誉。信念，是一个人生存于世的价值观，是行为的起因动力。信用，是行为被认可、被相信和可任用。信誉，是信用的传播。所以，信不只是表面意义的信守，还有再深一层面的信任，更有精神层面的信念。

为何一些企业的员工未经培训就有很强的团队意识，而一些企业专门培训过员工，依然缺乏团队配合意识？是个人人品的问题，还是企业文化的问题，还是企业人力资源制度的问题？

信，应该被"公开、公平、公正"的人力资源制度表现出来。企业是一个经营组织，不是楼群组织，不是设备组织，而是人群组织。人群的价值观、文化教养、向心力、专业度等要素构成了企业资源中最为重要的一部分——企业的人力资源。人力资源是企业资源中最有能动性、最有创造力的，也可能是最有破坏力的。人力资源的好与坏，员工素质的好与坏，取决于企业文化的教化，也取决于人力资源管理的能力。

信之体，是企业员工共同的信念和理想，不限于企业的品牌理念；信之相，是员工共同的价值理念和行为规范，也不限于企业文化；信之用，是坚持理念原则而行，是坚持工作标准而行。至于诚信，涵盖了信之体和信之相，是做人要真诚实在、做事要有原则有信用。

◎无信不成资源：自古皆有死，民无信不立

子贡问政。子曰："足食，足兵，民信之矣。"子贡曰："必不得已而去，于斯三者何先？"曰："去兵。"子贡曰："必不得已而去，于斯二者何先？"曰："去食。自古皆有死，民无信不立。"

——《颜渊第十二》

字面解读：子贡询问为政之道。孔子说："使粮食充足、军备充足、百姓们有信念。"子贡说："如果不得不去掉一项，那么，在三项中先去掉哪一项呢？"孔子说："去掉军备。"子贡说："如果不得不再去掉一项，那么两项中去掉哪一项呢？"孔子说："去掉粮食。自古以来人总是要死的，如果没有信念，人不能成为真正的人。"

商人《论语》：对于"信"的翻译有很多，一说是"诚信"，一说是"信任"。我觉得应该翻译为"信念"，更能体现出孔子为政以仁德教化百姓之道。信念是一种价值观，包含诚信，但是，意思远不止于诚信，还包括"仁爱""忠恕"的具体内涵。

企业的员工来自于五湖四海，如何将身份各异、背景不同、学历高低不同、品性善恶各不相同的"散兵游勇"教化成企业真正的员工、聚沙成塔成团队，成为企业的人力资源和企业资源的一部分呢？首要工作是"信念"的统一，员工要认可品牌理念，认可企业文化。

"孔子"认为，一个企业在"良好的财务状况""强大的营销能力""具有信念的员工队伍"三大经营选项中，"民信"是企业作为组织存在的第一要素。

有子曰："信近于义，言可复也；恭近于礼，远耻辱也；因不失其亲，亦可宗也。"

——《学而第一》

字面解读：有子说："讲究信用，要符合于道义，说出的承诺才能兑现；态度谦恭，要符合于礼仪，就不至于遭受耻辱；为人处事都有原则，人们就可以整体地认识他了。"

商人《论语》：企业讲究信用是一种美德。但是，在"信"约定之前，有无思考"信"是否符合企业品牌的理念、企业是否有执行"信"的能力，什么样的运营能够保证"信"的顺利执行呢？事先不考虑，守"信"是很困难的。即使是强行兑现，也可能是"伤人害己"的。

信用的背后是信念。否则，守信的意义何在呢？

子曰："君子喻于义，小人喻于利。"

——《里仁第四》

字面解读：孔子说："君子，要和他讲仁义；小人，要和他讲利害。"

商人《论语》：通常的翻译是"君子明白的是道义，小人懂得的是利益"。翻译让我感觉君子有些愚笨，满肚子仁义道德，不懂应世之用的利害关系。其实，孔子的原意是说，君子看重的是仁义，和他交流或说服他也要用"仁义"；小人看重的是个人利害，和他交流或说服他也要用"利害关系"。

企业的人力资源建设，首先要招募具有共同信念的人来组成团队。至于看重"利害"的小人，也是可以合作的，只要他能"言必行，行必果"。

子曰："十室之邑，必有忠信如丘者焉，不如丘之好学也。"

——《公冶长第五》

字面解读：孔子说："即使只有十户人家的小村子，也一定会有像我一样忠信的人，只是不如我那样好学罢了。”

商人《论语》:“忠信”之人,并不缺乏。为人忠信且好学而有才艺之人，是稀少的。企业人力资源招聘员工，要以忠信为基础标准，其上的标准是兼有才艺，要有特殊的专长。

南容三复白圭，孔子以其兄之子妻之。

——《先进第十一》

字面解读：南容反复诵读《诗经·大雅·抑》中“白圭之玷，尚可磨也；斯言之玷，不可为也”的诗句。孔子把哥哥的女儿嫁给了他。

商人《论语》：因为对弟子有了解，所以看到南容的诵读而更加欣赏他。否则，孔子就犯了只看表面“巧言令色”就欣赏的错误。所以，企业的人力资源部门，也不能只看他是否有高学历、是否在海外留学、是否学了MBA，就判断他是否是高素质、高能力之人。尽管富有学历背景的人，比之没有学历背景的人，更大的比例是更有能力和才华的。

孔子更加肯定的是南容学习的内容，是注重君子的德行操守，以“白圭”作为个人言谈谨慎的警戒，一如“信条”。

棘子成曰：“君子质而已矣，何以文为？”子贡曰：“惜乎！夫子之说君子也。驷不及舌。文犹质也，质犹文也，虎豹之鞟，犹犬羊之鞟。”

——《颜渊第十二》

字面解读：棘子成说：“君子只要具有好的品质就行了，为什么要文采礼仪呢？”子贡说：“真遗憾，先生您是谈论君子，一言既出，驷马难追。文采是有品质的文采，品质是有文采的品质，二者是一体的。如果去掉了有花纹的毛，虎豹皮和犬羊皮就没有区别了。”

商人《论语》：人才，既要有品德，也要有正能量的价值观，还要有才华、有能力。否则，只有仁（人），没有能力，也只是基础材料而已！

宪问耻。子曰："邦有道，谷；邦无道，谷，耻也。""克、伐、怨、欲不行焉，可以为仁矣？"子曰："可以为难矣，仁则吾不知也。"

——《宪问第十四》

字面解读：原宪问耻。孔子说："国家政治清明，可以做官拿俸禄；国家政治黑暗，还做官拿俸禄，就是耻。"原宪又问："没有好胜、自夸、怨恨、贪欲的人，可以算是仁了吧？"孔子说："（这种人）可以说是很难得的，是不是做到了仁，我就不能肯定了。"

商人《论语》：员工努力工作，既有"道义"的内在驱动，也要有赚取更多薪酬的欲望。假若一个员工表面上做到了没有"好胜、自夸、怨恨、贪欲"了，谁又能说他不是在混日子呢？有信念，就要有行动，要有积极实现的心态。

企业要为想做好工作，也能做好工作的人才提供可以施展的平台。

南宫适问于孔子曰："羿善射，奡荡舟，俱不得其死然。禹稷躬稼而有天下。"夫子不答。南宫适出，子曰："君子哉若人！尚德哉若人！"

——《宪问第十四》

字面解读：南宫适问孔子："羿擅长射箭，奡力能陆地行舟，却不得好死。禹和稷自己下地种植庄稼，却得到了天下。"孔子没有回答。南宫适出去后，孔子说："他真是个君子呀！他很推崇道德。"

商人《论语》：如果有才而无德，且一味恃才而行，对企业未必会有太大的贡献，可能是"先小得，后大失"。企业在招徕人才时，对于类似人才的使用，要慎之又慎。

人才成为企业的人力资源，一定要有"品德"的基础。

子贡问为仁。子曰："工欲善其事，必先利其器。居是邦也，事其大夫之贤者，友其士之仁者。"

——《卫灵公第十五》

字面解读：子贡问如何推行仁德。孔子说："工匠想把活儿做好，必须首先使他的工具锋利。住在一个国家，就要侍奉大夫中的那些贤者，结交士人中的仁者。"

商人《论语》：如果企业要经营得好，将自己的品牌理念推广开来，将自己的事业抱负建设起来，是一定要招徕专业人才，用好专业人才，厚待专业人才的。

人才未必是企业生存期的第一资源，但一定是企业发展期以后的第一资源。

子曰："道不同，不相为谋。"

——《卫灵公第十五》

字面解读：孔子说："奉行的道不同，不互相谋议。"

商人《论语》：企业招徕人才，要看做人做事的价值观是否相同；企业合作的伙伴，也要看品牌理念是否相同。如果双方理念不同，很难沟通，就很难达成一致，暂时达成一致了也未必能履行下去。当然，现在人们学会了双赢心态和双赢合同，以解决"道不同"不得不合作的问题。但是，如果有了纠纷，哪怕是打合同官司，也很麻烦。

一些时候，即使明知"道不同"，一些企业也想利用一下，结果可能会被人利用。

子路曰："君子尚勇乎？"子曰："君子义以为上。君子有勇而无义为乱，小人有勇而无义为盗。"

——《阳货第十七》

字面解读：子路说："君子崇尚勇敢吗？"孔子说："君子以道义为准则。君子如果勇敢而不讲道义就会乱邦乱政，小人如果勇敢而不讲道义就会成为强盗。"

商人《论语》：越是能人，越不喜欢被束缚，越是喜欢照自己的思路来做事。只是企业经营是整体布局的，需要一个一个有组织的团队、有纪律的人员来做事，犹如一个一个作战单位的士兵集体，而不只是一两个具有“万夫不当之勇”的将领。

员工的勇，是要在企业的商业模式之下、营销策略之中的勇，而不是个人之勇。

◎有信才有方圆：无信，如大车无輗，小车无軏

子曰：“人而无信，不知其可也。大车无輗，小车无軏，其何以行之哉？”

——《为政第二》

字面解读：孔子说：“一个人不讲信用，不知道他如何在社会立足，就好像大车没有安横木的輗、小车没有安横木的軏一样，如何驾车前行呢？”

商人《论语》：信用，是企业行走于商海的招牌。合作者、投资者、消费者等由此而认识企业，认识企业的品牌价值、经营行为，从而确定合作的可能性、合作的意义。

信用，广义理解是“品牌形象”，存在一个可以认识和了解的具体形象，好像是大车的輗、小车的軏，是连接车身和拉车的牲畜必不可少的部件。现实中，我们通常将信用简单地理解为“诚信”，以为是由诚而生的信用。诚信是信用的核心价值，一以贯之地在企业的一切经营行为之中。若不诚信经营，企业还会有品牌的美誉度吗？还会得到消费者的信赖吗？还会得到员工的忠心服务吗？还会得到同行的认可和帮助吗？

信用，是企业品牌价值的可见部分，也是企业所有经营要素的可视部分。

子曰：“巧言令色，鲜矣仁。”

——《学而第一》

字面解读：孔子说：“花言巧语，装出和颜悦色的样子，以讨好别人。

类似的人缺少‘仁德’。”

商人《论语》：人与人之间的合作，或营销服务于消费者，无一不应该本着君子之道，坦荡而真诚，热情而不失原则，不应该是卑躬屈膝或是花言巧语。巧言说到的，未必能做到；令色在销售前，冷色在销售后。

诚信的人或企业，不需要巧言令色。

子曰：“君子无所争，必也射乎！揖让而升，下而饮，其争也君子。”

——《八佾第三》

字面解读：孔子说：“君子没有什么可与别人争斗的事情。如果有，那就是射箭比赛了。射箭前，先相互作揖谦让，然后上场。射完后，又相互揖让登堂喝酒。就是君子之争。”

商人《论语》：合作伙伴或同事之间，产生意见纷争是大家都想做好工作的好事。在有着共同信念的前提下，纷争是有礼有节的探讨，是对事不对人，更有利于企业的经营建设。

共同信念下有礼貌的争论，也是君子的一种诚信表现。

子曰：“三年无改于父之道，可谓孝矣。”

——《里仁第四》

字面解读：孔子说：“三年遵循而不改变父亲的方向方式，可以说是孝子。”

商人《论语》：道，在企业经营中可以理解为企业经营的思路和理念。现实中，企业的接班人通常会改变之前的经营思路，认为企业要发展，就必须创新，就必须改变以往的思路。那是不是接班人的“不孝”呢？不是的。理念必须遵循和继承，而企业经营的思路，如商业模式和营销策略，是可以创新发展的。

子张问曰：“令尹子文三仕为令尹，无喜色；三已之，无愠色。旧令尹之政，必以告新令尹。何如？”子曰：“忠矣。”曰：“仁矣乎？”曰：“未知。

焉得仁？”“崔子弑齐君，陈文子有马十乘，弃而违之。至于他邦，则曰：‘犹吾大夫崔子也。’违之。之一邦，则又曰：‘犹吾大夫崔子也。’违之。何如？”子曰：“清矣。”曰：“仁矣乎？”曰：“未知，焉得仁？”

——《公冶长第五》

字面解读：子张问孔子说：“令尹子文三次做楚国的宰相，没有显出高兴的样子。几次被免职，也没有显出怨恨的样子。交接时，一定把自己的一切政事全部告诉给新宰相。你看他怎么样？”孔子说：“可算得是忠于职守了。”子张问：“算得上仁了吗？”孔子说：“不知道。仁不只是这样吧？”子张又问：“崔杼杀了其君主齐庄公后，陈文子家有十辆马车，都舍弃不要了，离开了齐国。到了另一个国家，他说：‘这里的执政者和我们齐国的大夫崔子差不多。’就离开了。到了另一个国家，又说：‘这里的执政者也和我们的大夫崔子差不多。又离开了。’这个人你看怎么样？”孔子说：“可算得上清高自廉了。”子张说：“算得上仁吗？”孔子说：“不知道。仁不只是这样吧？”

商人《论语》：孔子的评价，算是对人才的一个定义吧，一个曰“忠于职守”，一个曰“清操自守”。但是，两个都够不上孔子眼中的“仁”。仁者的爱人，不能是只爱自己，也不能是流于口头，而要有实际行动和“造福四方”的实际行为。所以，仁者也一定是个能够帮助他人、帮助更多人的能者。

做好自己的事情，也算人才。更好的人才是能够帮助他人、带领他人做好事情的。后者的“信”是面向大家、大众的。

子曰：“巧言、令色、足恭，左丘明耻之，丘亦耻之。匿怨而友其人，左丘明耻之，丘亦耻之。”

——《公冶长第五》

字面解读：孔子说：“花言巧语、表面和善、谦卑逢迎的人，左丘明认为可耻，我也认为可耻。内心怨恨、表面上却装出友好的样子，左丘明认为可耻，我也认为可耻。”

商人《论语》：孔子之前说过“巧言令色鲜矣仁”，是说类似的人缺乏“仁德”，文中更进一步，说“巧言令色足恭”是可耻的，心怀怨恨而表面友好是可耻的。可耻的人，必有可耻的行为，企业选择人要慎之又慎。

无德而有才之人，一定要控制使用，甚至宁可不用。“信”不同，难以共事。

伯牛有疾，子问之，自牖执其手，曰：“亡之？命矣夫？斯人也而有斯疾也！斯人也而有斯疾也！”

——《雍也第六》

字面解读：冉伯牛病了，孔子前去探望他，从窗户口握着他的手，说道：“没有办法了吗？命中注定如此吗？这样的人竟会得这样的病啊，这样的人竟会得这样的病啊！”

商人《论语》：关于“亡之”，很多的翻译是“要死了啊”。孔子是个懂礼的人，哪怕是自己的学生，也不可能当面说出“你就要死了”的话。所以，这个“亡之”，我翻译成“没有办法了”的疑问句，不仅依旧能够体现出孔子心情的悲痛，还不会让孔子“失礼”。据查，伯牛的病是因为照顾家人而患上的传染病（麻风病）。

人才难得，人才因为各种际遇，也并不尽然为我所用，要保持尊重。

子游为武城宰。子曰：“女得人焉尔乎？”曰：“有澹台灭明者，行不由径，非公事，未尝至于偃之室也。”

——《雍也第六》

字面解读：子游做了武城的长官。孔子说：“你在那里发掘到人才没有？”子游回答说：“有一个叫澹台灭明的人，办事从来不走捷径，不是公事从不到我住宅里来。”

商人《论语》：子游对于澹台灭明的认可，在于他做人做事有规矩：做事认真细致，不耍小聪明；做人公私分明，不拉帮结伙拜山头。

人才，一定有自己为人处事的原则性。

子曰："如有周公之才之美，使骄且吝，其余不足观也已。"

——《泰伯第八》

字面解读：孔子说："即使有周公那样杰出的才华，如果骄傲自大而又吝啬小气，那其他方面也就不值得一看了。"

商人《论语》：有才无德之人或企业，如果有严谨的合同约定了责权，并有违约责任的限定，是可以合作一些小事情的，若有意外，损失也有保障。如果没有严谨的合同约定，"才"可能用于破坏而不是建设；就算是有了严谨的合同，也不能堪受大事大任。

对于企业而言，员工有才做坏事是"拆"，有才能做好事才是"财"。

子曰："狂而不直，侗而不愿，悾悾而不信，吾不知之矣。"

——《泰伯第八》

字面解读：孔子说："狂妄而不正直，无知而不老实，轻浮而不守信用，我真不知道有的人为什么会是这个样子。"

商人《论语》：用人用其贤。贤不是指好人，而是指德才兼备的人。如果找不到这种贤才，如上三种看似很有特点的人才，其实只是表面上的"巧言令色"，人力资源部门要注意，不能轻易招入企业任用。

人力资源部门不像质检部门一样，会有一个清楚的产品检测标准，那怎么能面试出如上的三种人呢？就如曾国藩说的，多看几次，多找几个人一起多看几次。

舜有臣五人而天下治。武王曰："予有乱臣十人。"孔子曰："才难，不其然乎？唐虞之际，于斯为盛。有妇人焉，九人而已。三分天下有其二，以服事殷。周之德，其可谓至德也已矣。"

——《泰伯第八》

字面解读：舜有五位贤臣，天下便治理太平了。周武王说过："我有十个辅助我治理天下的臣子。"孔子说："人才难得，难道不是这样吗？唐尧和虞舜之间及周武王的时期，人才是最兴盛了。武王的十个辅臣当中，一个是他夫人，实际上只有九个人而已。周文王得了天下的三分之二，仍然向商纣称臣，周朝的道德，可以说是最高的了。"

商人《论语》：人才是企业的核心资源，人才各有其专长，也各有其用处。企业既要懂得任人唯贤，也要懂得量才使用。至于是"削履适才"，还是"削才适履"，要看具体情况，不好乱下断言。管人之道是，尽信人不如不用人。

就用人而言，曾参说："用师者王，用友者霸，用徒者亡。"

子曰："可与共学，未可与适道；可与适道，未可与立；可与立，未可与权。"

——《子罕第九》

字面解读：孔子说："可以一起学习的人，未必会有共同的理想；如果有共同的理想，未必可以共同合作；可以共同合作的人，未必可以分享权力。"

商人《论语》：可以一起学 EMBA 的同学，未必会有共同的商业理念；共同的商业理念一致，未必可以合作；可以合作做事的，未必可以分享最高权力。一些人习惯了做决策者，一些人必须要做老板。

人才的种类如下：肯学习的人；既有才能又肯学习的人；既有才能、肯学习还有团队意识的人；既有才能、肯学习、有团队意识，还懂得分享权力的人。也就是说，最高级的人才不只是那个懂得分享权力来建立团队的刘备，别忘了刘备本人也是能舞"双股剑"的专业人士。

君召使摈，色勃如也，足躩如也。揖所与立，左右手。衣前后，襜如也。趋进，翼如也。宾退，必复命曰："宾不顾矣。"

——《乡党第十》

字面解读：国君召孔子去接待宾客，孔子脸色立即庄重起来，脚步也快起来。他向和他站在一起的人作揖，手向左或向右作揖，衣服前后摆动，却整齐不乱。快步走的时候，像鸟儿展开双翅一样的舒展。宾客走后，必定向君主回报说："客人已经不回头了。"

商人《论语》：人才或好用的人才，不只是会做事，也会做人。做事要条分楼析地头脑清晰，做人也要察言观色地立身清楚。

祭于公，不宿肉。祭肉不出三日。出三日，不食之矣。

——《乡党第十》

字面解读：孔子参加公祭典礼时分到的肉，不留到第二天。祭祀用过的肉不超过三天。超过三天，就不吃了。

商人《论语》：企业获得的社会资源，要尽快使用，尽快变成有利于企业经营的资源，也算是资源善用之"信"吧。世事无常，政策善变，资源也是善变的。

乡人饮酒，杖者出，斯出矣。

——《乡党第十》

字面解读：行乡饮酒的礼仪结束后，孔子要等长辈、老者先出去，然后自己才出去。

商人《论语》：可能会有一种新任经理人，很有朝气和想法，也很不耐烦之前的老规矩、老员工，可能备受老板欣赏，因为老板希望以此"新气"祛除"老气"？肯定是有的。但是，成功了吗？或者说，"新气"运行了多久？

以新汰旧，要有一个过程，不可太急。就算是汰旧，也要以礼相待。

子贡问："师与商也孰贤？"子曰："师也过，商也不及。"曰："然则师愈与？"子曰："过犹不及。"

——《先进第十一》

字面解读： 子贡问孔子："子张和子夏二人谁更贤德一些呢？"孔子回答说："子张呢，有些过分；子夏呢，有些不足。"子贡说："那么是子张好一些吗？"孔子说："过分和不足是一样的。"

商人《论语》： 人才之于岗位，略有不足才有进步的空间。若是才华过剩呢？善加利用可以把本职工作做得更有效率，还能创新方式方法。如果不善加利用，反而不如"不及"之人的踏踏实实。

子曰："论笃是与，君子者乎？色庄者乎？"

——《先进第十一》

字面解读： 孔子说："言论笃实是值得赞许的，但还应看他是言行一致的君子呢？还是伪装庄重的人呢？"

商人《论语》： 言语笃实，就是言之有物；言语谨慎，是不狂言不妄语。但一切也只是言语表相而已。具体如何，还要看他有什么行动，言行是否一致。以上可以说是绩效考核的不二法则。

绩效考核，言行一致是必需的、最基本的。

季子然问："仲由、冉求可谓大臣与？"子曰："吾以子为异之问，曾由与求之问。所谓大臣者，以道事君，不可则止。今由与求也，可谓具臣矣。"曰："然则从之者与？"子曰："弑父与君，亦不从也。"

——《先进第十一》

字面解读： 季子然问："仲由和冉求可以算大臣吗？孔子说："我以为你是问别的事情，原来是问仲由和冉求呀。我们所说的大臣，要用周公之道来侍奉君主，如果行不通，他宁肯辞职不干。如今仲由和冉求两个人，只能算是有专长的臣子罢了。"季子然说："那么他们会顺从跟随吗？"孔子说："杀父亲、杀君主的事，他们也不会跟着干的。"

商人《论语》： 所谓"大臣"，会深信企业品牌理念，并以此理念来辅佐企业正道经营，甚至能以品牌理念帮助企业开辟新行业、创新商业模式。

而“具臣”，是有专长的，能做好本职工作，只是不具备整体经营和运营管理的全才能力的人。但是，也不会做违背品牌理念的事情，不会做违背个人价值观的事情。

总经理的才干，和部门经理的才干，是不一样的。

子路、曾皙、冉有、公西华侍坐。子曰：“以吾一日长乎尔，毋吾以也。居则曰：‘不吾知也！’如或知尔，则何以哉？”子路率尔而对曰：“千乘之国，摄乎大国之间，加之以师旅，因之以饥馑。由也为之，比及三年，可使有勇，且知方也。”夫子哂之。“求，尔何如？”对曰：“方六七十，如五六十，求也为之，比及三年，可使足民。如其礼乐，以俟君子。”“赤，尔何如？”对曰：“非曰能之，愿学焉。宗庙之事，如会同，端章甫，愿为小相焉。”“点，尔何如？”鼓瑟希，铿尔，舍瑟而作，对曰：“异乎三子者之撰。”子曰：“何伤乎？亦各言其志也。”曰：“莫春者，春服既成，冠者五六人，童子六七人，浴乎沂，风乎舞雩，咏而归。”夫子喟然叹曰：“吾与点也！”三子者出，曾皙后。曾皙曰：“夫三子者之言何如？”子曰：“亦各言其志也已矣。”曰：“夫子何哂由也？”曰：“为国以礼。其言不让，是故哂之。”“唯求则非邦也与？”“安见方六七十如五六十而非邦也者？”“唯赤则非邦也与？”“宗庙会同，非诸侯而何？赤也为之小，孰能为之大？”

——《先进第十一》

字面解读：子路、曾皙、冉有、公西华四个人陪奉孔子坐着。孔子说：“我年龄比你们大一些，不要认定我说什么就是什么。你们平时总说：‘没有人了解我呀！’假如有人了解你们，那你们要怎样去做呢？”

子路率先回答：“一千辆兵车的中等诸侯国，夹在大国中间，常常有外国军队入侵的威胁，加上国内又闹饥荒。让我去治理，只要三年，就可以使人们勇敢善战，而且懂得规矩。”孔子撇嘴笑笑。

孔子又问：“冉求，你怎么样呢？”冉求答道：“国土长宽有六七十里或五六十里的国家，让我去治理，三年以后，就可以使百姓饱暖。至于这个国家的礼乐教化，就要等贤德君子来施行了。”

孔子又问：“公西赤，你怎么样？”公西赤答道：“我不敢说能做到，而是愿意学习。宗庙祭祀，或者诸侯会盟，我愿意穿着礼服，戴着礼帽，做一个小小的司仪。”

孔子又问：“曾皙，你怎么样呢？”曾皙弹瑟的声音渐稀，最后“铿”的一声结束，放下瑟站起来，回答说：“我的志向和他们三位说的不一样。”孔子说：“那有什么关系呢？也就是各人讲自己的志向而已。”曾皙说：“暮春三月，穿上春天的衣服，我和五六位成年人，六七个少年，去沂河里洗洗澡，在舞雩台上吹吹风，一路唱着歌走回来。”孔子长叹一声说：“我是赞成曾皙的想法的。”

子路、冉有、公西华三个人都出去了，曾皙留后。他问孔子说：“他们三人的话怎么样？”孔子说：“也就是各自谈谈自己的志向罢了。”曾皙说：“夫子为什么要笑仲由呢？”孔子说：“治理国家要讲礼让，可是他说话一点也不谦让，所以我笑他。”曾皙又问：“难道冉求讲的不是治理国家吗？”孔子说：“怎见得六七十里或五六十里见方的地方就不是国家呢？”曾皙又问：“难道公西赤讲的不是治理国家吗？”孔子说：“宗庙祭祀和诸侯会盟，不是诸侯国的事又是什么？像赤这样的人如果只能做一个小相，那谁又能做大相呢？”

商人《论语》：在企业而言，子路的志向是做市场营销参与市场竞争，冉有的志向是参与企业的运营管理，公西华的志向是做企业的人力资源建设，用企业品牌的理念和企业文化的价值观来教化员工。曾参不想工作，只想享受生活，或是做老板的“球友”“渔友”和“歌友”。现实中，老板也很需要类似生活心境的平凡朋友。

人才，有其专长，也有其喜好。喜好更能助其专长。

子曰：“孟公绰为赵、魏老则优，不可以为滕薛大夫。”

——《宪问第十四》

字面解读：孔子说："孟公绰做晋国越氏、魏氏的家臣，是才力有余的，但不能做滕、薛等小国的大夫。"

商人《论语》：有的人，帮忙做私事、做跑跑腿的小事是可以的。但是，做公事或领导一个部门，是不行的。

做公事和做私事的人才，不可混同。

子曰："古之学者为己，今之学者为人。"

——《宪问第十四》

字面解读：孔子说："古代人学习是为了提高自己的学识品德，而现在人的学习是为了为别人做事。"

商人《论语》：孔子虽然尊崇"古之学者"，实际上儒家教育的理念是做人做事一起学习的。孔子教学的六艺里，有讲树立人生价值观的，也有讲行为举止礼仪的，还有讲具体的技艺的。企业培训也是如此，既有品牌理念、企业文化的教化，也有规章制度、岗位职责的学习，还有专业工作技能的培训。

企业培训员工，要多管齐下地灌输。

孔子曰："禄之去公室五世矣，政逮于大夫四世矣，故夫三桓之子孙微矣。"

——《季氏第十六》

字面解读：孔子说："鲁国国君失去政权已经有五代了，政权落在大夫之手已经四代了，所以鲁桓公的三房子孙也衰微了。"

商人《论语》：企业基业长青的要诀，是在贤才的延续性吗？是要解决家族化问题，分权于经理人团队吗？我看未必，成功在于人，失败也会在于人。

企业组织和政治组织，乃至于国家组织，有很多的相近、相通、相同之处。如何保持治理的长治久安？人治与法治、保守与创新、制度与贤才等二元因素如阴阳一样，既要有二者不平衡的发展，也要有二者平衡的稳定。

齐景公待孔子，曰："若季氏则吾不能，以季、孟之间待之。"曰："吾老矣，不能用也。"孔子行。

——《微子第十八》

字面解读：齐景公讲到对待孔子的礼节时说："像鲁君对待季氏（上卿）那样，我做不到。我用介于季氏、孟氏（下卿）之间的待遇对待他。"又说："我老了，不能任用他啊。"孔子离开了齐国。

商人《论语》：凡是人才，必有"耿介"之处。所以，孔子要的只是表面的礼节待遇吗？不是的，是与老板之间的信任，是能够施行仁政的权力。

礼遇人才，是用，而不只是敬。

大师挚适齐，亚饭干适楚，三饭缭适蔡，四饭缺适秦，鼓方叔入于河，播鼗武入于汉，少师阳、击磬襄入于海。

——《微子第十八》

字面解读：太师挚到齐国去了，亚饭干到楚国去了，三饭缭到蔡国去了，四饭缺到秦国去了，打鼓的方叔到了河内，敲小鼓的武过了汉水，少师阳和击磬的襄去海上了。

商人《论语》：企业培养了大批的人才，谁知人才却纷纷离职出走，成了同行业的竞争对手。老板与其厚着脸皮自称"黄埔军校"，不如静下心来总结一下自己的待人之道、用人之法。

周有八士：伯达、伯适、伯突、仲忽、叔夜、叔夏、季随、季騧。

——《微子第十八》

字面解读：周朝有八个杰出的人士：伯达、伯适、伯突、仲忽、叔夜、叔夏、季随、季騧。

商人《论语》：凡是成功的企业，一定会有一大批默默无闻踏实工作的基层员工，但是也必须有一些一起奋斗、同样功成名就的人才团队。

老员工，是企业人力资源的核心力量。

◎识人选人用人：中用之道，尊五美，屏四恶

子张问于孔子曰："何如斯可以从政矣？"子曰："尊五美，屏四恶，斯可以从政矣。"子张曰："何谓五美？"子曰："君子惠而不费，劳而不怨，欲而不贪，泰而不骄，威而不猛。"子张曰："何谓惠而不费？"子曰："因民之所利而利之，斯不亦惠而不费乎？择可劳而劳之，又谁怨？欲仁而得仁，又焉贪？君子无众寡，无小大，无敢慢，斯不亦泰而不骄乎？君子正其衣冠，尊其瞻视，俨然人望而畏之，斯不亦威而不猛乎？"子张曰："何谓四恶？"子曰："不教而杀谓之虐；不戒视成谓之暴；慢令致期谓之贼；犹之与人也，出纳之吝谓之有司。"

——《尧曰第二十》

字面解读：子张问孔子说："要以什么宗旨来从政呢？"孔子说："尊崇五种美德，摒弃四种恶行，这样就可以从政了。"子张问："五种美德是什么？"孔子说："君子给百姓恩惠却无所耗费，劳累百姓却不招来怨恨，虽有欲望却不过度贪婪，端庄自然却不傲慢，威武庄严却不凶猛。"子张说："怎样叫要给百姓恩惠自己却无所耗费呢？"孔子说："顺势利导百姓们去做对他们有利益的事，不就是给百姓恩惠却无所耗费吗？选择百姓可以劳作的时间和事情让百姓去做，又有谁会怨恨呢？自己追求仁德便得到了仁德，还要再贪求什么呢？君子待人接物，无论人数多少、地位高低，不怠慢无礼，不就是端庄自然而不骄狂吗？君子衣冠端正，目光庄重，使人一见就心生敬畏尊重，不也是威严而不凶猛吗？"子张问："什么叫四种恶行呢？"孔子说："不经教化便加以刑惩叫作残虐；不加告诫便要看到成绩叫作粗暴；起先懈怠，突然限期叫作鸡贼；好比是与人相处，收到得多付出得很少，叫作小气。"

商人《论语》："五美四恶"，是儒家的为政之道中做人做事、管人管

事的具体纲要，具体阐述了“中庸之道”的执中而用。我们将“五美四恶”放在企业经营管理的情景中来一一对照与思考。

惠而不费：将企业产品的品质体现在消费者实际需要的功能上，而不是提高成本增加那些花哨无用的功能；将企业的营销服务多放在消费者的放心购买和购买便利上，而不只是体现在售后服务时屡次上门的“彬彬有礼”上；将企业商业模式的差异化体现在消费者实质利益的感受上，而不是一味增拨广告费用来反复宣传；将企业员工的奖励重点，放在员工超出常规性的行为贡献，而不是日常的工作行为等。

劳而不怨：每个员工在适合自己能力的岗位上工作，绩效考核的“责权”也是统一的，工作有了成效就会有奖励，加班工作也会有表扬和补贴，员工还会抱怨工作的辛苦吗？

欲而不贪：企业利润，是从消费者的购买和持续购买上获得的，是从品牌价值的商业认可上获得的。因此，企业就会想方设法持续性地为消费者提供更有价值的产品和服务，持续性地和消费者形成良性的营销互动，而不是只顾着赚钱而不愿意花钱“淘井”，不就是“欲而不贪”吗？

泰而不骄：企业文化教化企业员工做好本职工作，敬业爱岗，教化企业员工在内部沟通和外部服务中的仁爱和礼仪，不就是“泰而不骄”吗？

威而不猛：企业规章制度的公开、公平、公正，严谨而不苛刻，不就是“威而不猛”吗？

不教而杀谓之虐：没有培训就上岗会犯错，犯了错误不教育就是一味罚钱，不给改错的机会直接开除，是“残虐”地对待员工。

不戒视成谓之暴：绩效考核事前不探讨目标的合理性，只是硬性分派任务和唯结果考核。甚至不讨论工作方法，不观察过程，也不提供资源支持，是“粗暴”地对待员工。

慢令致期谓之贼：事前不设置工作完成的时间节点，不考虑工作时间的客观性，也不考虑完成工作需要的各类资源支持，只是突然就要在限定时间完成结果，不是形同儿戏吗？这是戏耍员工的“鸡贼”行为。

犹之与人也，出纳之吝谓之有司：任何一项工作的完成，需要“人、钱、物、客户、信息、技术”等资源的支持。如果只管布置任务要结果而不负责资源的配置支持，这是只算自己小账的“小气鬼”。

子贡问君子。子曰：“先行其言而后从之。”

——《为政第二》

字面解读：子贡问怎样做一个君子。孔子说：“行为要在语言之前，做到了然后再说。”

商人《论语》：在企业而言，与其等待人才“先行其言而后从之”，不如主动一些，可以先付出成本和代价，验证人才的承诺。企业任用人才，就算是在规章制度之内，也和风险投资一样有风险性。但是不能不投，投资了，意味着还有发展的机会。

子曰：“事父母几谏，见志不从，又敬不违，劳而不怨。”

——《里仁第四》

字面解读：孔子说：“侍奉父母，应该轻微委婉地劝阻他们的错误。看到自己的意见没有被听从，仍然恭敬地不违逆他们，替他们操劳而无抱怨。”

商人《论语》：普通员工和部门经理、高管和 CEO、CEO 和董事会，总会有意见不合的时候。作为下级，要尽可能完整地表达出自己的意思，不要因为自己看来正确就认为别人一定错误而一刀两断、一拍两散。那不是负责任的职业态度，我们更应该是“事父母几谏，见志不从，又敬不违，劳而不怨”。

下级员工，不能因为执行而忽视了自己的独立思考。但是，在建议不被采纳的情况下，要坚持执行指令。

子曰："中人以上，可以语上也；中人以下，不可以语上也。"

——《雍也第六》

字面解读：孔子说："具有中等以上才智的人，可以给他讲授形而上的理论学问；在中等才智以下的人，不可以给他讲形而上的理论学问。"

商人《论语》：如果是和生产线的工人交流，可以谈敬业爱岗，但是少谈一些与企业同甘共苦、上市发财的话题。不知道的，还以为你的企业经营不好，要拖欠他的工资。我不是在说素质高低的问题，而是每个人所在位置不同、思维方式不同，生存或生活的关注点也不同。如果是和有抱负的人交流，就谈理想；如果和有情操的人交流，可以谈文化；和行动敏捷的人交流，谈目标；和爱动脑的人交流，谈方式方法；而和只能听懂一句话的人交流，就谈一句话的事情。

所以，企业的品牌理念、文化价值观、商业规划、营销策略等，多用来培训干部，而规章制度、绩效考核等实用实操的，多用来培训基本员工。

子曰："自行束修以上，吾未尝无诲焉。"

——《述而第七》

字面解读：孔子说："只要拿着拜师礼来见我的人，不管礼物轻重，我从来没有不给他教诲的。"

商人《论语》：员工的入职培训是必需的，也是要一视同仁的。不只是企业文化的教化之用，使之"易使也"；还是职位技能的培训之用，使之"能使也"。当然，岗位不同，培训的重点也会有所不同。

子以四教：文，行，忠，信。

——《述而第七》

字面解读：孔子从四个方面来教育学生：文献知识、实践操行、忠诚、信念。

商人《论语》：企业新员工的入职教育，以及企业文化对于企业员工的教化，也不外乎四件事情：企业历史的荣耀、岗位技能的专业、岗位职责的忠诚、品牌理念的坚信。

子曰：“圣人，吾不得而见之矣；得见君子者，斯可矣。”子曰：“善人，吾不得而见之矣；得见有恒者，斯可矣。亡而为有，虚而为盈，约而为泰，难乎有恒矣。”

——《述而第七》

字面解读：孔子说：“圣人，我不可能看到了；能看到君子，就可以了。”孔子又说：“善人，我不可能看到了；能见到操守有恒的人，也就可以了。没有却装作有，空虚却装作充实，穷困却装作富足，那样的人是难以保持操守有恒的。”

商人《论语》：能带领一个行业走向成功，造福社会、泽被百姓的，是圣人。经营一个备受信赖的品牌企业，算是君子。乐于帮助他人的是善人。能一直做好自己分内的事情是“有恒者”，而一个“有恒者”，也算是企业难得的人才了。一些人是没有经验却说自己有经验，没有才能做事却夸夸其谈画饼，面对困难，不从基础做起却总是谈条件谈未来……“言行不符”到了实际工作中怎么办呢？是保护自己的饭碗在先还是职业操守在先呢？不言而喻。

子钓而不纲，弋不射宿。

——《述而第七》

字面解读：孔子钓鱼，而不网鱼。射飞鸟，不射巢中歇宿的鸟。

商人《论语》：规章制度，不是事无巨细地规范员工的所有言行，而是要有重点；规章制度里的惩罚条款，要从针对个别人的个别行为开始，而不应该是面向所有人的普遍行为。尊重员工的劳动、劳动权益和休息权益。如果要开大小会议，不分白天黑夜地探讨企业的前途战略问题，也是去折磨那些高管，而不是普通的员工。

子与人歌而善，必使反之，而后和之。

——《述而第七》

字面解读：孔子与别人一起唱歌，如果那人唱得好，一定请他再唱一遍，然后自己跟着唱和。

商人《论语》：企业与合作伙伴的关系，要彼此尊重，互相配合，互相支持。

子曰："民可使由之，不可使知之。"

——《泰伯第八》

字面解读：孔子说："老百姓，可以支使他们照我们设定的方向和规矩做事，不可能使他们懂得为什么要这样做。"

商人《论语》：通常是将第二句的"不可使知之"翻译为"不可以使他们懂得为什么这么做"。因此，对于这段文字的理解可以说是众说纷纭，批判孔子"愚民""牧民""畏民"的人也比比皆是。

我的解读是，从"不可以使他们……"变成"不可能使他们……"。结合《论语》中另外两句"中人以上，可以语上也；中人以下，不可以语上也""君子喻于义，小人喻于利"就会明白，不是孔子愚民，而是孔子认为百姓就是愚民。稍早些的老子不也是"小国寡民"的思想吗？我认为当时的思想是在特定历史时代的背景之下产生的，具有历史的合理性。现在则不同，民智已开，知识教育也普及了。所以，让员工懂得企业的品牌理念和企业文化的价值观，以至于企业的商业模式是非常必要的，可以教化出企业员工工作的积极性、方向性。但是，不管员工是否理解，标准性的工作行为是第一位的。

太宰问于子贡曰："夫子圣者与？何其多能也？"子贡曰："固天纵之将圣，又多能也。"子闻之，曰："太宰知我乎？吾少也贱，故多能鄙事。君子多乎哉？不多也。”

——《子罕第九》

字面解读：太宰问子贡说：“孔夫子是位圣人吧？为什么如此多才多艺呢？”子贡说：“本来就是上天让他成为圣人，所以他才多才多艺。”孔子听到后说：“太宰怎么会了解我呢？我少年时地位低贱，所以会许多粗浅的技艺。君子会嫌技艺多吗？不会嫌多的。”

商人《论语》：孔子在《论语》中还说过“吾不试故艺”。由此可见，孔子的多才多艺，不是为了做官需要而学习的，而是开始于生活的历练，成形于求学的实践，其才艺也不限于官场的某种职务。《韩非子·显学》中也说过一句类似的话：“宰相必起于州部，猛将必发于卒伍。”

企业里真正有能力的高管，才干不是单一的，是能够胜任多个工作的，管理能力也来自于多个岗位的实践，不只是读书而来的。

子曰：“后生可畏，焉知来者之不如今也？四十、五十而无闻焉，斯亦不足畏也已。”

——《子罕第九》

字面解读：孔子说：“年轻人是值得敬畏的，怎么就知道后一代不如前一代呢？一个人如果到了四五十岁时还默默无闻，那他就没有什么可以敬畏的了。”

商人《论语》：企业的人力资源是不同年龄层的组合，后生若是努力就有无限的可能性。但是，一个人到了“四十不惑”“五十知天命”的年龄还默默无闻，既没有专长也没有努力做过事情，那么他是“养老”的心态、“养生”的心情，就别再打扰他了。人力资源部门，也就别把他当成“资源”了。

康子馈药，拜而受之。曰：“丘未达，不敢尝。”

——《乡党第十》

字面解读：季康子给孔子赠送药品，孔子拜谢接受后说：“我对药性不了解，不敢尝试服用。”

商人《论语》：企业家的人脉资源、企业的人力资源乃至于企业间合作的社会资源，并不是越多越好。一些能够契合企业的经营实际，一些不契合企业的经营实际，用了反而容易造成虚胖。特别是人力资源，要谨慎使用，就像是民间谚语说的“龙多了旱，公鸡多了母鸡不下蛋”。

具有实用价值的，才是资源。

君赐食，必正席先尝之；君赐腥，必熟而荐之；君赐生，必畜之。侍食于君，君祭，先饭。

——《乡党第十》

字面解读：国君赐给熟食，孔子一定会摆正座席先尝一尝；国君赐给生肉，他一定会煮熟了，先给祖宗上供；国君赐给活物，他也一定要饲养起来；同国君一道吃饭，在国君饭前祭礼后，他会先吃饭后吃菜。

商人《论语》：社会资源，乃至于政府资源，要理性认识善意对待，要以能为企业所用为选择。

朋友之馈，虽车马，非祭肉，不拜。

——《乡党第十》

字面解读：朋友馈赠的物品，即使贵重如车马，不是祭肉，孔子在接受时也不作大礼拜谢的。

商人《论语》：企业伙伴之间的合作，大部分是一种你来我往、互利互惠的业务合作。如果企业要大礼拜谢，应该是拜谢市场和消费者给予企业的生命存在。

子曰：“从我于陈、蔡者，皆不及门也。”德行：颜渊、闵子骞、冉伯牛、仲弓。言语：宰我、子贡。政事：冉有、季路。文学：子游、子夏。

——《先进第十一》

字面解读：孔子说："跟随我在陈国、蔡国之间颠沛流离忍饥挨饿的学生们，现在都不在我门下了。"学生中德行好的有：颜渊、闵子骞、冉伯牛、仲弓。善于辞令的有：宰我、子贡。擅长政事的有：冉有、季路。通晓文献知识的有：子游、子夏。

商人《论语》：好人才，是历经磨难而学成，学成后会学有所用，在各自擅长的领域里发挥才干的。企业也要根据个人才干的不同，有意识地加以培养，分配其擅长的工作。

子曰："回也非助我者也，于吾言无所不说。"

——《先进第十一》

字面解读：孔子说："颜回不是对我有帮助的人，他对我说的话，我没有不心悦诚服的。"

商人《论语》：团队里的人才，要各有专长，避免单一和重复。如此才能形成团队工作的均衡性，而在挑选部门的接任者时，则要考虑接任者是继承者，还是创新者。

子路使子羔为费宰。子曰："贼夫人之子。"子路曰："有民人焉，有社稷焉，何必读书，然后为学？"子曰："是故恶夫佞者。"

——《先进第十一》

字面解读：子路让子羔去当费地的总管。孔子说："简直是害人子弟。"子路说："那个地方有老百姓，有祭祀土神、谷神的处所，为什么一定要先读书然后再学习政事呢？"孔子说："所以我讨厌那种犟嘴狡辩的人。"

商人《论语》：一个普通员工未经培训而上岗，影响的不仅仅是他自己的工作，所有与此岗位关联的工作都会受到影响；一个部门负责人未经培训而上岗，影响的不仅仅是自己部门的工作，企业所有与此部门关联的工作都会受到影响。所以，所谓的边工作实践边培训学习，若是有基础的提升，是可以理解的。若是零基础，那么因为不专业而付出的损失代价，谁来承担？

先学习后上岗，是非常必要的。当然，上岗以后，还是要继续学习的。

司马牛忧曰："人皆有兄弟，我独亡。"子夏曰："商闻之矣：'死生有命，富贵在天。'君子敬而无失，与人恭而有礼，四海之内，皆兄弟也。君子何患乎无兄弟也？"

——《颜渊第十二》

字面解读：司马牛忧愁地说："别人都有兄弟，唯独我没有。"子夏说："我听说过'死生有命，富贵在天'，君子做事严肃认真，不出差错，待人恭敬，合乎于礼节，那么，四海之内，都有可以称兄道弟的朋友。君子何必担忧没有兄弟呢？"

商人《论语》：企业文化对企业员工的教化，不外乎做人与做事：做事要严肃认真，按照岗位职责的要求不出差错；做人要谦逊有礼，与同事工作交往合乎礼节。"君子敬而无失，与人恭而有礼"，不仅适合于企业内部的同事之间，也适合于企业伙伴之间。

哀公问于有若曰："年饥，用不足，如之何？"有若对曰："盍彻乎？"曰："二，吾犹不足，如之何其彻也？"对曰："百姓足，君孰与不足？百姓不足，君孰与足？"

——《颜渊第十二》

字面解读：鲁哀公问有若："遭了饥荒，国家也用度困难，怎么办？"有若回答："为什么不实行彻法，只抽十分之一的田税呢？"哀公说："现在抽十分之二，我还不够用，怎么能实行彻法呢？"有若说："如果百姓富足，您怎么会不够用呢？如果百姓不富足，您又哪里来的够用呢？"

商人《论语》：企业的运营管理，客观上可以起到节俭费用的作用。但是，企业的利润，不只是通过节俭而来，更是通过企业的商业模式营销策略赚来的。所以，除非是企业缩减规模裁减人员或创新创业重生，不要轻易压缩现有人员的现有费用和成本。

子曰："博学于文，约之以礼，亦可以弗畔矣夫！"

——《颜渊第十二》

字面解读：孔子说："广泛地学习文献，再用礼仪来约束自己，就不会离经叛道了！"

商人《论语》：用企业文化来教化员工，再用规章制度来约束员工，员工的工作行为就不会出现偏差了，员工就成为人力资源了。

子贡问友。子曰："忠告而善道之，不可则止，毋自辱焉。"

——《颜渊第十二》

字面解读：子贡问朋友相处之道。孔子说："忠诚地劝告他，恰当地引导他，如果不听从你就停止劝导，不要自取其辱。"

商人《论语》：同事与同事之间，企业与企业伙伴之间，虽是合作却并非是命运共同体，不能也做不到为对方负担全部责任。所以，有些忠告也只能适可而止。路，还是要他自己走的。

曾子曰："君子以文会友，以友辅仁。"

——《颜渊第十二》

字面解读：曾子说："君子以文章学问来交往朋友，依靠朋友间的交往来培养自己的仁德。"

商人《论语》：企业之间伙伴关系的基础不仅是企业之间业务的互帮互助，还有企业品牌理念和企业文化之间的相同相通。企业之间，品牌理念和文化价值观的交流，可以帮助对方更好地为市场和消费者服务。

子贡问曰："何如斯可谓之士矣？"子曰："行己有耻，使于四方，不辱君命，可谓士矣。"曰："敢问其次。"曰："宗族称孝焉，乡党称弟焉。"曰：

“敢问其次。”曰:“言必信，行必果，硁硁然小人哉！抑亦可以为次矣。”曰:“今之从政者何如？”子曰:“噫！斗筲之人，何足算也？”

——《子路第十三》

字面解读:子贡问道:“怎样才可以称得上‘士’？”孔子说:“严于律己，自尊自爱，出使国外不屈辱君主的使命，可以称得上是‘士’了。”子贡说:“请问次一等的呢？”孔子说:“宗族中的人称赞他孝顺父母，乡党们称他尊长爱幼。”子贡又问:“请问再次一等的呢？”孔子说:“说话一定守信，做事要有结果，说话做事都干净利索的那些普通人啊！勉强可以说是再次一等的‘士’了。”子贡说:“现在政坛上的那些人，您看怎么样？”孔子说:“唉！这些器识狭小的人，哪里还值得评论？”

商人《论语》:我们把孔子说的这三种“士”，比照为企业的三种人才：能独当一面，负责企业的某个事业部或某个业务单元的总裁级别的人才；能够领导好一个部门，与企业其他部门形成密切合作关系的总监级别的人才；言行一致的，做好本职工作的优秀员工。

子曰:“君子易事而难说也。说之不以道，不说也；及其使人也，器之。小人难事而易说也。说之虽不以道，说也；及其使人也，求备焉。”

——《子路第十三》

字面解读:孔子说:“君子容易任事，但很难取悦。不按正道去讨他的欢喜，他是不会欢喜的；但是，他会量才而用人。小人不容易任事，但很容易取悦于他。不按正道去讨他的欢喜，也会得到他的欢喜；但是，等到他用人时，却是求全责备。”

商人《论语》:此处的君子，就好比是一个好的、客观的、全面的、以实际工作来做绩效考核的规章制度，功过自然分开；而小人，好比是一个不好的、主观的、狭隘的、以表面工作来考察的绩效考核制度，看人好哪里都好，看人不好就一点优点也没有。

子路问曰："何如斯可谓之士矣？"子曰："切切偲偲，怡怡如也，可谓士矣。朋友切切偲偲，兄弟怡怡。"

——《子路第十三》

字面解读：子路问孔子："怎样才称得上'士'呢？"孔子说："互相交流，互相勉励，和睦相处，可以算'士'了。朋友之间互相交流互相勉励，兄弟之间和睦共处。"

商人《论语》："士"的标准，可以看作企业对于部门经理的要求：部门之间，互相交流、合作做好事情；部门之内，互相勉励、互相要求、共同进步。

子曰："爱之，能勿劳乎？忠焉，能勿诲乎？"

——《宪问第十四》

字面解读：孔子说："爱护他，能不为他操劳吗？忠于他，能不教诲他吗？"

商人《论语》：如果将忠诚于企业品牌理念的员工看成企业的资源，那么企业文化要对此资源进行教化；如果将忠诚于企业品牌理念的消费者看成企业的资源，那么企业的营销活动要对此资源进行教化，引导消费者有正确的生活方式。

公叔文子之臣大夫僎，与文子同升诸公。子闻之，曰："可以为'文'矣"。

——《宪问第十四》

字面解读：公叔文子的家臣僎，和文子一同升任了卫国的大夫。孔子知道了以后，说："可以给公叔'文'的谥号了。"

商人《论语》：孔子建议给公叔"文"的谥号，是因为公叔的高风亮节，举荐原来的家臣升职到同一级别，不嫉贤妒能。

此处的"文"，就好比是企业"量才使用"的人事制度，对于人才有公正的识别、甄选和任用。

蘧伯玉使人于孔子。孔子与之坐而问焉，曰："夫子何为？"对曰："夫子欲寡其过而未能也。"使者出，子曰："使乎！使乎！"

——《宪问第十四》

字面解读：蘧伯玉派使者去拜访孔子。孔子请他落座，然后问道："先生最近在做什么？"使者回答说："先生想要减少自己的错误，但未能做到。"使者走了以后，孔子说："好一位使者啊，好一位使者啊！"

商人《论语》：孔子夸奖使者，是因为使者回答得巧妙，既避开了实质性问题的答复，又一语道出了蘧伯玉之君子风范。所谓人才，如果没有"寡其过"的内省精神，是难以成长进步的。

子贡方人。子曰："赐也贤乎哉？夫我则不暇。"

——《宪问第十四》

字面解读：子贡评论别人的长短之处。孔子说："赐啊，你自己到了贤良的高度吗？我可没有闲工夫去评论别人。"

商人《论语》：自己事情没有做好之前，不要去评论别人，而且在评论别人的时候，自己的思想境界要达到"尊重、欣赏、包容"的贤良高度，才会有公平的评价。

谁人背后不说人，说得尽量公正一些就好。

子曰："臧文仲其窃位者与！知柳下惠之贤而不与立也。"

——《卫灵公第十五》

字面解读：孔子说："臧文仲是一个居官位而不尽职的人吧！他明知道柳下惠有贤德，却不举荐他一起做官。"

商人《论语》：团队的负责人，不只是团队工作的负责人，还是团队人力资源建设的负责人，还要有为公司识人、选人、育人的职责。

子曰："吾尝终日不食，终夜不寝，以思，无益，不如学也。"

——《卫灵公第十五》

字面解读：孔子说："我曾经整天不吃饭，彻夜不睡觉，一味思考，却没有什么收获，还不如去学习为好。"

商人《论语》：《论语》里还有一句"学而不思则罔，思而不学则怠"。可见，孔子的完整意思不是思不如学，而是"且思且学习"才好。企业、企业家的成长，企业人才的成长，是学习、思考、实践三者结合，不断验证、互相促进的结果。

子曰："君子不可小知而可大受也，小人不可大受而可小知也。"

——《卫灵公第十五》

字面解读：孔子说："君子不可从小处来了解他，但是可以承受重大的事务。小人不能让他们承受重大的事务，但是可以从小处了解他。"

商人《论语》：君子做小事不那么聪明，但是识大体，有节操，可以担承大事情。小人做小事，会有小聪明，但是自私自利，没有节操，不能担承大事情。企业用人，以工作完成为要，可以不分君子与小人，可以不考评一个人的品德（好像也无品德标准可以考核）。但是，要量才使器，在大事上谨防小人。

孔子曰："益者三友，损者三友。友直，友谅，友多闻，益矣。友便辟，友善柔，友便佞，损矣。"

——《季氏第十六》

字面解读：孔子说："有益的朋友有三种，有害的朋友也有三种。同正直的人交朋友，同诚信的人交朋友，同见闻广博的人交朋友，是有益的。同耍弄手腕的人交朋友，同当面柔顺背后诋毁的人交朋友，同惯于阿谀奉承的人交朋友，是有害的。"

商人《论语》：人有人品，商业有商业信誉。交朋友要看人品，企业选择合作伙伴要看商业信誉如何。选择了不好的伙伴，原来以为的资源就会变成拖你下水的祸害。

对企业经营有益的员工是益者有三，有害的员工是损者有三。

子贡曰："君子亦有恶乎？"子曰："有恶。恶称人之恶者，恶居下流而讪上者，恶勇而无礼者，恶果敢而窒者。"曰："赐也亦有恶乎？""恶徼以为知者，恶不孙以为勇者，恶讦以为直者。"

——《阳货第十七》

字面解读：子贡说："君子也有憎恶吗？"孔子说："君子有憎恶。憎恶宣扬别人缺点的人，憎恶以下谤上的人，憎恶好勇而没有规矩的人，憎恶行为果断却固执执拗的人。"孔子又问："赐啊，你也有憎恶的人吗？"子贡说："憎恶只有一点偏见却自以为是智者的人，憎恶粗暴无礼却自以为勇敢的人，憎恶语言暴力却自以为直率的人。"

商人《论语》：句中说到的缺点，一些是性格的缺点，一些是做人品德的缺陷，人力资源部门要分清楚，不要认为此特点为人才的特点。人才，是"士"，高者有"仁义礼智信"兼备，低者也是"言必行，行必果"的，不是表面上的语言功夫。

企业在提拔、任用人员时，一定要关注以上缺点，而不是只看特点。

子曰："唯女子与小人为难养也。近之则不逊，远之则怨。"

——《阳货第十七》

字面解读：孔子说："只有女子和小人是最难以相处的。亲近了，就会无礼；疏远了，就会怨恨。"

商人《论语》：孔子说的也是人治容易出现的问题，关系远近的尺度是难以把握的。所以，与其照难以把握的主观接受度为标准，不如照自己规章制度的客观性来管理，最合理的相处方式，就是照业务流程和岗位职责的规章制度来行事。

子游曰："子夏之门人小子，当洒扫应对进退，则可矣。抑末也，本之则无，如之何？"子夏闻之，曰："噫，言游过矣！君子之道，孰先传焉？孰后倦焉？譬诸草木，区以别矣。君子之道，焉可诬也？有始有卒者，其惟圣人乎？"

——《子张第十九》

字面解读：子游说："子夏的学生，做些打扫庭除、接待客人、依礼进退的事情是可以的。不过也只是礼的末节小事，最本质的东西依然没有学到，怎么行呢？"子夏听了，说："唉，子游的话错了！君子之道先传授哪些、后传授哪些，就像草和木一样，是要区分类别的。教授君子之道，怎么可以胡乱指责呢？有始有终地系统教授学生们，恐怕只有圣人吧！"

商人《论语》：员工培训，不能只是讲授品牌理念和企业文化的价值观，或岗位技能的培训，表现在营销服务和内部运营中的行为举止的礼仪规范，也是要严格要求的。只有将外在的行为举止与内在的行为动机结合起来，才是完整的教育。培训教育，不是刚入职时只有一次的，要定期重复培训。

第四章

儒家平天下之道：宽厚、诚信、勤敏、公平而得天下

尧曰："咨！尔舜，天之历数在尔躬。允执其中。四海困穷，天禄永终。"舜亦以命禹。曰："予小子履，敢用玄牡，敢昭告于皇皇后帝：有罪不敢赦，帝臣不蔽，简在帝心。朕躬有罪，无以万方；万方有罪，罪在朕躬。"周有大赉，善人是富。"虽有周亲，不如仁人。百姓有过，在予一人。"谨权量，审法度，修废官，四方之政行焉。兴灭国，继绝世，举逸民，天下之民归心焉。所重：民、食、丧、祭。宽则得众，信则民任焉，敏则有功，公则说。

——《尧曰第二十》

字面解读：尧说："喂！你这个舜！上天的大命已经落在你的身上了，朴诚地保持那中道。假如天下百姓都困苦和贫穷，上天赐给你的禄位也就永远终止了。"舜也这样告诫过禹。

商汤说："我是履，冒昧用黑色的公牛来祭祀，斗胆向光明而伟大的天帝报告：有罪的人我不敢擅自赦免，我也不敢掩蔽情况，由天帝的心来分辨选择。我本人若有罪，不要牵连天下万方；天下万方若有罪，都由我一个人承担。"

周朝大举分封赏赐，使善人富贵起来。周武王说："我虽然有至亲的亲属，也不如拥有仁德的人。百姓如有过错，应该由我一人来承担。"

（汉唐学者认为是孔子所说）严格规范度量衡，审定法律制度，启用被废置了的官事，全国的政令就会通行了。复兴被灭亡了的国家，承续已经断绝的世族，提拔被遗落的人才，天下百姓就都会诚心归服了。应重视的四件事：民心、民食、丧礼、祭祀。宽厚就能得到众人的拥护，诚信就能得到人民的信任，勤敏就能做出事业，公平会使大家都高兴。

商人《论语》：在第二章里，我们引用此段来表明一个企业家应有的担当和责任是使消费者舒心，使企业员工和股东们安心。现在，我们将它放在“平天下之道”里，用来表述如何将品牌理念扩展为行业道德风范，引领行业风尚，领导行业走向健康发展之路。

一个企业家，在自己的企业里，可以有君主的强权心态。但是，在引领一个行业时，由于所在行业成员的经营独立性，以及没有严谨的组织管制，所以就不能继续保持君主的心态。其实，即便有心态，也不具备君主的权威和权力，若有所为，反而会适得其反。同事，也不可能是“垂拱而治”，以为做好自己，就能自动带动别人、带动行业向上发展。那么，该如何引领行业发展呢？

工作重心有四点：民、食、丧、祭。

民：消费者。要在行业中，树立为消费者提供真利益、真价值的服务意识。

食：企业经营。要带领同行完善商业模式、营销策略，使企业有发展、有利润。

丧：行业互助。团结同行，互相尊重，互相帮助，扶危济困。

祭：行业风气。尊重国法行规，尊敬商道传统，传承仁爱消费者的理念。

孔子生活的春秋时期，已经少有周天下的概念了，所谓国，是指诸侯国；所谓君主，是指诸侯国君。所以，孔子并没有表现出“匡扶周室，平定天下”的抱负，《论语》里也没有言及于此。但是，孔子毕竟是周天下、周文化、周礼制的仰慕者和传播者，文里的语意总有关联之处。小子不敏，择其中者，编辑出此章来。

孔子说得少，我编辑得也少，而且不敢妄加文字来冒充孔子的语意。

行业领导者的仁爱，当遍及四海

故王者爱及四夷，霸者爱及诸侯，安者爱及封内，危者爱及旁侧，亡者爱及独身。独身者，虽立天子诸侯之位，一夫之人耳，无臣民之用矣。如此者，莫之亡而自亡也。

——（西汉）董仲舒《仁义法》

字面解读：称王者之仁爱遍及四海乃至于蛮夷之地，称霸者之仁爱及于支持他的诸侯王国，偏安者之仁爱及于他的身边之人，走向灭亡的人只爱他自己。只爱自己的人，即使是处于天子诸侯之权位，也只是孤单单的一个人，没有臣民愿意为他效力。像他这样的独夫，即使是没有人做出使他灭亡的行动，他自己也会灭亡的。

商人《论语》：此次是唯一引述非孔子的语言为文章标题，引述的文字是西汉大儒董仲舒所说，他提出了“罢黜百家，独尊儒术”，奠定了近两千年来儒家思想的主体地位。此段文字扼要而精练地说明了王者天下的胸襟行止。

就从史书记载的历代王朝的统治时间而言，周王朝存世的 772 年是最长的，其前或其后的历代王朝很少超过 400 年。差距为什么那么大呢？主要是得力于周王朝的政治体制的独特性。周分封天下的政治体制，类似于联邦制。周是名义上的天下共主，但是，各个诸侯国的政治、经济、军事、文化是相对独立的。由此，研究周的执政理念、政治体制、礼仪制度，也是研究企业集团发展壮大后该如何管理多种业态并举、经营相对独立的各个业务单元，以使企业开枝散叶，得以基业长青的秘密。此理论并非本书主题，故也不展开叙及。

行业领导者和周之天下共主，也有很多相似之处。所谓共主，如何自为，如何作为，来带领行业健康地发展壮大呢？孔子是周政治体制的崇拜者，也是周礼仪、周文化的继承者，在《论语》中会有所叙及。

天上最亮的星星

子曰："为政以德，譬如北辰，居其所而众星共之。"

——《为政第二》

字面解读：孔子说："用道德来治理国政，就好像北极星一样，安静地处在它应处的位置上，而群星环绕着它。"

商人《论语》：如果你的企业是行业良心，代表了行业应有的品质和服务标准。那么，你的企业品牌一定会像北极星一样被众多消费者所认知，也会有很多抱有同样情怀的企业团结在你的企业周围，大家一起形成行业正向的风气和行业正向的发展力量。

行业领导者，照亮的是所有人，带动的是同道中人。

子曰："苟正其身矣，于从政乎何有？不能正其身，如正人何？"

——《子路第十三》

字面解读：孔子说："假若主政者端正自身，治理国家还会有什么难题？不能端正自身，又怎么能端正别人？"

商人《论语》：行业的领导者，只有教化之用，没有法治之权。所以，欲先正人，必先正己。以自己的行动，来带动大家一起行动。

行业领导者，要先以身作则，要先经营好自己的企业。

沐春风的影响力

叶公问政。子曰："近者悦，远者来。"

——《子路第十三》

字面解读：叶公问政事。孔子说："使境内的人安居乐业，使远处的人来归附投奔。"

商人《论语》：一个行业领导者，就好像是当初的周文王一样，一面壮大自己，一面宣扬自己的仁德主张，使跟随你的企业和企业员工，感受到安心、安全和一起发展壮大的快乐。这样，你的商业理念、商业模式和商业信誉，就会形成足够的吸引力让更多的企业来跟随你，最终形成推动行业积极发展的团队力量。

行业领导者，要有核心资源，还要不断壮大依附资源。

一纸条文的使命

孔子曰："天下有道，则礼乐征伐自天子出；天下无道，则礼乐征伐自诸侯出。自诸侯出，盖十世希不失矣；自大夫出，五世希不失矣；陪臣执国命，三世希不失矣。天下有道，则政不在大夫。天下有道，则庶人不议。"

——《季氏第十六》

字面解读：孔子说："天下有道的时候，制礼、作乐和征讨由天子做决定；天下无道的时候，制礼、作乐和出兵打仗，由诸侯做决定。如果由诸侯做主，大概经过十代后，政权很少有不垮台的；如果由大夫决定，经过五代后，政权很少有不垮台的；如果由大夫的家臣执掌国家政权，经过三代就很少有不垮台的。天下有道，国家政权就不会落在大夫手中。天下有道，老百姓也就不会议论、指责国家政治了。”

商人《论语》：在商业而言，谁是天子？是政府吗？应该不是，市场经济不讲究政府管辖。是消费者吗？消费者的力量是散乱的。是市场经济里看不见的手吗？既然看不见，出手也不会那么具体吧？所以，我觉得商业世界的天子，应该是多方力量集合而成的，包含了政府的干涉权、消费者的选择权、市场的制约权等各种力量，聚集在行业协会身上成就“天子”。

一个行业健康发展的时候，行业规则一定是行业里几个不同商业模式（产品模式）的代表性企业联手国家有关部门制定而成，以此来规范行业的产品标准、价格标准、服务标准等。行业领导者，一定要参与行业规则的制定，也一定要兼容其他企业的意见。

行业的领导者如果从自己企业利益的角度出发，制定行业的行规，那么规则的作用时间是不会持久的，哪怕你的企业是具有行业代表性的品牌企业。如果行业的商业规则，是出自一些不谙行业事务的“笔杆子”之手，偏重表面文章的规则的实际作用更小，起作用的时间也更短。更过分的是出自某个企业的某个部门来起草行业规则，那规则的时效性就更短了。企业自我角度出发的“行业规则”，在没有国家有关部门的综合调控下会有本能的排他性，而且缺乏行业里其他企业参与的全面性。所以，行业规则要站在为广大消费者服务的角度，综合国家政策、商业特性、行业内各类商业模式和产品特性而做出统筹考虑。

领导行业之事，任重道远

曾子曰："士不可以不弘毅，任重而道远。仁以为己任，不亦重乎？死而后已，不亦远乎？"

——《泰伯第八》

字面解读：曾参说："士不可以不抱负远大而行有毅力，因为他背负的责任重大而且道路遥远。将仁德教化作为自己的责任，不是很沉重吗？到死方才停止奋斗，路程不是很遥远吗？"

商人《论语》：在《论语》中多次出现"士"的名词，通常的翻译是"读书人"，主要是源于孔子所在的春秋末期，"士"已经开始逐渐成为知识分子的统称。但是，同一时期，不只是"学士"，还有"勇士""方士""术士"等。士还可以理解为一种济世精神。所以，我的"商人《论语》"里的"士"，可以更加宽泛地理解而不具体翻译。

成为一个行业的领导者，需要长时间的努力以奠定行业"德高望重"的领袖地位；带领行业走向一个健康的发展道路，也需要长时间的努力，才能整饬野蛮发展期的良莠不齐；领导行业，联合其他行业创新发展，也需要长时间的努力，才能整合而不是割裂行业的商业资源。

长时间的努力，做什么？如何善待消费者，是仁；如何整饬行业风气，是义；如何设定行业规范，是礼；如何发展壮大行业，是智；如何培育行业的专业人才资源，是信。

一个行业领导者，不但要有坚定的意志，还要有恢宏的气量，要有纳百川于一海的能力。如此，才能带领整个行业不断健康前行，为社会做贡献，为消费者谋求福利。

仁之天下

子曰："放于利而行，多怨。"

——《里仁第四》

字面解读：孔子说："为追求个人利益而行动，就会招致很多的怨恨。"

商人《论语》：如果为追求个人利益而去做行业领导者，盘算自己利益的算盘珠，一定会招致同行的怨恨和不满，因为你拿走了大家的利益。同样，你领导的行业，也会引起广大消费者的不满。在你的带领下，行业风气是只顾着自己的利益，必然会损害消费者的利益。最后，你的"领导"位置，还坐得安稳吗？反之，放于仁而行，形成厚爱消费者的行业风气，则行业必定会发展壮大。作为行业首倡仁爱的你的企业，又怎么不会发展壮大呢？

◎乡邻的分别心：乡人之善者好之，其不善者恶之

子贡问曰："乡人皆好之，何如？"子曰："未可也。""乡人皆恶之，何如？"子曰："未可也。不如乡人之善者好之，其不善者恶之。"

——《子路第十三》

字面解读：子贡问："全乡的人都喜欢的人，怎么样？"孔子说："不能断定。""全乡的人都讨厌的人，怎么样？"不能断定的。不如全乡的好人都喜欢他，全乡的坏人都讨厌他。"

商人《论语》：我们将乡人比喻为同行业者。行业领导者，不能做老好人，希望得到行业内所有人的喜欢和支持。行业领导者，要有责任感，要有辨别是非的能力和执行力，要不忘行业使命，带领行业去做对于消费者和行业自身有益的事情，而不是带领大家去做只对于企业自身有益的事情。所以，同行业之人或有人喜欢，或有人不喜欢。

行业领导者的仁爱，要有明辨是非的智慧，还要有明断是非的勇气。

仪封人请见，曰："君子之至于斯也，吾未尝不得见也。"从者见之。出曰："二三子何患于丧乎？天下之无道也久矣，天将以夫子为木铎。"

——《八佾第三》

字面解读：仪这个地方的边防官请求见孔子，他说："凡是君子到这里来，我从来没有不和他见面的。"孔子的随从学生引他去见了孔子。他出门后，对孔子的学生们说："你们几位何必担心失掉什么呢？天下无道已经很久了，上天将要把孔夫子当作号令天下仁义之道的木铎啊。"

商人《论语》：行业的领导者，要承担起"木铎"的责任，要在纷繁复杂的商业环境中，警醒和号召行业同人们对消费者、对市场、对社会、对国家的仁义之道。

子曰："参乎！吾道一以贯之。"曾子曰："唯。"子出，门人问曰："何谓也？"曾子曰："夫子之道，忠恕而已矣！"

——《里仁第四》

字面解读：孔子说："曾参啊！我的学说可以用一个道理贯穿起来。"曾子说："是这样的。"孔子走出去以后，师兄弟来问："是什么意思呢？"曾子说："他老人家的学说，核心思想就是忠和恕罢了。"

商人《论语》：行业的领导者如何理解"忠和恕"呢？忠，是要忠诚于消费者，带领行业为消费者提供更好的服务；恕，是宽厚地对待行业同人，不搞商业模式和关系远近的一刀切，尽可能团结可以团结的同人，将行业带向健康正向的发展大道。

行业领导者的仁，是既有着明确的消费者面向，也有团结同行的胸怀。

子罕言利，与命与仁。

——《子罕第九》

字面解读：孔子很少谈到利益，却常常谈到君子的天命责任和仁德修养。

商人《论语》：孔子说的利，是利益。作为行业领导者，就是要带领大家赚到更多的钱，所以不但不能少谈，还要多谈利益、多谈行业共同体的“利益”。只是，利益要在企业为社会创造价值、为消费者谋求福利的基础上获得。

行业领导者的利益，是和天命责任的“仁”联系在一起的。

子路从而后，遇丈人，以杖荷蓧。子路问曰：“子见夫子乎？”丈人曰：“四体不勤，五谷不分，孰为夫子？”植其杖而芸。子路拱而立。止子路宿，杀鸡为黍而食之，见其二子焉。明日，子路行以告。子曰：“隐者也。”使子路反见之。至，则行矣。子路曰：“不仕无义。长幼之节，不可废也；君臣之义，如之何其废之？欲洁其身，而乱大伦。君子之仕也，行其义也。道之不行，已知之矣。”

——《微子第十八》

字面解读：子路跟随孔子出行，落在了后面，遇到一个老丈，用拐杖挑着除草的工具。子路问道：“您看到我的老师了吗？”老丈说：“四肢不劳动，五谷分不清，哪里算得上是你的老师？”说完，便扶着拐杖去除草。子路拱着手恭敬地站在一旁。老丈留子路到他家住宿，杀了鸡，做了小米饭给他吃，又叫两个儿子出来与子路见面。第二天，子路赶上孔子，告诉了孔子。孔子说：“这是个隐士啊。”叫子路回去再看看他。子路到了那里，老丈已经走了。子路说：“君子不出仕是不符合道义的。长幼的礼节，是不可能废弃的；君臣间的道义，怎么可能废弃呢？想要自身清白，却破坏了君臣之间根本的伦理关系。君子出仕，是为了实现自己的仁义之道。仁义之道的困厄难行，我们早就知道了。”

商人《论语》：一个有社会责任感的企业家，只是经营好自己的企业是不够的，要能带领行业同仁实行仁义之道，为社会做出贡献，才是企业家走出自己企业服务社会大众的“大伦理”。

行业领导者的仁，是带领行业为社会服务的社会伦理。

◎身边的小事例：贤贤易色；事父母能竭其力；事君，能致其身；与朋友交，言而有信

子夏曰：“贤贤易色；事父母能竭其力；事君，能致其身；与朋友交，言而有信。虽曰未学，吾必谓之学矣。”

——《学而第一》

字面解读：子夏说：“尊重贤德，而改变态度；侍奉父母，能够竭心尽力；服侍君主，能够献出生命；同朋友交往，说到做到有信用。尽管他自己说没有学识，我一定认为是学识之士。”

商人《论语》：尊重知识，尊重人才，厚待消费者，遵循国家法规政策，商业行为恪守诚信，是行业领导者应该具有的仁义表现。

行业领导者的仁，要表现在举止言谈、为人处事的方方面面。

子谓子夏曰：“女为君子儒，无为小人儒。”

——《雍也第六》

字面解读：孔子对子夏说：“你要做一个有道德修养的君子儒，不要做有才无德有学无识的小人儒。”

商人《论语》：行业领导者带领行业提升服务价值，最主要的工作就是负责行业风气的建设，在行业中树立为消费者提供价值服务的风尚，不能

是流于表面、空谈一些理念，发一些没人看的文件，弄一些数据之类的文字游戏。要真抓实干，从最基础的工作做起，多做一些对消费者有益的实际工作。

行业领导者的仁，不能流于表面形式、流于口头文章。

子曰："有德者必有言，有言者不必有德。仁者必有勇，勇者不必有仁。"

——《宪问第十四》

字面解读：孔子说："有道德的人，一定有名言，但有名言的人不一定有道德。仁人一定勇敢，但勇敢的人不一定有仁德。"

商人《论语》：将自己的商道理念推行于行业乃至于天下的人，也一定是教化同行业者"行有则，言有哲"之人。此类推行，需要的不仅仅是口才，还要有思想的哲理、商道的执念，以及百折不挠的勇气。只有大仁才有大义，才会有大勇的行动。

行业领导者的仁，要有教化之言，要有当先行动之勇。

陈子禽谓子贡曰："子为恭也，仲尼岂贤于子乎？"子贡曰："君子一言以为知，一言以为不知，言不可不慎也。夫子之不可及也，犹天之不可阶而升也。夫子之得邦家者，所谓立之斯立，道之斯行，绥之斯来，动之斯和。其生也荣，其死也哀，如之何其可及也？"

——《子张第十九》

字面解读：陈子禽对子贡说："你太谦恭了，仲尼怎么能比你更贤能呢？"子贡说："君子的一句话就可以表现他有知，一句话也可以表现他无知，所以说话不可以不慎重。他老人家的高不可及，就好像是天，不能够顺着梯子爬上去一样。他老人家如果得到邦国或者采邑的治理权，那就会像人们说的那样：教化人们如何立足于社会，引导人们的行为规范，安抚前来归顺的人们，和气地动员大家一起做事。他老人家，活着时候被人尊荣，死时令人哀痛。我怎么能赶得上他呢？"

商人《论语》：子贡评价老师孔子的话，完全可以假设为行业领导者的所作所为。从商业理念的教化，到行业服务标准的确定，再到帮助行业的新进入者，团结行业里的积极力量一起发展壮大行业。这样的领导者，行业里的企业家又怎么会不尊重他呢？

◎仁之用在于直：唯仁者能好人，能恶人

子曰："唯仁者能好人，能恶人。"

——《里仁第四》

字面解读：孔子说："只有有仁德的人，才能发扬人的长处优点，能修正人的缺点。"

商人《论语》：在行业内推行厚待消费者的教化之风，可以从本质上提升行业的服务心态，提高行业的服务品质和服务标准，纠正行业的不正之风。

领导者倡导的仁，有着修正风气的作用。

子夏问孝。子曰："色难。有事，弟子服其劳；有酒食，先生馔。曾是以为孝乎？"

——《为政第二》

字面解读：子夏问什么是孝道。孔子说："在父母面前经常和颜悦色是难能可贵的。有事情，晚辈效劳；有酒饭，让父母先吃。仅仅这样就可以算是孝了吗？"

商人《论语》：若是将"孝道"理解为消费者服务之道，那么制定行业的服务标准是非常重要的。产品和服务，一虚一实如"文质彬彬"的关系。其中，产品质量的标准好制定，产品服务的行为标准也可以制定，但是，服务中的语气和态度却是很难标准化的（VIP类服务除外），所以，服务心态的教化是第一位的。心态决定态度。

子曰："苟志于仁矣，无恶也。"

——《里仁第四》

字面解读：孔子说："如果立志于推广仁德，就不会真正地厌恶人了。"

商人《论语》：为什么不会真正地厌恶人呢？因为真正立志于推广仁德的人，就好像是佛家的菩萨一样，是怀着悲悯的心情看待一切不善，怀着美好的愿望改变一切不美，没有分别心地对待一切。

领导者的仁心，是有着惠及一切的菩萨心肠。

子曰："君子泰而不骄，小人骄而不泰。"

——《子路第十三》

字面解读：孔子说："君子平和坦荡，不会傲慢无礼；小人傲慢无礼，不平和坦荡。"

商人《论语》：一个行业领导者，会有惠及天下的胸怀，自然也就没有见高者拜、见低者踩的分别心，气度自然也就恢宏坦荡。

领导者的仁心，要有平和宽容的气度。

子曰："当仁，不让于师。"

——《卫灵公第十五》

字面解读：孔子说："在仁道面前，就是自己的老师也不需要谦让。"

商人《论语》：惠及天下，不仅是美好的愿望，还要有当仁不让的推行勇气，有了"当仁不让"的勇气，才有突破已有窠臼的创新，行业才有生生不息的活力。

领导者的仁，要有勇于当先的勇气。

季氏将伐颛臾。冉有、季路见于孔子，曰："季氏将有事于颛臾。"孔子曰："求！无乃尔是过与？夫颛臾，昔者先王以为东蒙主，且在邦域之中矣，是社稷之臣也。何以伐为？"冉有曰："夫子欲之，吾二臣者，皆不欲也。"

孔子曰："求！周任有言曰：'陈力就列，不能者止。'危而不持，颠而不扶，则将焉用彼相矣？且尔言过矣，虎兕出于柙，龟玉毁于椟中，是谁之过与？"

冉有曰："今夫颛臾，固而近于费。今不取，后世必为子孙忧。"孔子曰："求！君子疾夫舍曰'欲之'而必为之辞。丘也闻：有国有家者，不患寡而患不均，不患贫而患不安。盖均无贫，和无寡，安无倾。夫如是，故远人不服，则修文德以来之。既来之，则安之。今由与求也，相夫子，远人不服而不能来也，邦分崩离析而不能守也，而谋动干戈于邦内。吾恐季孙之忧，不在颛臾，而在萧墙之内也。"

——《季氏第十六》

字面解读：季氏将要攻鲁国附庸国颛臾。冉有、子路去见孔子说："季氏将要攻打颛臾了。"孔子说："冉求！你有没有过错呢？颛臾是周武王任命的主持东蒙的祭祀，而且在鲁国的疆域之内，是和鲁国共安危的藩属，为什么要去攻打它呢？"冉有说："季孙大夫想去攻打，我们两个人不愿意的。"孔子说："冉求，贤人周任有句话说：'尽自己的力量去负担你的职务，实在做不好就辞职。'如果有了危险不去扶助，跌倒了不去搀扶，那还用辅助的人干什么呢？而且你说的话错了。老虎、犀牛从笼子里跑出来，龟甲、玉器在匣子里毁坏了，是谁的过错呢？"

冉有说："现在颛臾城墙坚固，而且离季孙的采邑费地很近。现在不夺取过来，将来一定会成为子孙的忧患。"孔子说："冉求，君子痛恨那种避而不说自己的贪心却又一定要找出借口的做法。我听说有国的诸侯和有封地的大夫，不担心财富不多而怕财富不均；不怕人口少，而怕人心不安定。若是财富均了，也就没有所谓贫穷；大家和睦，就不会感到人口少；安定了，也就没有倾亡的危险了。做到了这样，如果远方的人还不归服，就发扬文治教化招徕他们。他们来了，就让他们安心住下去。现在，仲由和冉求你们两个人辅助季氏，远方的人不归服，却不能用文治教化招徕他们；国家疆土分离民心分散，你们不去保全，反而策划在国内使用武力。我只怕季孙的忧患不在颛臾，而是在自己的内部呢。"

商人《论语》：孔子的话，奠定了后世儒生对君王的认识，君王是老虎、犀牛，要保护好他的权力栅栏，不能冲出来乱政。君王也是龟甲、玉器，要保护好他的权力安放，不能被别有用心的人乱政操纵。

就行业领导者而言，带领行业共同发展，要多用仁义之道来教化和感化持不同意见者，少用或不用权力和暴力（语言攻击、封闭孤立、政策压制等）惩治的办法。毕竟真正能够左右行业内同行商家的力量是政府法律和商业规律，以及消费者的选择。

义之风范

子曰："居上不宽，为礼不敬，临丧不哀，吾何以观之哉？"

——《八佾第三》

字面解读：孔子说："居于执政地位的人，不能宽厚待人，行礼的时候不庄敬，参加丧礼时也不悲哀，我怎么能看得下去呢？"

商人《论语》：义者，宜也，从仁爱的角度出发应该做些什么，也可以理解为行业风气和文化。依据以上来具体理解行业领导的义，要点有三：

1. 对待同行要宽容，特别是理念不同的同行，不能自以为是地打压。行业要发展，必须有创新，要带动行业创新技术、创新服务；行业要壮大，必须要包容，要包容不同商业理念、商业模式的同行。

2. 要有对国家政策法规、商业道德的敬畏之心，要有对于商业同行的尊重之心，以身作则遵守行业规矩。

3. 行业在发展，总有过去、现在和未来。对于过去的或失败的，只要是正当经营的，都应该有一种哀缅之心，引以为鉴。

◎所从来与所去：慎终追远，民德归厚矣

曾子曰："慎终追远，民德归厚矣。"

——《学而第一》

字面解读：曾子说："慎重地为父母料理后事，追念祭祀久远祖先，老百姓的道德观念就会日趋淳朴忠厚了。"

商人《论语》：恭敬地追念行业前辈，他们毕竟开创了整个行业；恭谨地对待经营不善而倒闭的同行，他们毕竟为行业做出过贡献。如此，行业的道德风尚就蔚然成风了。

行业领导者的义，要树立感恩的行业风气。

子曰："《诗》三百，一言以蔽之，曰'思无邪'。"

——《为政第二》

字面解读：孔子说："《诗经》三百篇，可以用一句话来概括它，就是'思想不邪僻'。"

商人《论语》：《诗经》里有很多情歌，孔子的概括是"思无邪"。可见孔老先生的意思是，男女有情，本性自然。你可以想，但是不能走歪了。换言之，企业想要得到消费者的厚爱，是人之常情。但是你不能走歪门邪道，比如：品质差，还煽情出概念，欺骗消费者来买你的产品；品质没有升级，消费者不再买你的产品，你还抱怨人家不忠诚；服务没有做好，消费者投诉，你还抱怨消费者不理解你的苦衷；等等。这些都是行业里"思邪"的风气。

行业领导者的义，要端正为消费者服务的思想意识。

子曰："君子和而不同，小人同而不和。"

——《子路第十三》

字面解读：孔子说："君子倡导和谐，尊重不同，小人主张共同，而不讲求和谐。"

商人《论语》：领导一个行业，其实也是在领导一个团队，而且还是在领导一个缺乏制度约束力的团队。这种形势下的领导，一如侍弄百花齐放的花园，尊重每种花木的生存权利，尊重每种商业业态和商业模式差异性存在的权利，就是和而不同。不能为了一己之私，推行一种模式或关系好的几种模式，使得不同模式之间的竞争产生紧张的攻击关系。

行业领导者的义，是尊重行业内不同业态的存在。

子贡曰："管仲非仁者与？桓公杀公子纠，不能死，又相之。"子曰："管仲相桓公，霸诸侯，一匡天下，民到于今受其赐。微管仲，吾其被发左衽矣。岂若匹夫匹妇之为谅也，自经于沟渎而莫之知也。"

——《宪问第十四》

字面解读：子贡问："管仲不能算是仁人吧？齐桓公杀了公子纠，他不但不为公子纠殉死，反而做了齐桓公的相。"孔子说："管仲辅佐桓公，称霸诸侯，使天下一切得到了匡正，老百姓到了今天还享受到他的好处。如果没有管仲，恐怕我们也要跟化外之族一样披散着头发，衣襟向左开了。管仲岂能像普通百姓那样守着小节小信，自杀在小山沟里，从而湮没无闻吗？"

商人《论语》：孔子认为管仲的仁义是有着为天下百姓谋福利的大仁大义，而不是守着一家一人的小仁小义。作为行业领导者也应该是这样的，眼睛看的、内心想的是面向天下的消费者，思考和行动也是偏向如何为天下消费者创造福利而不是自家自户的福利。

行业领导者的义，是面向天下消费者而有所为。

曾子曰："吾闻诸夫子，人未有自致者也，必也亲丧乎。"

——《子张第十九》

字面解读：曾子说："我听老师说过，人不可能自动生发感情。一定要说有的话，只有亲人去世的时候。"

商人《论语》：孔夫子说得有些绝对，人类还是有很多自动生发的情感，并不只限于对亲人离世的。比如面对转身离开再也不回来的恋人，面对失去之后再也不来光顾的客人，面对一再重用却突然辞职跳槽的高管等。很多自发的情感，也恰恰是在失去之时。

行业领导者的义，要筹谋于消费者对于行业尚有信赖之时，免得追悔莫及。

◎到群众中间去：君子矜而不争，群而不党

子曰："君子矜而不争，群而不党。"

——《卫灵公第十五》

字面解读：孔子说："君子庄重自持而不与别人争斗，团结大家而不结党营私。"

商人《论语》：一个行业领导者被尊重，不在于用斗争的方式打压不同的意见树立权威，这样只会导致行业没有活力，丧失创新、创造的生命力；也不在于用结党的方式壮大自己的领导力，这样只会导致行业分裂。行业的活力保证了创新，创新来自不同商业模式的竞争并存，保证了行业健康的生命力和整体繁荣。

行业领导者的义，是不能以斗争的方式来彰显自己的权威。

子曰："君子周而不比，小人比而不周。"

——《为政第二》

字面解读：孔子说："君子广泛团结人，而不与人互相勾结；小人与人相互勾结，而不团结大众。"

商人《论语》：一个行业领导者，要以"道义"的旗帜，广泛团结一切可以团结的同行，共谋行业发展大计，而不是通过拉帮结伙的方式；小人则是拉帮结伙，暗通款曲，用小恩小惠来建立自己的小山头、小团伙。

行业领导者的义，是不能以结党营私的方式分裂行业的力量。

子曰："君子和而不同，小人同而不和。"

——《子路第十三》

字面解读：孔子说："君子倡导和谐，尊重不同，小人主张共同，而不讲求和谐。"

商人《论语》：一个行业领导者，要倡导行业互助，鼓励行业创新，支持行业内不同商业模式的并存共荣，甚至赞许"君子之争"；小人则打压异己，要求统一思想、统一行动、统一模式如军队组织。小人的统一，不符合"万类霜天竞自由"的商业精神。

行业领导者的义，是包容和尊重不同，并能引导不同成为行业共同发展的力量。

子曰："君子泰而不骄，小人骄而不泰。"

——《子路第十三》

字面解读：孔子说："君子平和坦荡，不会傲慢无礼；小人傲慢无礼，不平和坦荡。"

商人《论语》：一个行业领导者，会有惠及天下、服务大众的胸怀，自然也就没有见高者拜、见低者踩的分别心，气度自然也就恢宏坦荡。小人则不同，一朝权在手，便把令来行，自以为自己是领导，是万人之上了。

行业领导者的义，是平和的心态带领行业同人，不是王霸的心态领导行业同人。

子曰："出则事公卿，入则事父兄，丧事不敢不勉，不为酒困，何有于我哉。"

——《子罕第九》

字面解读：孔子说："在外事奉公卿，在家孝敬父兄，有丧事不敢不尽力去办，不被酒所困，对我来说有什么困难呢？”

商人《论语》：没有困难，主要是指心态。因为并非不得不做，而是内心自然而然地想去做而做，所以，就不会有困难的心态了。

行业的领导者，看似很忙，也不外乎几类事情：带领行业遵守国家法规，诚信经营；在行业内倡导彼此尊重、互相扶持的团队精神；鼓励大家创新商业模式和营销策略。处于领导地位，却始终不被私欲控制，不受私利冲动。若是发自自然而然的仁心动机，做这些事情的时候，怎么会感觉到困难呢？

行业领导者的义，是发自内心的行动，不会因与内心相悖的做作而忙着喊累。

子曰：“群居终日，言不及义，好行小惠，难矣哉！”

——《卫灵公第十五》

字面解读：孔子说：“整天聚在一块儿，说的尽是不靠谱的话，专好卖弄小聪明，真难教导。”

商人《论语》：召集同行业的人在一起，交流什么、共谋什么、讨论什么呢？如果大家在一起，是交流一些蒙骗消费者的手段和技巧的问题，或一些展望未来、纸上谈兵的空话，不是从市场需求、消费者利益、技术创新等仁爱消费者的角度考虑问题。那么就不能算是从仁德出发的义。即使是用仁爱之道来教导，也是有困难的。

行业领导者的义，是要聚集同道商讨行业大义，而不是嘻嘻哈哈增进“友谊”。

◎不做滥好之人：“君子成人之美，不成人之恶。小人反是”

子曰：“君子成人之美，不成人之恶。小人反是。”

——《颜渊第十二》

字面解读：孔子说：“君子成全别人的好事，不促成别人的坏事。小人则与此相反。”

商人《论语》：此处所说的好事，是指为消费者服务的好事，也可以是企业经营、行业发展的好事。坏事，是指对消费者无益甚至是有害的事。所以，领导一个行业，树立行业的正道风气是很重要的，应该由此整合资源成全那些能为消费者谋求利益的好事，树立行业的榜样。

行业领导者的义，是应为抑恶扬善之举。

子曰：“攻乎异端，斯害也已。”

——《为政第二》

字面解读：孔子说：“只站在一个角度和立场上，过于偏激的思维、言论和做法，是会有危害的。”

商人《论语》：思考问题要考虑方方面面，不要只站在自己的角度，还要考虑对方的角度，以及双方的综合角度，要将正面因素反面看、反面因素正面看等。只站在自己的角度看问题、做事情，一定会伤及另外一个角度的人和事，也会危害大家共处局中的人和事。

行业领导者的义，是统筹规划和总体平衡，不能狭隘地思考问题。

子曰：“其身正，不令而行；其身不正，虽令不从。”

——《子路第十三》

字面解读：孔子说：“自身端正，即使不发布命令，事务也会进行；自身不端正，即使发布命令，别人也不会听从。”

商人《论语》：一些时候，即使是自己身正，不发布命令，很多事情也是无法进行的。若是自身不正，命令发布了，也不会执行彻底。行业领导者的“正”，指的是企业家自我道德和自己企业经营的身先示范作用，也是孔子所说的“夫仁者，己欲立而立人，己欲达而达人”。

行业领导者的义，先从以身作则开始。

子曰："人能弘道，非道弘人。"

——《卫灵公第十五》

字面解读：孔子说："人能够弘扬道的精神，不是道来弘扬人的价值。"

商人《论语》：人法地，地法天，天法道，道法自然。道是自然规律，是独立于人之外而客观存在的。所以，人们发现了道的规律，发现了可以学习道而提高自己生存生活的价值，是弘扬道的精神，是为人间伦理，也是人的主动的行为。道则是客观存在的规律，不以人的意志为转移，也不具备如人一般的意识。所以，不会有偏爱和恶憎等行为。

行业领导者的义，是要带领同行弘扬商业之道的精神，而不是借用商业之道来彰显自己的价值地位。

礼之行规

子路曰："卫君待子而为政，子将奚先？"子曰："必也正名乎！"子路曰："有是哉？子之迂也！奚其正？"子曰："野哉，由也！君子于其所不知，盖阙如也。名不正，则言不顺；言不顺，则事不成；事不成，则礼乐不兴；礼乐不兴，则刑罚不中；刑罚不中，则民无所措手足。故君子名之必可言也，言之必可行也。君子于其言，无所苟而已矣。"

——《子路第十三》

字面解读：子路说："卫国国君等待您去操持国政，您将要先做什么呢？"孔子说："首先必须正名分。"子路说："有这个必要吗？您太迂腐了！干吗非要正名呢？"孔子说："粗野啊，仲由。君子对于他所不懂的事情，大都会采取保留的态度。名分不正，你的言论就难以顺利地贯彻下去；言论难以顺利贯彻，政事就办不成；政事办不成，礼乐也就不能推行；礼乐不能推行，刑罚就不会适当；刑罚不适当，百姓就会连手脚放在哪里都不知道。所以，君子执政的名分，必须要先说清楚的，这样君子说出来的话才一定能够行得通。当然喽，君子对于自己的措辞，是从不马马虎虎的。”

商人《论语》：兴于“礼乐”的前提是，名正、言顺、事成，换成商业语言就是“名衔和权力、发展的方向、共同的事业”。没有头衔或名望，没有人会认真听你讲什么。如果有了头衔却没有话语权，大家会听你说话却未必会照你所说去做事。如果没有组织大家一起做一件涉及整个行业的事情，行业规矩和行业风气就难以形成。只有形成了行业规矩和行业风气，才可以以一种标准来要求企业的经营行为，行业的经营创新也有了可以用力之处。

◎行规为同道者制：人而不仁，如礼何？人而不仁，如乐何

子曰：“人而不仁，如礼何？人而不仁，如乐何？”

——《八佾第三》

字面解读：孔子说：“一个人，若是没有仁德，他会怎样实行礼呢？一个人，若是没有仁德，他又能怎样实行乐呢？”

商人《论语》：作为行业的领导者，如果是自私自利地为自己的企业考虑，而不是为了行业同人的利益考虑，也不是为了消费者的利益考虑，他会制定出同行共同认可的行业规则吗？倡导的规则会有人响应、执行吗？他能够带领行业同人塑造出健康的行业风气吗？不可能的。

子曰：“能以礼让为国乎？何有？不能以礼让为国，如礼何？”

——《里仁第四》

字面解读：孔子说：“能够用礼仪制度和谦让精神来治理国家吗？这有什么困难吗？如果不能用礼仪、谦让来治理国家，又怎样来对待礼仪呢？”

商人《论语》：“礼让”不等于“礼仪”，是“礼仪 + 谦让”。行业作为一个松散的、以主营业务来定义的经营类别，需要有一个协会规则，要有

一些经营认证、一些国家法规来约定大家的经营行为。同行之间，需要尊重和谦让，共同进步，来建设行业的健康形象。如此，大家才能在各自的生存空间、发展空间里经营各自的商业模式，聚集成众，繁荣行业。

子曰："麻冕，礼也；今也纯，俭，吾从众。拜下，礼也；今拜乎上，泰也。虽违众，吾从下。"

——《子罕第九》

字面解读：孔子说："用麻布制成的礼帽，符合于古礼的规定。现在用黑丝绸制作，比过去节省了，我赞成大家的做法。臣在堂下礼拜国君，是古礼，现在大家到堂上礼拜，神情也泰然自若，虽然和大家的意见不一样，我还是主张先在堂下礼拜。"

商人《论语》：为市场服务的商业模式、营销策略、营销活动的方式，可以依市场环境变化而变化。但是，仁爱消费者的理念，对国家政策、法规的敬畏，是始终如一的。

行业领导者，要号召大家"敬天、爱民、守礼"。

子曰："君子上达，小人下达。"

——《宪问第十四》

字面解读：孔子说："君子向上通达仁义，小人向下通达财利。"

商人《论语》：如果不能明辨君子还是小人，也分不清是该上达晓之以义，还是该下达明之以利，最简单的办法，就是用一个公开的制度、客观的标准来分别。

行业领导者的礼，包括制度和标准。

子曰："知及之，仁不能守之。虽得之，必失之；知及之，仁能守之，不庄以涖之，则民不敬；知及之，仁能守之，庄以涖之，动之不以礼，未善也。"

——《卫灵公第十五》

字面解读：孔子说："凭借聪明才智得到它，缺少仁德则不能保有它。即使得到，也一定会丧失。凭借聪明才智得到它，仁德可以保有它，不用庄重的态度来治理，那么就不会得到百姓的敬重。聪明才智得到它，仁德可以保有它，能用庄重态度来治理，但行为举止不照礼的要求，还不算是完善的。"

商人《论语》：对行业领导者来说，动之以礼的"礼"含义很大，包括国家的政策法规、行业的商业规则、同行之间交往合作的礼节、为消费者服务的服务细则等，从心态到态度，再到言谈举止，不一而足。

◎简单的约法三章：居处恭，执事敬，与人忠

樊迟问仁。子曰："居处恭，执事敬，与人忠。虽之夷狄，不可弃也。"

——《子路第十三》

字面解读：樊迟问仁。孔子说："日常起居要有条理，执掌事务要谨慎认真，和人交往要忠心诚恳。即使到了未开化的蛮夷地区，也不可背弃。"

商人《论语》：礼，不仅是一种具之以条文的规章制度，还是一种恭谨的心态和态度。行业领导者的礼，表现在社会事务方面：为社会、行业服务的工作时间要有规律；认真而谨慎地处理涉及行业经营和行业发展的各项事务；社会交往诚信忠恳，言必行，行必果。如此，即使是带领一个刚起步的行业，坚持做下去，也会发展成一个有影响力的行业。

子曰："道千乘之国：敬事而信，节用而爱人，使民以时。"

——《学而第一》

字面解读：孔子说："治理一个拥有一千辆兵车的国家，应该严谨认真地办事，讲究诚信，节约费用，爱护臣民，役使百姓要在农闲，不误农时。"

商人《论语》：一个企业可以比拟为一个组织严谨的邦国，一个行业

也可以比拟为组织松散的邦国。但是，行业领导者的心态不能松散，要严格遵守国家政策、行业法规来处理行业内外的事务，诚信对待行业的合作伙伴和行业同人，财务公开透明，不公款乱用，也不公款私用，爱护同行，行业活动不打扰同行的正常经营。

定公问："君使臣，臣事君，如之何？"孔子对曰："君使臣以礼，臣事君以忠。"

——《八佾第三》

字面解读：鲁定公问孔子："君主任用臣子，臣子服侍君主，各自应该怎样呢？"孔子回答说："君主应该依礼任用臣子，臣子应该忠心服侍君主。"

商人《论语》：首先，行业领导者不可以有君主的心态，要以德服人、以礼待人。不要摆出一副"我是老大"的嘴脸，这样往往会众叛亲离，变成孤家寡人。

行业领导者，在和行业同人的关系上，要有同事心态的相处，以及彼此尊重的礼节。

◎克己复礼和为贵：躬自厚而薄责于人，则远怨矣

子曰："躬自厚而薄责于人，则远怨矣。"

——《卫灵公第十五》

字面解读：孔子说："严格要求自己而少责备别人，那就可以避免别人的怨恨了。"

商人《论语》：礼，约人，也律己。在实际的工作和生活中，要严格律己、宽以待人，才能减少对立，减少别人因为对比不公平而产生的怨恨。

行业的领导者，不要将行业视为个人的"菜园子"，行共举之事，要身先示范；行共谋之事，要有民主意识，也要有法律意识。

有子曰："礼之用，和为贵。先王之道，斯为美，小大由之。有所不行，知和而和，不以礼节之，亦不可行也。"

——《学而第一》

字面解读：有子说："礼的应用，以和顺适中为贵。古代君主的治国方法，宝贵的地方就在这里，不论大事小事都做得和顺适中。不过，为和顺而和顺的做法，不以礼来节制和谐，也是不可行的。"

商人《论语》：法家的制度和执行，是苛法严刑。儒家的制度和执行，是礼让和教化。如果把礼理解为制度，也是强调制度的和顺适中。因为儒家预见世界上没有一种完美的制度，可以做到事无巨细、有章可循。如果说一定要有一种完美的制度，那也是适中的制度，加上和顺于情理的执行。

制度不到位，依靠人的价值观来判断执行。执行人过于和顺，就要依靠制度的节制。

哀公问曰："何为则民服？"孔子对曰："举直错诸枉，则民服；举枉错诸直，则民不服。"

——《为政第二》

字面解读：鲁哀公问："怎样才能使百姓服从呢？"孔子回答说："用正直、正确去纠正那些邪曲错误的事情，老百姓就会服从。用邪曲错误去影响那些正直、正确的事情，老百姓就不会服从。"

商人《论语》：行业领导者，不仅仅要自己行端坐直，还要有勇气指正行业的不正之风。

领导者的名望，不仅仅来自其个人的成功，还来自其作为行业标杆的作用。

子曰："居上不宽，为礼不敬，临丧不哀，吾何以观之哉？"

——《八佾第三》

字面解读：孔子说："居于执政地位的人，不能宽厚待人，行礼的时候不庄敬，参加丧礼时也不悲哀，这我怎么能看得下去呢？”

商人《论语》：行业领导者的宽厚，不只是不用自己的行为标准来苛责别人，不用自己的商业模式来褒贬别人，还包括能否容忍与自己的经营理念（不是指仁爱消费者的理念）不同，甚至是相反的存在。说话做事要谨严，要以身作则遵守国家政策和行业规章制度。若有整饬行业不正之风的权力，也要严谨要求自己不滥用权力。要积极参与行业风气建设，如诚信、创新、社会公益等。如此，才能让人们看到行业领导者的存在价值。

子曰：“君子求诸己，小人求诸人。”

——《卫灵公第十五》

字面解读：孔子说：“君子主动检查自身的问题，小人推卸问题给别人。”

商人《论语》：行业有问题，要先检查自身是否有问题，是否产生了不好的影响作用；其次是检查制度是否有问题，反思问题是否是制度的不完善和不合理造成的；还要检查制度的执行者是否有问题，是否是执行者的个人原因造成的，而不是简单地统统归结为别人的问题。

子曰：“君子不以言举人，不以人废言。”

——《卫灵公第十五》

字面解读：孔子说：“君子不会凭一个人说的一句话就来举荐他，也不会因为其个人人品好坏或地位高下而否决他的话语权。”

商人《论语》：行业的兴盛，得益于多种业态的并存。所以，行业领导者要提携后进，要包容和鼓励多种业态的发展和创新，更要建立一种鼓励创新进步的机制。既要看 PPT 报告，也要看实际执行的可行性；既要看商业实践的可行性，也要看操盘人的过往商业信誉。

智之发展

子曰："吾十有五而志于学，三十而立，四十而不惑，五十而知天命，六十而耳顺，七十而从心所欲，不逾矩。"

——《为政第二》

字面解读：孔子说："我十五岁，立志于学习；三十岁，确定了立身之道；四十岁，能不被外物所迷惑；五十岁，知道世界上有不能由人力支配的事情；六十岁，能正确对待各种言论，不觉得逆耳；七十岁，能随心所欲，言行不越出规矩。"

商人《论语》：慧是圆，是圆融通达，如道；智是方，是方角显用，用德。在行业生命的不同状态，智慧会表现出不同的特征，或者说，在不同的生命状态下，智慧有着不同的"着相"和"用力"之处。

十有五而志于学：行业初期，要向其他成熟的行业学习。

三十而立：行业的成熟，是行业代表性企业的经营要素的成熟，也是由多种不同商业模式的成熟企业们共同组成的。

四十而不惑：行业确立了自己的行业规范、服务标准，以及发展方向。

五十而知天命：行业成为社会经济整体的一部分，确定了自己不可缺少的位置。

六十而耳顺：行业进步，在于虚心接受其他行业的先进经验，宽容对待行业的新生力量。

七十而从心所欲，不逾矩："厚德载物"的价值观已经深深沉淀，由此理念而出发的任何创新，不会违背行业价值观。

◎有重心的不倒翁：君子，不重则不威，学则不固；主忠信，无友不如己者；过，则勿惮改

子曰："君子，不重则不威，学则不固；主忠信，无友不如己者。过，则勿惮改。"

——《学而第一》

字面解读：孔子说："君子，不自重就没有威严，没有主见的学习不会有收获；为人处事要以忠信为本，不要认为朋友不如自己。既然有了过错，就不要怕改正。"

商人《论语》：领导行业的智慧，首先，要有一个道德的"根本"，要有一个价值观的"重心"，如此才能发展成参天大树。否则就会成为"无所不为、横七竖八"的一堆杂草。其次，领导者的智慧是一种开放的学习态度，表现为一种闻过则改的敏捷行为。

子曰："不患无位，患所以立；不患莫己知，求为可知也。"

——《里仁第四》

字面解读：孔子说："不担心没有职位，只担心没有立身的根基；不怕没有人知道自己，努力追求自身值得别人知道的价值。"

商人《论语》：行业领导者的价值体现于行业的价值。行业价值的体现，需要全行业所有同人的共同努力，要面向社会、面向消费者，提供有价值的产品和服务。

领导行业的智慧，是要激发起行业同人存身、发展、壮大的欲望。

子绝四——毋意，毋必，毋固，毋我。

——《子罕第九》

字面解读：孔子杜绝四种弊病：不凭空猜疑，不断言武断，不固执执拗，不自私自我。

商人《论语》：开放的心态也是一种智慧，要杜绝四种思维方式的弊病“毋意，毋必，毋固，毋我”，要有统筹各方意见的智慧。

子曰：“唯上智与下愚不移。”

——《阳货第十七》

字面解读：孔子说：“只有上等的智慧和下等的愚蠢，是不可使之改变的。”

商人《论语》：上智坚持的是道德的根本，是一点之圆，从哪里改变呢？下愚坚持的“一孔之见”的眼前现实，是一点之线，怎么改变呢？所以，二者都是不可改变的。

◎以奇胜者不可久：“虽小道，必有可观者焉。致远恐泥，是以君子不为也”

子夏曰：“虽小道，必有可观者焉。致远恐泥，是以君子不为也。”

——《子张第十九》

字面解读：子夏说：“虽然是小道，一定有可以赞赏之处。但是一味坚持小道走下去就会陷入泥潭，所以，君子不会这么做的。”

商人《论语》：领导者的智慧，不仅表现为前瞻性，还表现为全局性，要关注行业经营各个价值要素的平衡性：创新性、价值观、行业风气、行业规范、各种商业模式、各类营销活动、行业合作、专业人才、出品保证等。

真正有格局的智慧，不偏执于一条路，或一条捷径。

子曰：“君子不器。”

——《为政第二》

字面解读：孔子说：“君子不能像器具那样，只固定某一方面的用途。”

商人《论语》：智者的思考，不会被事物现在的表面所局限，会多维度、多角度而有深度地思考事务的多方面、多层次，就好像是八卦思维，正面看、反面看、倒过来看、交叉着来看等。

行业的发展，必然会在某个阶段由某种商业模式来主导。但是，行业发展不会固定在一种商业模式上，将来会被新的商业模式所取代。“辞旧迎新”是行业发展的必然现象。

孔子曰：“君子有三戒：少之时，血气未定，戒之在色；及其壮也，血气方刚，戒之在斗；及其老也，血气既衰，戒之在得。”

——《季氏第十六》

字面解读：孔子说：“君子有三种事情应该警戒：年少的时候，血气还未养成，要警戒迷恋女色；等到壮年时，血气方刚，要警戒与人争斗；等到老年了，血气已经衰弱了，要警戒贪得无厌。”

商人《论语》：少时、壮时、老时的时间定义，可以理解为领导者本身的心理年龄，也可以理解为领导者的在位时间，还可以理解为其所领导行业的生命状态、行业内主商业模式的生命状态等。其不同年龄的行为特征，是值得智者自警自励的。

◎虚怀若谷的进化：以能问于不能，以多问于寡；有若无，实若虚；犯而不校

曾子曰：“以能问于不能，以多问于寡；有若无，实若虚；犯而不校。昔者吾友尝从事于斯矣。”

——《泰伯第八》

字面解读：曾参说：“有才能的人却向没有才能的人请教，知识丰富的向知识少的人请教；有学问却像没学问，饱读诗书却好像没有学习过；被人侵犯也不计较。从前我的学友就是如此。”

商人《论语》：在商业实践中，大智若愚的人会虚心向其他行业，以及

一些新生的事物学习。学习中，要将自己已有的商业经验归零，虚心若空旷的山谷。在固守价值观的土壤上，重新定义行业的商业价值要素，重新定义各个商业模式和营销方式。

子曰："视其所以，观其所由，察其所安。人焉廋哉？人焉廋哉？"

——《为政第二》

字面解读：孔子说："考察一个人的言行动机，观察他所采取的方式方法，看清他最终的目的是什么。那一个人能隐藏什么呢？又怎么隐藏得了呢？"

商人《论语》：行业如何创新、为消费者更好地服务呢？认真调研消费者的需求、利益；考察消费者消费的渠道、手段和方式；分析行业现有的资源和商业模式的优缺点。如此，怎么会创新不出更有社会价值和商业利益的商业模式呢？

子曰："不有祝鮀之佞，而有宋朝之美，难乎，免于今之世矣。"

——《雍也第六》

字面解读：孔子说："假使没有祝鮀那样的口才，哪怕有宋朝的帅气英俊，在今天的社会上避免灾害也是艰难的。"

商人《论语》：再好的产品，再好的商业模式，身处在再有发展前途的行业，若是没有持续性的营销活动推动，在信息爆炸而混淆视听的现在，也是很难立足并进而发展壮大的。

子曰："不得中行而与之，必也狂狷乎！狂者进取，狷者有所不为也。"

——《子路第十三》

字面解读：孔子说："找不到合乎中庸之道的人和他交往，只能与狂者、狷者相交往了。狂者勇于进取，狷者是不肯干一些事的。"

商人《论语》：领导者要以同道者为朋，带领他们成为行业发展的支柱。

若是没有和自己一样的，就选择那些勇于创新的同行，或者是有道德操守的同行。起码，二者的所作所为是遵守行业道德底线的。

子贡曰："纣之不善，不如是之甚也。是以君子恶居下流，天下之恶皆归焉。"

——《子张第十九》

字面解读：子贡说："纣王的不好，不像现在传说中那样厉害。所以，君子憎恶处在如水流低下汇聚的地位，天下的坏名声就归结到他的身上了。"

商人《论语》：商业、行业的发展有其自然规律。此规律既有为消费者"诚信"提供更好的服务趋势，也有"坑蒙拐骗"、自私自利的趋向。所以，行业领导者的智慧是善加导引，建设健康向上、"利人利己"的行业风向，并以此来感染、感动消费者。否则，行业沉沦至消费大众人人皆指的地位，就算你能独善其身，也会被混同一体。

信之昭昭

子贡曰："君子之过也，如日月之食焉。过也，人皆见之；更也，人皆仰之。"

——《子张第十九》

字面解读：子贡说："君子的过错好比天上的日食月食。如果有过错，人们看得见；改正过错，人们会仰望着他。"

商人《论语》：行业领导者，是处于"众人所望"的位置上的。其一言一行、成功或失败会被人用放大镜照着看，消费者们看得到，业内人看得到，商业同行们也会看到，不只是对个人的声誉影响，甚至也会影响到整个行业的风气和价值观。

当你的过错被清楚地看到时，人们是否还能与你"同道为朋"，你的身边是否还聚集着所谓的“人脉资源”，就不取决于你自己了。

◎有原则才能如一：信近于义，言可复也

有子曰：“信近于义，言可复也；恭近于礼，远耻辱也；因不失其亲，亦可宗也。”

——《学而第一》

字面解读：有子说：“讲究信用要符合于道义，说出的承诺才能兑现；态度谦恭要符合于礼仪，就不至于遭受耻辱；为人处世有原则，人们就可以整体地认识他了。”

商人《论语》：信有三级：信念、信用、信誉。只有符合道义的信念，才有兑现的意义，由此而产生的商业信誉，才是值得尊重并具有社会价值的符号。我们最常说的“诚信”，也是一种信用。如果没有道德的信念在背后，诚信所表现出来的“明码标价”“童叟无欺”“一诺千金”等，也许只是文字游戏而已，甚至只是口头上的诚信。

行业领导者的商业信念，要符合广大消费者的利益。

子曰：“人而无信，不知其可也。大车无輗，小车无軏，其何以行之哉？”

——《为政第二》

字面解读：孔子说：“一个人不讲信用，不知道他如何在社会立足，就好像大车没有安横木的輗、小车没有安横木的軏一样，如何驾车前行呢？”

商人《论语》：信用，是一个人的行为表象。人们由此而认识、认知、认可。信用的背后，是一个人的价值观，如“大车之輗，小车之軏”一样关联着人们的行为表现。

行业领导者的信用，就是其平时为人处世的原则。

子夏曰：“君子信而后劳其民，未信则以为厉己也；信而后谏，未信则

以为谤己也。”

——《子张第十九》

字面解读：子夏说：“君子会在获取信任之后才去劳动百姓，否则百姓会以为是在虐待他们；也会在获取信任之后才去劝谏上位者，否则别人会以为是在毁谤他。”

商人《论语》：一个人有信用，才会有信誉，才可以带领大家去做事，才可以带领大家去做有意义的事。

行业领导者的信用从何而来？一定是先有所为。

◎见容天下的胸怀：君子尊贤而容众，嘉善而矜不能

子夏之门人问交于子张。子张曰：“子夏云何？”对曰：“子夏曰：‘可者与之，其不可者拒之。’”子张曰：“异乎吾所闻：君子尊贤而容众，嘉善而矜不能。我之大贤与，于人何所不容？我之不贤与，人将拒我，如之何其拒人也？”

——《子张第十九》

字面解读：子夏的学生向子张询问交友之道。子张说：“子夏说了些什么？”答道：“子夏说：‘可以结交的就和他交朋友，不可以相交的就拒绝他。’”子张说：“与我所听到的不同：君子尊重贤人，也能接纳普通人；能够鼓励好人，也能同情无能的人。如果我是十分贤良的人，那我对别人有什么不能容纳的呢？我如果不贤良，那人家就会拒绝我，哪里谈得上我拒绝人家呢？”

商人《论语》：行业领导者的为人处事要宽宏大量，思想行为不能简单为“善恶分明”“一分为二”。当然此处的有容乃大，也不是指包容那些不良的商家和商业现象，而是指要包容标新立异的商业模式，以及那些普通的商家和商业现象。毕竟普通的才是大众的，才是行业基础的力量，包容与鼓励基础的力量，走向行业倡导的方向，由此而汇集成行业的主流。

子曰："君子无所争，必也射乎！揖让而升，下而饮，其争也君子。"

——《八佾第三》

字面解读： 孔子说："君子没有什么可与别人争斗的事情。如果有的话，那就是射箭比赛了。射箭前，先相互作揖谦让，然后上场；射完后，又相互揖让登堂喝酒。这就是君子之争。"

商人《论语》： 行业和行业之间，既有竞争也有合作；行业内的商家与商家之间，也是有竞争有合作。而富有道德理念的商业竞争，也是君子般的坦坦荡荡，只有阳谋而无阴谋。

一切说来容易，做来实难，是要不断吃亏甚至受骗才能悟出来的。如果不断地吃亏受骗，还能在激烈的市场竞争中守住道德信义，必将会赢得同行们的敬重。仁义如刘玄德，谁不称颂呢？

子贡问曰："何如斯可谓之士矣？"子曰："行己有耻，使于四方，不辱君命，可谓士矣。"曰："敢问其次。"曰："宗族称孝焉，乡党称弟焉。"曰："敢问其次。"曰："言必信，行必果，硁硁然小人哉！抑亦可以为次矣。"曰："今之从政者何如？"子曰："噫！斗筲之人，何足算也？"

——《子路第十三》

字面解读： 子贡问道："怎样才可以称得上'士'？"孔子说："严于律己，自尊自爱，出使国外能够完成君主交付的使命，可以称得上是'士'。"子贡说："请问次一等的呢？"孔子说："宗族中的人称赞他孝顺父母，乡党们称他尊长爱幼。"子贡又问："请问再次一等的呢？"孔子说："说话一定守信，做事要有结果，说话做事干净利索的那些普通人啊，勉强可以说是再次一等的'士'了。"子贡说："现在政坛上的那些人，您看怎么样？"孔子说："唉！这些格局狭小的人，哪里能数得上呢？"

商人《论语》： 行业领导者的言行，就好比孔子眼中的"士"，分成三个档次。

1. 国家角度：带领同行成为社会经济的积极力量，为行业的健康发展做出贡献。

2. 行业角度：爱护同行、帮助同行、团结同行，为消费者提供更好的服务。

3. 个人角度：话出有信，行事有果，且言行一致。

◎中庸之道才双赢：无知不可怕，叩其两端能知道

子曰："吾有知乎哉？无知也。有鄙夫问于我，空空如也。我叩其两端而竭焉。"

——《子罕第九》

字面解读：孔子说："我学识渊博吗？其实没有什么知识的。一个乡下人问我，我本来一无所知。我只是从问题的两端去询问启发，问题就可以全部搞清楚了。"

商人《论语》："扣其两端而竭焉"，是要先探究两端的极处，然后才能知道中点在哪里，然后才能持中而用，也是儒家中庸之道的真谛，而不是糊里糊涂、不明就里、没有态度的庸庸碌碌的中立之道。

双赢，是解决异议和争端的最佳理念。双赢的前提也是要先摸清双方的追求和底线在哪里，也就是孔子所说的"扣其两端而竭焉"。由此，才知道你要的是橘子皮，我要的是橘子肉，才可以实现各自利益最大化的双赢，否则只能是公平的分而割之了。

子以四教：文，行，忠，信。

——《述而第七》

字面解读：孔子从四个方面来教育学生：文献知识、实践操行、忠诚、信念。

商人《论语》：孔子所说的四个方面，就好像四条腿，支撑了行业的健

康。所以，行业领导者主要从四个方面来教化企业：行业文化、企业经营、品牌意识、企业信念，缺一不可。

“文、行、忠、信”在不同的角度，会有不同的理解。此处，由于是行业领导者面向行业同人的企业家们，所以“信”就理解为企业信念了。企业信念，决定了企业无论是以何种方式为消费者提供何种服务，都不会偏离商业正道。

子贡曰：“君子亦有恶乎？”子曰：“有恶。恶称人之恶者，恶居下流而讪上者，恶勇而无礼者，恶果敢而窒者。”曰：“赐也亦有恶乎？”“恶徼以为知者，恶不逊以为勇者，恶讦以为直者。”

——《阳货第十七》

字面解读：子贡说：“君子也有憎恶吗？”孔子说：“君子也有憎恶。憎恶宣扬别人缺点的人，憎恶以下谤上的人，憎恶好勇而没有规矩的人，憎恶行为果断却固执执拗的人。”孔子又问：“赐啊，你也有憎恶的人吗？”子贡说：“憎恶只有一点偏见却自以为是智者的人，憎恶粗暴无礼却自以为勇敢的人，憎恶语言暴力却自以为直率的人。”

商人《论语》：子贡和孔子，合计总结出的七点“君子有恶”，是偏离了中庸之道的七种很不好的行为举止，可以作为行业领导者行事的“戒条”。

1. 恶称人之恶者：作为行业领导者，判别是非，判别是非以作行业警戒是必需的。但是，只能就工作而论事，就论事而论是非，在工作场合论是非，不能私下或过度宣扬。

2. 恶居下流而讪上者：国家政策、经济环境、市场因素等都是行业的上游。行业参与到上游生态环境改进是必要的，提供建议也是必需的。但是，不能随意地、没有建设性地在私下说长道短。

3. 恶勇而无礼者：勇而无礼是“鲁莽”，是做事不经大脑思考、不讲究规矩。行业所在的市场环境，宏观上有经济规律，微观上有市场法则，再小而微者也有行业共存的生存空间。如果不守规矩，不仅自己会受到伤害，也会伤害到别人的利益。

4. 恶果敢而窒者：果敢，是领导者应该具有的魄力，是多看、多听、多思、多谋之后的善断，而不是不分析情况、不听取他人意见就凭自己粗略思考后的武断。领导者坐在办公室里做决定之前，要多下市场、多听取他人的意见。

5. 恶徼以为知者：从自己丰富的市场实践中得出的经验，其实也是“一孔之见”。行业的领导者，在实际工作中会遇到很多不能凭借以往经验解决的情况。只有集思广益，以行业消费者利益为唯一的标准来判断和解决。

6. 恶不逊以为勇者：勇于创新，是行业发展生生不息的动力。创新可以勇敢打破原有的商业模式和营销方式的框架。但是，创新的理念依旧是为消费者提供更有价值的服务，其新的商业模式和营销方式的组成，依旧离不开为消费者服务的基本要素。

7. 恶讦以为直者：在尊重他人的基础上，直言相告是一种美德；在不尊重他人的基础上，直言相告是无礼的表现；在不尊重他人的基础上，恶言相加则是一种“暴力”的行为。

后记

《论语》里的语录原本有五百多句，我在书中重复引用了一些，合计注释了六百余句“商人《论语》”。为了让每一句言简意赅，又能切中企业经营的实际，我对每一句反复诵读、反复修改，就好比医生在做微创手术，从字义、语意到情境要一一吻合。一些时候，一个小时只能注释一句。

从头至尾，我改写了三遍。我不担心国学专家们对我的“字面解读”专业与否的指责，只是“或字义而语意，或语意而字义”的学术方向不同而已。我担心企业家读者们的指责，你是在纸上谈兵吗？你是在用自己的实际经验来解读的吗？你的理解真有那么透彻、那么专业吗？

我的确是在用自己的实际经验在解读，但是，我的理解透彻与否，自己就不敢妄言了，大家“见仁见智”。只能期望各位读者用自己的经营实践来感受“商人《论语》”，而我则算是“抛砖引玉”，大家一起复兴国学，复兴儒学，共同建设中国经营管理之学。

另外，从我的第一本书《从〈易经〉学管理》，到现在的《读〈论语〉，学管理》，读者们可能会感到奇怪的一个现象是，除了需要解读的部分，我的解读很少会有借鉴式的引用，也没有列出“参考书籍”。大家可能会猜想，难道你写书时不翻书、不查资料、不借鉴，是闭门造车而成吗？的确如此！从书籍的整体架构、章节目录，到现代文解读，就是我自言自语而写就的，完全是发自内心的原始想法。我没有想过要博览群书、笔圈精华后综合而成，只是顺着自己的思路，自然而然地写下去。

但是，在写此书之前的几十年里，我阅读过很多书，将其思想精华藏之在心，文字要义也是铭刻在忆。时间久了，很多话究竟是谁说的也记不清了，而且我之前不是专业做学术的，没有记笔记和检索资料的习惯，所以就将很多思想“混成一团”了。现在要一一翻检出来再做标注，不现实也不可能。此是不得不说的后话，并非我狂妄自大，不尊重前辈同行。

还有一点，读者朋友们问我，国学不是修身养性的吗？禅茶一味，儒佛宗道，你怎么天天说咖啡、道是非，还说自己是专业的咖啡师？其实我认真地研究国学和我开始认真研究咖啡，基本上是同步的。我的国学研究，也带有咖啡文化的理性。具体说来，一共三点。

1. 一以贯之的条理化：完美的咖啡烘焙，要事先了解咖啡豆的豆种、产地、海拔、微气候、处理方式、生豆存放时间、卖家建议的烘焙程度等信息。国学儒释道的研究，也是先要确定其学说之根本、产生之时代背景、当时的际遇发展、流远至今的思想演变等知识。

2. 哲理关联的逻辑化：一种咖啡豆，可以有不同的烘焙程度，也有着不同的烘焙方式，最终呈现出来的咖啡风味也是不同的。儒学理解，也可以有不同的侧重点、不同的现实应用。但是，无论你的研究截取了多少原始儒学，你的学说体系必须条理清晰，必须就自己截取的部分自圆其说。

3. 实际实用的实学化：你烘焙得再好，包装文字上说到“天花乱坠”，吧台的咖啡师做不出来也是白扯，消费者会认为你在乱讲。所以，好的咖啡师会从生豆信息讲到烘焙信息，再到萃取的方式。国学研究也必须系统化，必须梳理出一种新的理论体系成为指导现实的哲学，还要实用化，将其中的大道小理与我们日常的工作、生活结合起来。如此，大道通原始，小理喻现在。大道小理条理分明、脉络清晰。

以上，也是我期望此书给予读者的印象，哲学和实学。